2025年全国税务师职业资格考试经典题集

财务与会计
百题讲坛

夏洪智 主编

经济日报出版社
·北京·

图书在版编目（CIP）数据

财务与会计百题讲坛 / 夏洪智主编 . -- 北京：经济日报出版社，2025.5. --（2025 年全国税务师职业资格考试经典题荟萃）. -- ISBN 978-7-5196-1553-6

Ⅰ. F234.4-44

中国国家版本馆 CIP 数据核字第 20243L3E32 号

财务与会计百题讲坛
CAIWU YU KUAIJI BAITI JIANGTAN

夏洪智　主编

出版发行：	经济日报出版社
地　　址：	北京市西城区白纸坊东街 2 号院 6 号楼
邮　　编：	100054
经　　销：	全国各地新华书店
印　　刷：	天津裕同印刷有限公司
开　　本：	787mm×1092mm　1/16
印　　张：	14.75
字　　数：	375 千字
版　　次：	2025 年 5 月第 1 版
印　　次：	2025 年 5 月第 1 次
定　　价：	78.00 元

本社网址：www.edpbook.com.cn，微信公众号：经济日报出版社
请选用正版图书，采购、销售盗版图书属违法行为
版权专有，盗版必究。本社法律顾问：北京天驰君泰律师事务所，张杰律师
举报信箱：zhangjie@tiantailaw.com　举报电话：(010)63567684
本书如有印装质量问题，由我社事业发展中心负责调换，联系电话：(010)63538621

序 言
FOREEORD

在财税领域，税务师职业资格考试是衡量专业能力的重要标尺，也是从业者迈向职业高峰的关键阶梯。它不仅考验考生对财税知识的系统掌握，更注重其在实际业务中精准分析、高效解决问题的能力。基于此，"全国税务师职业资格考试经典题荟萃"丛书应运而生，丛书以精准剖析经典题为核心，助力考生高效备考，顺利跨越职业成长的重要关卡。

本系列丛书共5个分册，编写团队均为在教学一线工作多年的权威、资深教师，教学经验丰富，对考试命题趋势和考生学习情况都十分了解。丛书的每一册都经过编者精心策划与打磨，以期帮助考生了解考试趋势、全面掌握考点及应试技巧，从而提高学习效率。"2025年全国税务师职业资格考试经典题荟萃"丛书分册如下：

1. 《税法（一）百题讲坛》　　　　　　　　　肖晴初　主编
2. 《税法（二）百题讲坛》　　　　　　　　　战大萍　主编
3. 《涉税服务相关法律百题讲坛》　　　　　　杨茂群　主编
4. 《财务与会计百题讲坛》　　　　　　　　　夏洪智　主编
5. 《涉税服务实务百题讲坛》　　　　　　　　肖晴初　主编

本系列丛书以"百题讲坛"的形式，精选了具有代表性、综合性的题目，这些题目并非简单地堆砌，而是依据最新考试大纲和命题规律精心筛选。每一道题目都像是一把钥匙，开启一个或多个重要知识点的大门。通过对这些题目的详尽剖析，考生不仅能够掌握解题思路和方法，更能举一反三、触类旁通，实现从"知其然"到"知其所以然"的飞跃。

本系列丛书紧密跟踪财税政策最新动态，确保内容与时俱进。针对财税领域政策法规更新频繁的特点，丛书编写团队实时收录了最新政策等相关内容，使考生所学与实际业务、考试要求保持高度一致，有效规避因政策掌握滞后带来的学习偏差和考试风险。

本系列丛书是税务师考生的通关利器，希望既能帮助考生系统夯实专业基础，又能快速提升应试能力，同时也为应对日常工作中的复杂问题提供权威解析和案例参考，以便精准决策。

愿"百题讲坛"助力各位考生高效备考，顺利通关！

编委会
2025年3月

目 录

第一章	财务管理概论	1
第二章	财务预测和财务预算	13
第三章	筹资与股利分配管理	21
第四章	投资管理	28
第五章	营运资金管理	38
第六章	财务分析与评价	45
第七章	财务会计概论	53
第八章	流动资产（一）	59
第九章	流动资产（二）	74
第十章	非流动资产（一）	93
第十一章	非流动资产（二）	108
第十二章	流动负债	134
第十三章	非流动负债	146
第十四章	所有者权益	178
第十五章	收入、费用、利润和产品成本	185
第十六章	所得税	201
第十七章	会计调整	213
第十八章	财务报告	222
第十九章	企业破产清算会计	227

第一章 财务管理概论

■ **考情分析**

本章介绍了财务管理的基本理论与基本方法,除了证券资产组合的风险与收益和资本资产定价模型理解起来难度较大以外,其他内容比较简单,考试题型为单选题和多选题,属于非重点章节。

1. 下列企业财务管理目标中,考虑了风险因素的有(　　)。
   A. 企业价值最大化　　　　　　　　B. 每股收益最大化
   C. 利润最大化　　　　　　　　　　D. 企业净资产最大化
   E. 股东财富最大化

🔍 **解析**

财务管理目标	资金的时间价值	风险	投入资本的多少	克服短期行为
利润最大化	×	×	×	×
每股收益最大化	×	×	√	×
股东财富最大化	√	√	×	√
企业价值最大化	√	√	×	√

利润最大化和每股收益最大化均没有考虑风险问题,选项BC不能选;选项D不属于企业财务管理目标。

【答案】 AE

2. 与利润最大化目标相比,股东财富最大化作为企业财务管理的目标的优点有(　　)。
   A. 一定程度上避免企业追求短期行为
   B. 没有考虑资金的时间价值
   C. 考虑了风险因素
   D. 对上市公司而言,股东财富最大化的目标容易量化,便于考核
   E. 充分考虑了企业所有的利益相关者

🔍 **解析**　与利润最大化相比,股东财富最大化的主要优点是:(1)考虑了风险因素,因为通常股价会对风险作出较敏感的反应;(2)在一定程度上能避免企业短期行为,因为不仅目前的利润会影响股票价格,预期未来的利润同样会对股价产生重要影响;(3)对上市公司而言,股东财富最大化目标比较容易量化,便于考核和奖惩。

【答案】 ACD

3. 以股东财富最大化作为财务管理目标的首要任务是协调相关者的利益关系。下列不属于股东和经营者利益冲突解决方式的是(　　)。

　　A. 因经营者决策失误导致企业被兼并
　　B. 因经营者经营不善导致公司贷款被银行提前收回
　　C. 因经营者经营绩效达到规定目标获得绩效股
　　D. 因经营者绩效不佳被股东解聘

【解析】　股东和经营者利益冲突的解决途径有：解聘、接收（企业可能被其他企业强行接收或兼并，相应经营者也会被解聘）、激励（股票期权、绩效股）。股东和债权人利益冲突的解决方式有：限制性借款、收回借款或停止借款。

【答案】　B

4. 对股东和债权人的利益冲突，通常采用的解决方式有(　　)。

　　A. 收回借款或停止借款　　　　B. 限制性借债
　　C. 采取扩招雇员措施　　　　　D. 股权激励
　　E. 增加设备更新改造支出

【解析】　股东和债权人的利益冲突，可以通过以下方式解决：（1）限制性借债；（2）收回借款或停止借款。

【答案】　AB

5. 下列不同的经济周期，企业采用的财务管理战略错误的是(　　)。

　　A. 在经济繁荣期，应提高产品价格
　　B. 在经济复苏期，应实行长期租赁
　　C. 在经济萧条期，应保持市场份额
　　D. 在经济衰退期，应增加长期采购

【解析】　选项 D，企业若处于经济衰退期，应停止长期采购。

【答案】　D

6. 下列各项属于经济周期中萧条阶段采用的财务管理战略的有(　　)。

　　A. 建立投资标准　　　B. 开展营销规划　　　C. 出售多余设备
　　D. 保持市场份额　　　E. 提高产品价格

【解析】　选项 BE 属于繁荣阶段的财务管理战略；选项 C 属于衰退阶段的财务管理战略。

【答案】　AD

7. 下列各项影响上市公司债券票面利率的是(　　)。

　　A. 风险补偿率　　　B. 预期收益率　　　C. 基本获利率　　　D. 内含报酬率

【解析】　债券的票面利率即名义利率，名义利率 = 纯利率 + 通货膨胀预期补偿率 + 违约风险补偿率 + 期限风险补偿率 + 流动性风险补偿率。

【答案】　A

8. 下列各项中,属于风险补偿率的有( )。
   A. 违约风险补偿率　　B. 纯利率　　C. 流动性风险补偿率
   D. 期限风险补偿率　　E. 通货膨胀预期补偿率

   解析　风险补偿率是资本提供者因承担风险所获得的超过纯利率、通货膨胀预期补偿率的回报,包括违约风险补偿率、流动性风险补偿率和期限风险补偿率。
   【答案】 ACD

9. 甲公司计划投资一存续期为 10 年的项目。其中,前 4 年无现金流入,后 6 年每年年初现金流入 200 万元。若当年市场利率为 6%,则甲公司该投资项目现金流入的现值是( )万元。已知 $(P/A, 6\%, 6) = 4.9173$,$(P/F, 6\%, 4) = 0.7921$。
   A. 825.74　　B. 779.00　　C. 875.28　　D. 734.90

   解析　现金流入的现值 $= 200 \times (P/A, 6\%, 6) \times (P/F, 6\%, 4) \times (1+6\%) \approx 825.74$ 万元
   【答案】 A

10. 某企业近期付款购买了一台设备,总价款为 100 万元,从第 2 年年末开始付款,分 5 年平均支付,年利率为 10%,则为购买该设备支付价款的现值为( )万元。已知 $(P/F, 10\%, 1) = 0.9091$,$(P/A, 10\%, 2) = 1.7355$,$(P/A, 10\%, 5) = 3.7908$,$(P/A, 10\%, 6) = 4.3553$。
    A. 41.11　　B. 52.40　　C. 57.63　　D. 68.92

    解析　$P = 100/5 \times (P/A, 10\%, 5) \times (P/F, 10\%, 1) = 20 \times 3.7908 \times 0.9091 = 68.92$ 万元

    提示　递延年金现值的三种计算方法
    计算公式 1:$P_A = A \times (P/A, i, n) \times (P/F, i, m)$

    思路　先将其从第 $m+1$ 期开始看作期数为 n 期的普通年金,将其折现到第 m 期期末,然后将该现值金额采用复利现值计算折现到第一期期初。

    计算公式 2:$P_A = A \times (P/A, i, m+n) - A \times (P/A, i, m) = A \times [(P/A, i, m+n) - (P/A, i, m)]$

    思路　先把递延年金转换成普通年金。假设第一期至第 m 期每期期末均有一个等额的收付年金,这样就转换为 $m+n$ 期的普通年金现值问题,计算出期数为 $m+n$ 的普通年金现值,再把第一期至第 m 期多算的现值金额减掉,就得出递延年金的现值。

    计算公式 3:$P_A = A \times (F/A, i, n) \times (P/F, i, m+n)$

    【思路】　先计算出 $m+n$ 期年金终值,再折现到零时点。
    【答案】 D

11. 下列关于各项年金的说法中,正确的有( )。
    A. 普通年金终值是每次收付款的复利终值之和
    B. 永续年金无法计算其终值

C. 递延年金无法计算其现值
D. 预付年金与普通年金的区别仅在于收付款时点不同
E. 递延年金的终值与普通年金的终值计算方法一样

解析 选项C，递延年金可以计算现值。
【答案】 ABDE

12. 下列关于货币时间价值系数关系的表述中，正确的有( )。
A. 普通年金终值系数和偿债基金系数互为倒数关系
B. 复利终值系数和复利现值系数互为倒数关系
C. 单利终值系数和单利现值系数互为倒数关系
D. 复利终值系数和单利现值系数互为倒数关系
E. 普通年金现值系数和普通年金终值系数互为倒数关系

解析 复利现值系数 =1/$(1+i)^n$，复利终值系数 = $(1+i)^n$，两者的乘积为1，所以两者互为倒数。普通年金现值系数是年金终值系数与复利现值系数的乘积，但是要注意虽然复利现值系数和终值系数之间互为倒数，但年金终值系数和年金现值系数并不是互为倒数的。
【答案】 ABC

13. 已知（P/A，8%，5）=3.9927,（P/A，8%，6）=4.6229,（P/A，8%，7）=5.2064,则6年期、折现率为8%的预付年金现值系数是( )。
A. 2.9927　　B. 4.2064　　C. 4.9927　　D. 6.2064

解析 6年期、折现率为8%的预付年金现值系数 =[（P/A，8%，6-1）+1] = 3.9927 + 1 = 4.9927
【答案】 C

14. 甲决定将闲置的一套房屋出租，假设从出租日开始每年年初收取租金10万元，租期为5年，则在年利率为2%的情况下，甲在未来5年内收取的租金在出租日的价值为( )万元。已知（P/A，2%，4）=3.8077,（P/A，2%，5）=4.7135。
A. 48.08　　B. 50.00　　C. 47.14　　D. 45.12

解析 P=10×[（P/A，2%，4）+1] = 10×3.8077 + 10 =48.08 万元，或 P = 10×（P/A，2%，5）×(1+2%) = 10×4.7135×1.02 =48.08 万元。
【答案】 A

15. 甲公司拟投资一项目，该项目存续期为10年，前3年无现金流出，后7年每年年初现金流出320万元，假设年利率为8%，则该项年金的现值是( )万元。已知（P/A，8%，7）=5.2064,（P/F，8%，3）=0.7938。
A. 1428.31　　B. 1322.50　　C. 1513.12　　D. 1666.04

解析 该项年金的现值 =320×（P/A，8%，7）×（P/F，8%，3）×(1+8%) =

320×5.2064×0.7938×（1+8%）=1428.31 万元

【答案】A

16. 甲企业有一项年金，存续期为10年，前3年无现金流出，后7年每年年初现金流出160万元，假设年利率为8%，则该项年金的现值是（　　）万元。已知（P/A,8%,10）=6.7101，（P/A,8%,3）=2.5771。

　　A. 714.18　　　　　B. 661.28　　　　　C. 756.56　　　　　D. 833.02

解析　该项年金的现值=160×[（P/A,8%,10）-（P/A,8%,3）]×（1+8%）=160×（6.7101-2.5771）×（1+8%）=714.18 万元

【答案】A

17. 某人分期付款购买住宅，从第2年开始每年年末支付50000元，共需支付10年，假设银行借款利率为5%，则该项分期付款如果现在一次性支付，需要支付（　　）元。已知（P/A,5%,10）=7.7217，（P/F,5%,1）=0.9524。

　　A. 386085.00　　　B. 367707.35　　　C. 350179.10　　　D. 465333.50

解析　现在需要支付的金额=50000×（P/A,5%,10）×（P/F,5%,1）=50000×7.7217×0.9524=367707.35 元

【答案】B

18. 甲乙两方案的期望投资收益率均为30%，在两方案无风险报酬率相等的情况下，若甲方案的标准离差为0.13，乙方案的标准离差为0.05。则下列表述中，正确的是（　　）。

　　A. 甲方案和乙方案的风险相同　　　　B. 甲方案的风险大于乙方案
　　C. 甲方案的风险小于乙方案　　　　　D. 依各自风险报酬系数大小而定

解析　期望值相同的情况下，标准离差大的，则风险大。因此，甲方案的风险大于乙方案的风险。

提示　资产的风险及其衡量

指标	内容
方差	期望值相同时，可以用来衡量风险的大小，方差越大，风险越大
标准差	期望值相同时，可以用来衡量风险的大小，标准差越大，风险越大
标准离差率	标准离差率=标准离差/期望值 不受期望值是否相同的影响，可以用来衡量风险的大小。标准离差率越大，风险越大

提示：期望值不能用来衡量风险

【答案】B

19. 下列关于衡量资产风险的表述中,正确的有(　　)。
   A. 一般来说,离散程度越大,风险越大
   B. 期望值不相同的两个项目,标准离差率越大,风险越大
   C. 期望值不相同的两个项目,标准离差越大,标准离差率越大
   D. 期望值相同的两个项目,标准离差越大,风险越大
   E. 期望值相同的两个项目,标准离差越大,标准离差率越大

解析　期望值不相同的两个项目,分母是不固定的,无法进行判断。故选项C不正确。
【答案】ABDE

20. 下列两项证券资产的组合能够最大限度地降低风险的是(　　)。
   A. 两项证券资产的收益率完全正相关
   B. 两项证券资产的收益率完全负相关
   C. 两项证券资产的收益率不完全相关
   D. 两项证券资产的收益率的相关系数为0

解析　当两项资产的收益率完全负相关时,两项资产的风险可以充分地相互抵消,甚至完全消除。因而这样的组合能够最大限度地降低风险。故选项B正确。
【答案】B

21. 下列关于证券资产组合风险的表述中,正确的有(　　)。
   A. 证券资产组合中的非系统风险能随着资产种类的增加而逐渐减小
   B. 证券资产组合中的系统风险能随着资产种类的增加而不断降低
   C. 当资产组合的收益率的相关系数大于零时,组合的风险小于组合中各项资产风险的加权平均数
   D. 当资产组合的收益率具有完全负相关关系时,组合风险可以充分地相互抵消
   E. 当资产组合的收益率具有完全正相关关系时,组合的风险等于组合中各项资产风险的加权平均数

解析　选项B,系统风险不能随着资产种类的增加而分散;选项C,当相关系数小于1大于-1时,证券资产组合收益率的标准差小于组合中各项资产收益率标准差的加权平均数,即证券资产组合的风险小于组合中各项资产风险的加权平均数,而不是大于0。

提示　证券资产组合的相关系数

相关系数即两项资产收益率之间的相对运动状态,介于区间[-1,1]内。

相关系数	主要内容
相关系数=1	(1) 完全正相关(收益率变化方向和变化幅度完全相同); (2) 证券资产组合的标准差达到最大; (3) 组合的风险等于组合中各项资产风险的加权平均值; (4) 两项资产的风险完全不能相互抵消,所以这样的组合不能降低任何风险

续表

相关系数	主要内容
相关系数 = -1	（1）完全负相关（收益率变化方向和变化幅度完全相反）； （2）证券资产组合的标准差达到最小，甚至可能是零； （3）当两项资产的收益率完全负相关时，两项资产的风险可以充分地相互抵消，甚至完全消除。这样的组合能够最大程度地降低风险
-1 < 相关系数 < 1 （大多数情况下大于0）	（1）证券资产组合收益率的标准差小于组合中各资产收益率标准差的加权平均值，也即证券资产组合的风险小于组合中各项资产风险之加权平均值（组合小于单项）； （2）大多数情况下，证券资产组合能够分散风险，但不能完全消除风险

【答案】ADE

22. 下列关于资本资产定价模型的表述中错误的是( )。
A. 市场整体对风险越是厌恶，市场风险溢酬的数值就越大
B. 资本资产定价模型完整地揭示了证券市场运动的基本情况
C. 资本资产定价模型体现了"高收益伴随着高风险"的理念
D. 资产的必要收益率由无风险收益率和资产的风险收益率组成

解析 资本资产定价模型只能大体描绘出证券市场运动的基本情况，而不能完全确切地揭示证券市场的一切。

【答案】B

23. 下列关于市场风险溢酬的表述中，错误的是( )。
A. 若市场抗风险能力强，则市场风险溢酬的数值就越大
B. 若市场对风险越厌恶，则市场风险溢酬的数值就越大
C. 市场风险溢酬反映了市场整体对风险的平均容忍程度
D. 市场风险溢酬附加在无风险收益率之上

解析 如果市场的抗风险能力强，则对风险的厌恶和回避就不是很强烈，因此要求的补偿就越低，所以市场风险溢酬的数值就越小。

【答案】A

24. 2016年，MULTEX公布的甲公司股票的 β 系数是1.15，市场上短期国库券利率为3%、标准普尔股票价格指数的收益率是10%，则2016年甲公司股票的必要收益率是( )。
A. 10.50%　　　　B. 11.05%　　　　C. 10.05%　　　　D. 11.50%

解析 2016年甲公司股票的必要收益率 = 3% + 1.15 × （10% - 3%）= 11.05%

> 提示　资本资产定价模型
>
> 必要收益率 = 无风险收益率 + 风险收益率
>
> 用公式表示如下：$R = R_f + \beta \times (R_m - R_f)$，其中：
>
> 风险收益率 = $\beta \times (R_m - R_f)$
>
> 市场风险溢酬 = $R_m - R_f$
>
> 其中，R 表示某资产的必要收益率；β 表示该资产的系统风险系数；R_f 表示无风险收益率（通常以短期国债的利率来近似替代）；R_m 表示市场组合收益率（通常用股票价格指数收益率的平均值或所有股票的平均收益率来代替）。

【答案】B

25. 下列关于资本资产定价模型表述正确的有(　　)。
   A. 如果无风险收益率提高，则市场上所有资产的必要收益率均提高
   B. 如果某项资产的 $\beta = 1$，则该资产的必要收益率等于市场平均收益率
   C. 市场上所有资产的 β 系数应是正数
   D. 如果市场风险溢酬提高，则市场上所有资产的风险收益率均提高
   E. 如果市场对风险的平均容忍程度越高，市场风险溢酬越小

解析　选项C，β 系数也可以是负数或者0，不一定是正数。选项D，β 系数为负数的话，市场风险溢酬提高，资产的风险收益率是降低的。

【答案】ABE

26. 某证券资产组合由甲、乙、丙三只股票构成，β 系数分别为0.6、1.0 和 1.5，每股市价分别为 8 元、4 元和 20 元，股票数量分别为 400 股、200 股和 200 股。假设当前短期国债收益率为 3%，股票价值指数平均收益率为 10%，则该证券资产组合的风险收益率是(　　)。
   A. 10.63%　　　B. 11.63%　　　C. 7.63%　　　D. 8.63%

解析　该证券资产组合的总价值 = 8×400 + 4×200 + 20×200 = 8000 元，因此该证券资产组合的 β 系数 = 0.6×(8×400)/8000 + 1×(4×200)/8000 + 1.5×(20×200)/8000 = 1.09，该证券资产组合的风险收益率 = 1.09×(10% - 3%) = 7.63%。

【答案】C

27. 甲公司持有的证券资产组合由 X、Y 两只股票构成，对应单项资产 β 系数分别为 0.60 和 0.80，每股市价分别为 5 元和 10 元，股票的数量分别为 1000 股和 2000 股，假设短期国债的利率为 4%，市均组合收益率为 10%。下列关于该证券资产组合的表述中，正确的有(　　)。
   A. 风险收益率为 7.6%　　　　　　B. 无风险收益率为 4%
   C. 市场风险溢酬为 10%　　　　　D. 证券资产组合的 β 系数为 0.76
   E. 必要收益率为 8.56%

解析　证券资产组合的风险收益率 = 0.76×6% = 4.56%，因此选项A错误；无风险收

益率即短期国债的利率，即4%，因此选项B正确；市场风险溢酬=市场组合收益率-无风险收益率=10%-4%=6%，因此选项C错误；X股票比例=（5×1000）/（5×1000+10×2000）=20%，Y股票比例=（10×2000）/（5×1000+10×2000）=80%，证券资产组合的β系数=20%×0.60+80%×0.80=0.76，因此选项D正确；证券资产组合的必要收益率=4%+0.76×6%=8.56%，因此选项E正确。

【答案】BDE

28. 某证券资产组合中有三只股票，相关信息如下：200股A股票，每股市价6元，β系数是0.8；300股B股票，每股市价8元，β系数是1.2元；400股C股票，每股市价15元，β系数是1.5，则该证券资产组合的β系数为（ ）。

  A. 1.34　　　　　　B. 1.24　　　　　　C. 1.43　　　　　　D. 1.17

【解析】　A股票比例=6×200/（6×200+8×300+15×400）=12.5%；B股票比例=8×300/（6×200+8×300+15×400）=25%；C股票比例=15×400/（6×200+8×300+15×400）=62.5%。该证券资产组合的β系数就是加权平均β系数=12.5%×0.8+25%×1.2+62.5%×1.5≈1.34。

【答案】A

29. 下列关于β系数的表述中，错误的是（ ）。

  A. β系数可以为负数
  B. 某股票的β值反映该股票收益率变动与整个股票市场收益率变动之间的相关程度
  C. 投资组合的β系数一定会比组合中任一单项证券的β系数低
  D. β系数反映的是单项资产或证券资产组合的系统风险

【答案】C

【解析】　由于投资组合的β系数等于单项资产的β系数的加权平均数，所以选项C的说法不正确。

30. 下列关于证券投资组合理论的表述中，正确的是（ ）。

  A. 证券投资组合能消除大部分系统风险
  B. 证券投资组合的总规模越大，承担的风险越大
  C. 当相关系数为正1时，组合能够最大程度地降低风险
  D. 当相关系数为负1时，组合能够最大程度地降低风险

【答案】D

【解析】　选项A，证券投资组合不能消除系统风险；选项B，证券投资组合的风险与组合中各资产的风险、相关系数和投资比重有关，与投资总规模无关；选项C，当相关系数为负1时，表明两项资产的收益率具有完全负相关的关系，组合能够最大程度地降低风险。

31. 某证券投资组合中有甲、乙两种股票，β系数分别为0.75和1.25，甲、乙两种股票所占价值比例分别为60%和40%，市场平均收益率为10%，市场风险溢酬为6%，则该

证券投资组合的必要收益率为( )。

  A. 5.9%   B. 9.7%   C. 11.7%   D. 13.8%

解析 证券组合的 β 系数 $=0.75\times60\%+1.25\times40\%=0.95$；无风险收益率 = 市场平均收益率 – 市场风险溢酬 $=10\%-6\%=4\%$；必要收益率 $R=R_f+\beta\times(R_m-R_f)=4\%+0.95\times6\%=9.7\%$。

【答案】B

32. 甲公司计划投资一个项目，目前无风险收益率为4%，该项目的市场组合收益率是15%，资产的系统风险系数为0.22，则投资该项目的风险收益率是( )。

  A. 19%   B. 10%   C. 2.42%   D. 21%

解析 风险收益率 $=0.22\times(15\%-4\%)=2.42\%$

【答案】C

33. 某投资公司的一项投资组合中包含 A 和 B 两种股票，已知 A、B 的权重分别为30%和70%，相应的预期收益率分别为15%和20%，则该项投资组合的预期收益率为( )。

  A. 21%   B. 18.5%   C. 30%   D. 10%

解析 投资组合的预期收益率 $=30\%\times15\%+70\%\times20\%=18.5\%$

【答案】B

34. 某股票1年前的价格为50元，1年中的税后股息为2.5元，现在的市价为60元。在不考虑交易费用的情况下，1年内该股票的收益率为( )。

  A. 5%   B. 25%   C. 20%   D. 20.83%

解析 1年中资产的收益 $=2.5+(60-50)=12.5$ 元，股票的收益率 $=12.5/50\times100\%=25\%$。其中：股利收益率 $=2.5/50\times100\%=5\%$，资本利得收益率 $=(60-50)/50\times100\%=20\%$。

【答案】B

35. 若两项证券资产收益率的相关系数为0.6，则下列说法正确的是( )。

  A. 该项证券资产组合的风险等于组合中两项资产风险的加权平均数
  B. 两项资产的收益率变化方向和变化幅度完全相反
  C. 两项资产的组合可以分散一部分非系统性风险
  D. 两项资产的组合可以分散一部分系统性风险

解析 选项A，当两项资产收益率的相关系数为1时，组合的风险等于组合中两项资产风险的加权平均数；选项B，当两项资产收益率的相关系数为–1时，两项资产的收益率变化方向和变化幅度完全相反；选项D，非系统风险可以被分散，系统风险不可以被分散。

【答案】C

36. 甲乙两投资方案的标准离差均为 54.4%，甲方案的预期收益率小于乙方案的预期收益率，则下列表述正确的是( )。
   A. 甲方案风险小于乙方案风险
   B. 甲乙两方案风险相同
   C. 甲方案风险大于乙方案风险
   D. 甲乙两方案风险大小依各自的风险报酬系数大小而定

   解析　两方案期望值不同，则用"标准离差率"进行比较风险大小，标准离差率＝标准差/期望值，甲方案和乙方案的分子相同，甲方案的期望投资报酬率小，因此甲方案的标准离差率大，即甲方案的风险大。

   【答案】 C

37. 下列各项中，属于系统风险的有( )。
   A. 企业会计准则改革引起的风险
   B. 原材料供应地政治经济情况变动带来的风险
   C. 税制改革引起的风险
   D. 宏观经济形势变动引起的风险
   E. 被投资企业出现经营失误

   解析　系统风险是影响所有资产的、不能通过资产组合而消除的风险。这部分风险是由那些影响整个市场的风险因素所引起的。这些因素包括宏观经济形势的变动、国家经济政策的变化、税制改革、企业会计准则改革、政治因素等。

   【答案】 ACD

38. 下列关于证券市场线的说法正确的有( )。
   A. 证券市场线是关系式 $R = R_f + \beta \times (R_m - R_f)$ 所代表的直线
   B. 该直线的横坐标是 β 系数，纵坐标是必要收益率
   C. 如果风险厌恶程度高，则 $(R_m - R_f)$ 的值就大
   D. R_f 通常以短期国债的利率来近似替代
   E. 证券市场线上每个点的横、纵坐标值分别代表每一项资产的必要收益率和系统风险系数

   解析　证券市场线是资本资产定价模型的图形表示，横坐标是 β 系数，纵坐标是必要收益率，选项 AB 正确；风险厌恶程度高，风险溢价越高，即 $(R_m - R_f)$ 越大；R_f 通常以短期国债的利率来近似替代，选项 CD 正确。选项 E，证券市场线上每个点的横、纵坐标值分别代表每一项资产的系统风险系数和必要收益率。

   【答案】 ABCD

39. 下列关于市场风险溢酬的表述中，正确的有( )。
   A. 市场风险溢酬附加在无风险收益率之上
   B. 市场风险溢酬反映市场整体对风险的平均容忍程度

C. 对风险越厌恶，市场风险溢酬的数值就越小

D. 对风险越厌恶，市场风险溢酬的数值就越大

E. 市场风险溢酬就是市场组合收益率

解析 选项C，市场风险溢酬反映的是市场作为整体对风险的平均"容忍"程度，对风险越是厌恶和回避，要求的补偿就越高，市场风险溢酬的数值就越大；选项E，R_m表示市场组合收益率，$R_m - R_f$称为市场风险溢酬。

【答案】ABD

40. A、B两种股票各种可能的投资收益率以及相应的概率如下表所示：

发生概率	A的投资收益率	B的投资收益率
0.2	80%	60%
0.5	20%	20%
0.3	−16%	10%

根据上述资料，回答下列问题。

(1) A、B两种股票收益率的期望值分别为（　　）。

A. 21.20%和20%　　B. 20%和25%　　C. 21.20%和25%　　D. 20%和21.20%

解析 A股票的期望收益率 $= 0.2 \times 80\% + 0.5 \times 20\% + 0.3 \times (-16\%) = 21.20\%$
B股票的期望收益率 $= 0.2 \times 60\% + 0.5 \times 20\% + 0.3 \times 10\% = 25\%$

【答案】C

(2) A、B两种股票收益率的标准差分别为（　　）。

A. 33.28%和18.03%　B. 33.82%和18.03%　C. 18.03%和33.28%　D. 18%和33%

解析 A股票的标准差 $= \sqrt{0.2 \times (80\% - 21.2\%)^2 + 0.5 \times (20\% - 21.2\%)^2 + 0.3 \times (-16\% - 21.2\%)^2} = 33.28\%$

B股票的标准差 $= \sqrt{0.2 \times (60\% - 25\%)^2 + 0.5 \times (20\% - 25\%)^2 + 0.3 \times (10\% - 25\%)^2} = 18.03\%$

【答案】A

(3) A、B两种股票的标准离差率分别为（　　）。

A. 1.57和0.62　　B. 1.57和0.72　　C. 0.64和1.39　　D. 0.62和1.39

解析 A股票的标准离差率 = 标准差/期望值 = 33.28%/21.2% = 1.57
B股票的标准离差率 = 标准差/期望值 = 18.03%/25% = 0.72

【答案】B

(4) 根据上述分析，A、B两种股票（　　）。

A. A股票较优　　　　　　　　　　B. B股票较优

C. A、B股票的风险相同　　　　　D. 无法判断A、B股票的优劣

解析 根据上述分析，A股票的期望值小于B股票，并且A股票的标准离差率大于B股票，所以B股票更优。

【答案】B

第二章 财务预测和财务预算

■ 考情分析

本章介绍了财务管理环节中的预测与预算,既可以考单选题和多选题,也可以考计算题,属于重点章节。

1. 采用销售百分比法预测资金需求量时,下列资产负债表项目会影响外部融资需求量金额的是( )。

A. 应付票据　　　　B. 实收资本　　　　C. 固定资产　　　　D. 短期借款

解析 销售百分比法下,需要考虑经营性资产与经营性负债项目,其中经营性资产项目包括库存现金、应收账款、存货等项目;经营性负债项目包括应付票据、应付账款等,不包括短期借款、短期融资券、长期负债等筹资性负债。

【答案】A

2. A公司2017年末的敏感性资产为2600万元,敏感性负债为800万元,2017年度实现销售收入5000万元,预计2018年度销售收入将提高20%,销售净利润率为8%,利润留存率为60%,则基于销售百分比法预测下,2018年度A公司需从外部追加资金需要量为( )万元。

A. 93　　　　B. 72　　　　C. 160　　　　D. 312

解析 外部追加资金需要量=20%×(2600-800)-5000×(1+20%)×8%×60%=72万元

【答案】B

3. 甲公司采用销售百分比法预测2017年外部资金需求量,2017年销售收入将比上年增长20%,2016年销售收入为2000万元,敏感资产和敏感负债分别占销售收入的59%和14%,销售净利率为10%,股利支付率为60%,若甲公司2017年销售净利率、股利支付率均保持不变,则甲公司2017年外部融资需求量为( )万元。

A. 36　　　　B. 60　　　　C. 84　　　　D. 100

解析 外部融资需求量=(59%-14%)×2000×20%-2000×(1+20%)×10%×(1-60%)=84万元

■ 提示

销售百分比法,是假设某些资产、负债与销售额存在稳定的百分比关系,根据该假设预计外部资金需要量的方法。销售百分比法预测资金需要量计算公式如下:

外部融资需求量=销售增长额×(敏感性资产项目销售百分比-敏感性负债项目销售

13

百分比）－预测期销售收入×销售净利率×利润留存率

或 ＝销售增长率×（基期敏感性资产－基期敏感性负债）－预测期销售收入×销售净利率×（1－股利支付率）

【答案】C

4. 某企业 2020 年度销售收入为 2000 万元，净利润为 200 万元，股利支付率为 40%，预计 2021 年度销售收入下降 15%，盈利能力和股利政策保持不变，则该企业留存收益在 2021 年可提供的资金金额为(　　)万元。

　　A. 68　　　　　B. 102　　　　　C. 138　　　　　D. 170

🔍 解析　2021 年留存收益可提供的资金金额 ＝2000×（1－15%）×（200/2000）×（1－40%）＝102 万元

【答案】B

5. 甲公司 2018 年度销售收入 500 万元、资金需要量 90 万元；2017 年度销售收入 480 万元、资金需要量 72 万元；2016 年度销售收入 560 万元、资金需要量 80 万元。若甲公司预计 2019 年度销售收入 600 万元，则采用高低点法预测的资金需要量是(　　)万元。

　　A. 84　　　　　B. 100　　　　　C. 75　　　　　D. 96

🔍 解析　$b＝（80－72）/（560－480）＝0.1$

$a＝72－480×0.1＝24$

资金需要量 $Y＝a+bx＝24+0.1x＝24+0.1×600＝84$ 万元

【答案】A

6. 某公司只生产一种产品，2021 年度销售量为 2000 件，单位售价为 180 元，固定成本总额为 56000 元，公司当年实现净利润 45000 元，适用企业所得税税率为 25%，假定不存在纳税调整事项，则该公司产品的单位边际贡献为(　　)元。

　　A. 47.0　　　　B. 50.0　　　　C. 50.5　　　　D. 58.0

🔍 解析　边际贡献 ＝固定成本＋利润 ＝56000＋45000/（1－25%）＝116000 元，根据公式：边际贡献 ＝单位边际贡献×销售数量，可以得出单位边际贡献 ＝116000/2000 ＝58 元。

📌 提示

利润

＝销售收入－（变动成本＋固定成本）

＝销售量×单价－销售量×单位变动成本－固定成本

＝销售量×（单价－单位变动成本）－固定成本

边际贡献总额

＝销售收入－变动成本

＝（单价－单位变动成本）×销售数量

＝单位边际贡献×销售数量

=固定成本+利润（息税前利润）
单位边际贡献=单价-单位变动成本
边际贡献率
=边际贡献总额/销售收入
=单位边际贡献/单价
变动成本率
=变动成本总额/销售收入
=单位变动成本/单价
结论：边际贡献率+变动成本率=1。

【答案】D

7. A公司只生产甲产品，其固定成本总额为160000元，每件单位变动成本50元，则下列关于甲产品单位售价对应的盈亏临界点销售量计算正确的是(　　)。

   A. 单位售价100元，盈亏临界点销售量1600件
   B. 单位售价60元，盈亏临界点销售量6400件
   C. 单位售价70元，盈亏临界点销售量8000件
   D. 单位售价50元，盈亏临界点销售量3200件

   解析　选项A错误，盈亏临界点销售量=160000/（100-50）=3200件；选项B错误，盈亏临界点销售量=160000/（60-50）=16000件；选项C正确，盈亏临界点销售量=160000/（70-50）=8000件；选项D错误，盈亏临界点销售量不存在。

【答案】C

8. 根据本量利分析原理，若其他条件不变，下列各项中，不会降低盈亏临界点销售额的是(　　)。

   A. 降低销售额　　　　　　　　B. 降低单位变动成本
   C. 提高单价　　　　　　　　　D. 降低固定成本

   解析　盈亏临界点销售额=固定成本总额/边际贡献率，所以降低固定成本，会导致销售额降低；边际贡献率提高，也会导致销售额降低，提高单价和降低单位变动成本都会提高边际贡献率，所以选项BCD都会导致盈亏临界点销售额降低。

【答案】A

9. 下列关于盈亏临界点的表述中，错误的有(　　)。

   A. 盈亏临界点销售量（额）越小，企业经营风险越小
   B. 实际销售量（额）超过盈亏临界点销售量（额）越多，企业留存收益增加越多
   C. 盈亏临界点销售量（额）越大，企业的盈利能力就越强
   D. 实际销售量（额）小于盈亏临界点销售量（额）时，企业将产生亏损
   E. 盈亏临界点的含义是企业的销售总收入等于总成本的销售量（额）

   解析　选项B，实际销售量（额）超过盈亏临界点销售量（额）越多，说明企业盈利

越多，但是无法确定股利支付率，不能判断留存收益的变化情况；选项C，盈亏临界点销售量（额）越小，企业的盈利能力越强。

【答案】BC

10. 甲公司只生产销售一种产品，2019年度利润总额为100万元，销售量为50万件，产品单位边际贡献为4元，则甲公司2019年的安全边际率是(   )。

  A. 50%　　　　　B. 65%　　　　　C. 35%　　　　　D. 45%

解析　利润总额＝单位边际贡献×销售量－固定成本，因此，固定成本＝50×4－100＝100万元。盈亏临界点销售量＝100/4＝25万件，安全边际率＝（50－25）/50×100%＝50%。

【答案】A

11. 某公司生产一项高科技产品A产品，2021年该公司销售收入预测值为20000万元，边际贡献率为60%，假定2021年可以实现利润1200万元，则其利润为0时的销售额为(   )万元。

  A. 6000　　　　　B. 2000　　　　　C. 12000　　　　　D. 18000

解析　利润为0时的销售额即盈亏临界点销售额；
利润预测值1200＝（销售收入预测值20000－盈亏临界点销售额）×边际贡献率60%，解得，盈亏临界点销售额＝18000万元。

【答案】D

12. 某企业上年度甲产品的销售数量为10000件，销售价格为每件18000元，单位变动成本为12000元，固定成本总额为50000000元，若企业要求甲产品的利润总额增长12%，则在其他条件不变情况下，应将甲产品的单位变动成本降低(   )。

  A. 1%　　　　　B. 0.67%　　　　　C. 2%　　　　　D. 2.4%

解析　上年度利润＝（18000－12000）×10000－50000000＝10000000元
目标利润＝10000000×（1＋12%）＝11200000元
（18000－单位变动成本）×10000－50000000＝11200000元
单位变动成本＝11880元
单位变动成本变动的比率＝（11880－12000）/12000＝－1%

【答案】A

13. 甲家政公司专门提供家庭保洁服务，按提供保洁服务的小时数向客户收取费用，收费标准为200元/小时。2018年每月发生租金、水电费、电话费等固定费用合计为40000元。甲公司有2名管理人员，负责制定工作规程、员工考勤、业绩考核等工作，每人每月固定工资为5000元；另有20名保洁工人，接受公司统一安排对外提供保洁服务，工资采取底薪加计时工资制，即每人每月除获得3500元底薪外，另可获80元/小时的提成收入。甲公司平均每天提供100小时的保洁服务，每天最多提供120小时的保洁服务。

  假设每月按照30天计算，不考虑相关税费。

根据上述资料，回答下列问题。

(1) 甲公司 2018 年每月发生的固定成本为( )元。
A. 40000　　　　　　B. 50000　　　　　　C. 110000　　　　　　D. 120000

解析　固定成本 = 40000 + 5000 × 2 + 3500 × 20 = 120000 元
【答案】 D

(2) 甲公司 2018 年每月的税前利润为( )元。
A. 240000　　　　　　B. 310000　　　　　　C. 360000　　　　　　D. 430000

解析　每月的税前利润 =（200 - 80）× 100 × 30 - 120000 = 240000 元
【答案】 A

(3) 甲公司 2018 年每月的盈亏临界点作业率为( )。
A. 26.67%　　　　　　B. 33.33%　　　　　　C. 28.00%　　　　　　D. 21.00%

解析　盈亏临界点销售量 = 120000/（200 - 80）= 1000 小时
盈亏临界点作业率 = 盈亏临界点销售量 1000/正常经营销售量（100 × 30）≈ 33.33%
【答案】 B

(4) 甲公司预计 2019 年平均每天保洁服务小时数增加 10%，假定其他条件保持不变，则保洁服务小时数的敏感系数为( )。
A. 1.0　　　　　　B. 1.9　　　　　　C. 1.2　　　　　　D. 1.5

解析　平均每天保洁服务小时数增加 10%，则提供的总的小时数 = 100 ×（1 + 10%）× 30 = 3300 小时；预计利润 =（200 - 80）× 3300 - 120000 = 276000 元，利润变化的百分比 =（276000 - 240000）/240000 = 0.15；因此保洁服务小时数的敏感系数 = 0.15/10% = 1.5。
【答案】 D

14. 甲公司在 2020 年 10 月初投入建设一条新产品生产线，相关的设备及建造安装成本共计 2500 万元。当年 12 月该生产线达到预定可使用状态并投入使用，预计可使用年限为 10 年，预计净残值率为 10%，按照年限平均法计提折旧。新产品每盒原材料成本 48 元，单位变动制造费用 23 元，包装成本 9 元。

甲公司相关人员及工资情况如下：生产人员 15 名，每人每年的基础工资 4.8 万元，另按每盒 8 元支付计件工资；销售人员 4 名，每人每年的基础工资 9 万元，并按年销售额的 2% 支付提成工资。2021 年甲公司全年共生产 12 万盒新产品并全部对外销售，每盒售价 180 元。

假设不考虑相关税费和其他因素的影响，根据上述资料，回答下列问题。

(1) 本量利分析模型下，甲公司生产该新产品的年固定成本为( )万元。
A. 358　　　　　　B. 393　　　　　　C. 297　　　　　　D. 333

解析　年固定成本 = 设备的年折旧 + 固定基本工资 = 2500 ×（1 - 10%）/10 + 15 × 4.8 + 4 × 9 = 333 万元
【答案】 D

(2) 本量利分析模型下，甲公司 2021 年度该新产品实现的利润为( )万元。
A. 952.8　　　　　　B. 727.8　　　　　　C. 702.8　　　　　　D. 823.8

解析 2021年度该新产品实现的利润 = 12×180 - [12×(48+23+9) + 12×8 + 12×180×2%] - 333 = 727.8万元

【答案】B

(3) 本量利分析模型下，甲公司2021年度该新产品的边际贡献率为(　　)。
　　A. 46.289%　　　　B. 33.694%　　　　C. 50.889%　　　　D. 49.111%

解析 边际贡献率 = 边际贡献/销售收入 = [12×180 - 12×(48+23+9) - 12×8 - 12×180×2%] / (12×180) = 49.111%

【答案】D

(4) 本量利分析模型下，甲公司2021年度该新产品的盈亏临界点的销售额为(　　)万元。
　　A. 703.48　　　　B. 678.06　　　　C. 651.52　　　　D. 604.76

解析 盈亏临界点销售额 = 固定成本/边际贡献率 = 333/49.111% = 678.06万元

【答案】B

15. 下列各项预算中，不适用弹性预算法编制的是(　　)。
　　A. 资本支出预算　　B. 销售收入预算　　C. 成本费用预算　　D. 材料采购预算

解析 弹性预算法适用于编制全面预算中所有与业务量有关的预算，而资本支出预算与业务量之间没有直接的联动关系，所以不适合采用弹性预算法编制。销售收入预算、成本费用预算、材料采购预算都与业务量有关。

【答案】A

16. 与增量预算法相比，下列关于零基预算法特点的表述中错误的有(　　)。
　　A. 认为企业现有业务活动是合理的，不需要进行调整
　　B. 预算编制工作量较大、成本较高
　　C. 容易受历史期经济活动中的不合理因素影响，预算编制难度加大
　　D. 有助于增加预算编制的透明度，有利于进行预算控制
　　E. 特别适用于不经常发生的预算项目或预算编制基础变化较大的预算项目

解析 选项A，增量预算法认为企业现有业务活动是合理的，不需要进行调整；选项C，零基预算法是以零为起点编制预算，不受历史期经济活动中的不合理因素影响。

【答案】AC

17. 与固定预算法相比，下列属于弹性预算法特点的有(　　)。
　　A. 考虑了预算期可能的不同业务量水平
　　B. 更贴近企业经营管理实际情况
　　C. 不受历史期经济活动中的不合理因素影响
　　D. 有助于增加预算编制透明度，有利于进行预算控制
　　E. 能够使预算期间与会计期间相对应

解析 弹性预算的主要优点是：考虑了预算期可能的不同业务量水平，更贴近企业经营管理实际情况。

主要缺点是：一是编制工作量大；二是市场及其变动趋势预测的准确性、预算项目与业务量之间依存关系的判断水平等会对弹性预算的合理性造成较大影响。

【答案】AB

18. 与财务预算编制的其他方法相比，下列属于零基预算法优点的有( )。
   A. 不受历史期经济活动中的不合理因素影响，能够灵活应对内外环境的变化
   B. 有助于增加预算编制透明度
   C. 有利于进行预算控制
   D. 考虑了预算期可能的不同业务量水平
   E. 实现动态反映市场、建立跨期综合平衡

解析 零基预算的主要优点：（1）以零为起点编制预算，不受历史期经济活动中的不合理因素影响，能够灵活应对内外环境的变化，预算编制更贴近预算期企业经济活动需要；（2）有助于增加预算编制透明度，有利于进行预算控制。

零基预算的主要缺点：（1）预算编制工作量较大、成本较高；（2）预算编制的准确性受企业管理水平和相关数据标准准确性影响较大。

选项D，属于弹性预算法的优点；选项E，属于滚动预算法的优点。

【答案】ABC

19. 甲企业只生产销售一种产品，2020年度该产品的销售数量为1000件，单价为18元，单位变动成本为12元，固定成本总额为5000元。如果甲企业要求2021年度的利润总额较上年度增长12%，在其他条件不变的情况下，下列单项措施的实施即可达到利润增长目标的是( )。
   A. 销售数量增加1%
   B. 销售单价提高0.5%
   C. 固定成本总额降低2%
   D. 单位变动成本降低1%

解析 2020年度利润总额 =1000×（18-12）-5000=1000元。在此基础上，如果要求2021年度的利润增长12%，即达到1120元[1000×（1+12%）]，分析如下：

选项A，利润总额 =1000×（1+1%）×（18-12）-5000=1060元，不符合题意；

选项B，利润总额 =1000×[18×（1+0.5%）-12]-5000=1090元，不符合题意；

选项C，利润总额 =1000×（18-12）-5000×（1-2%）=1100元，不符合题意；

选项D，利润总额 =1000×[18-12×（1-1%）]-5000=1120元，符合题意。

【答案】D

20. 甲公司向银行借入短期借款1000万元，年利率为6%，到期一次还本付息，借款的筹资费用率为1.5%，适用的企业所得税税率为25%，则该笔借款的资本成本为( )。
   A. 6.00%
   B. 6.09%
   C. 4.57%
   D. 4.5%

解析 银行借款资本成本 =6%×（1−25%）/（1−1.5%）×100% =4.57%

【答案】 C

21. 下列采用本量利分析法计算销售利润的公式中，正确的有（ ）。
    A. 销售利润 = 销售收入×变动成本率 − 固定成本
    B. 销售利润 = 销售收入×（1 − 边际贡献率）− 固定成本
    C. 销售利润 = 销售收入×（1 − 变动成本率）− 固定成本
    D. 销售利润 =（销售收入 − 盈亏临界点销售额）×边际贡献率
    E. 销售利润 = 盈亏临界点销售量×边际贡献率

解析 销售利润 = 销售收入×边际贡献率 − 固定成本 = 销售收入×（1 − 变动成本率）− 固定成本 = 销售收入×边际贡献率 − 盈亏临界点销售额×边际贡献率 =（销售收入 − 盈亏临界点销售额）×边际贡献率

【答案】 CD

22. 下列关于各种筹资方式的表述中，错误的有（ ）。
    A. 普通股筹资没有固定的利息负担，财务风险较低，因此资本成本也较低
    B. 由于优先股的股利是固定的，因此在企业盈利能力较强时，可以为普通股股东创造更多的收益
    C. 通过发行债券筹资，企业可以获得财务杠杆效应
    D. 短期借款方式筹资速度快，使用灵活
    E. 长期借款方式筹资与发行股票和债券相比，其资本成本较高

解析 选项A，没有固定的利息负担，财务风险较低是普通股筹资的优点，但是利用普通股筹资的资本成本较高；选项E，与发行股票和债券相比，长期借款的资本成本比较低。

【答案】 AE

第三章 筹资与股利分配管理

■ 考情分析

本章介绍了财务管理内容中的"筹资管理"和"股利分配管理",既可以考单选题和多选题,也可以考计算题(最优资本结构决策方法中的每股收益无差别点法经常考计算题),属于重点章节。

1. 下列属于企业股权筹资方式的有( )。
   A. 利用留存收益　　　　　　　　B. 发行普通股
   C. 吸收直接投资　　　　　　　　D. 处置子公司股权
   E. 收购子公司其他股东股权

   解析 股权筹资包括吸收直接投资、发行股票和利用留存收益三种基本形式。选项 DE 属于投资活动。

   【答案】 ABC

2. 下列属于长期借款的一般性保护条款的有( )。
   A. 不得改变借款的用途　　　　　B. 限制企业非经营性支出
   C. 不准以资产作其他承诺的担保或抵押　　D. 保持企业的资产流动性
   E. 限制公司的长期投资

   解析 长期借款的一般性保护条款主要包括:(1) 保持企业的资产流动性;(2) 限制企业非经营性支出;(3) 限制企业资本支出的规模;(4) 限制公司再举债规模;(5) 限制公司的长期投资。因此选项 BDE 正确。选项 A,属于特殊性保护条款;选项 C,属于例行性保护条款。

   【答案】 BDE

3. 与发行债券筹资相比,企业利用普通股股票筹集资金的优点包括( )。
   A. 不需要偿还本金　　　　　　　B. 能提高企业的社会声誉
   C. 资本成本较低　　　　　　　　D. 没有固定的利息支出
   E. 及时形成生产能力

   解析 发行普通股的筹资特点有:(1) 两权分离,有利于公司自主经营管理;(2) 资本成本较高(但是低于吸收直接投资的资本成本);(3) 能增强公司的社会声誉,促进股权流通和转让;(4) 不易及时形成生产能力。同时与发行债券筹资相比,企业利用普通股筹资不需要偿还本金,也不需要支付固定的利息。

   发行公司债券的筹资特点有:(1) 一次筹资数额大;(2) 筹集资金的使用限制条件少;

(3) 资本成本负担较高；(4) 提高公司的社会声誉。

> **提示** 资本成本的大小排序：吸收直接投资 > 普通股 > 留存收益 > 优先股 > 融资租赁 > 发行债券 > 银行借款。

【答案】AD

4. 与其他融资方式相比，下列属于融资租赁筹资方式特点的有(　　)。
A. 能延长资金融通的期限
B. 筹资的限制条件较多
C. 财务风险小
D. 资本成本负担较低
E. 无须大量资金就能迅速获得资产

> **解析** 融资租赁的筹资特点：
> (1) 无须大量资金就能迅速获得资产；
> (2) 财务风险小；
> (3) 筹资的限制条件较少；
> (4) 租赁能延长资金融通的期限；
> (5) 资本成本负担较高。

> **提示1** 融资租赁的基本形式
> (1) 直接租赁：出租人直接向承租人提供租赁资产的租赁形式。直接租赁只涉及出租人和承租人双方。
> (2) 杠杆租赁：有贷款者参与的一种租赁形式。出租人利用自己的少量资金推动了大额的租赁业务。
> (3) 售后回租：承租人先将某资产卖给出租人，再将该资产租回的一种租赁形式。

> **提示2** 融资租赁的筹资特点
> (1) 无须大量资金就能迅速获得资产；
> (2) 财务风险小；
> (3) 筹资的限制条件较少；
> (4) 租赁能延长资金融通的期限；
> (5) 资本成本负担较高。

【答案】ACE

5. 下列关于创新性筹资方式的表述中，正确的有(　　)。
A. 商业票据融资具有融资成本低、灵活方便等特点
B. 股权众筹融资方应为小微企业，应通过股权众筹融资中介机构向投资人如实进行信息披露
C. 发展商圈融资是缓解中小商贸企业融资困难的重大举措
D. 供应链融资通过打通上下游融资瓶颈，可以降低供应链融资成本，提高核心企业及配套企业的竞争力
E. 中期票据融资的资金成本较中长期贷款等融资方式往往高20%~30%

> **解析** 中期票据融资的资金成本较中长期贷款等融资方式往往低20%~30%，选项E

错误。

【答案】 ABCD

6. 甲公司以680万元价格的溢价发行面值为600万元，期限为3年、年利率为8%的公司债券，每年付息一次，到期一次还本。该批债券的筹资费用率为2%，适用的企业所得税税率为25%，则甲公司该债券的资本成本是( )

　　A. 5.40%　　　　　　B. 5.12%　　　　　　C. 6.12%　　　　　　D. 5.65%

解析　该债券的资本成本 = 600 × 8% × （1 − 25%）/ [680 × （1 − 2%）] = 5.40%

提示　不同筹资方式资本成本的确定

（1）银行借款资本成本

银行借款资本成本 = 年利率 i × （1 − 所得税税率 T）/ （1 − 筹资费用率 f）× 100%

（2）公司债券的资本成本

公司债券资本成本 = 票面利息 I × （1 − 所得税税率 T）/ [筹资总额 B × （1 − 筹资费用率 f）] × 100%

（3）普通股的资本成本

① 股利增长模型法

普通股资本成本 = 当年的每股股利 D_0 × （1 + 股利的年增长率 g）/ [当前每股市价 P × （1 − 筹资费用率 f）] + 股利的年增长率 g

② 资本资产定价模型法

普通股资本成本 = 无风险报酬率 R_f + β × （市场平均报酬率 R_m − 无风险报酬率 R_f）

（4）优先股的资本成本

优先股资本成本 = 优先股年股息 D / [当前每股市价 P × （1 − 优先股筹资费用率 f）]

（5）留存收益的资本成本

留存收益资本成本 = 预计下年的每股股利 D_1 / 当前每股市价 P + 股利的年增长率 g

（6）加权资本成本

$K_W = \sum$ （个别资本成本 × 个别资本占总成本比重）

【答案】 A

7. 某公司当前普通股股价为16元/股，每股筹资费用率为3%，其上年度支付的每股股利为2元、预计股利每年增长5%，今年的股利将于近期支付，则该公司留存收益的资本成本是( )。

　　A. 17.50%　　　　　　B. 18.13%　　　　　　C. 18.78%　　　　　　D. 19.21%

解析　留存收益资本成本 = 预计下年每股股利 ÷ 每股市价 + 股利年增长率 = 2 × （1 + 5%）/ 16 + 5% = 18.13%

【答案】 B

8. 甲公司现有资金中普通股与长期债券的比例为2∶1，加权平均资本成本为12%，假定债券的资本成本和权益资本成本、所得税税率不变，普通股与长期债券的比例为1∶2，则甲公司加权资本成本将( )。

　　A. 等于12%　　　B. 无法确定　　　C. 小于12%　　　D. 大于12%

解析　股票筹资的资本成本比债务筹资高，因此若减少股票筹资的比重，则加权资本成本下降。

【答案】 C

9. 甲公司只生产销售一种产品，2016年销售量18万件。销售单价1000元/件，变动成本率65%，固定成本总额1050万元。则甲公司的经营杠杆系数是( )。

　　A. 1.15　　　B. 1.20　　　C. 1.10　　　D. 1.05

解析　基期边际贡献=1000×18×（1-65%）=6300万元

基期息税前利润=6300-1050=5250万元

经营杠杆系数=基期边际贡献/基期息税前利润=6300/5250=1.20

【答案】 B

10. 某公司息税前利润为500万元，资本总额账面价值1000万元。假设无风险报酬率为6%，证券市场平均报酬率为10%，所得税税率为25%。债务市场价值（等于债务面值）为600万元时，税前债务利息率（等于税前债务资本成本）为9%，股票贝塔系数为1.8，在公司价值分析法下，下列说法正确的有( )。

　　A. 权益资本成本为13.2%　　　　　　B. 股票市场价值为2534.09万元
　　C. 平均资本成本为11.96%　　　　　D. 公司总价值为1600万元
　　E. 平均资本成本为11.1%

解析　权益资本成本=6%+1.8×（10%-6%）=13.2%，选项A正确；

股票市场价值=（500-600×9%）×（1-25%）/13.2%=2534.09万元，选项B正确；

公司总价值=600+2534.09=3134.09万元，选项D错误；

平均资本成本=600/3134.09×9%×（1-25%）+2534.09/3134.09×13.2%=0.0129+0.1067=11.96%，选项C正确，选项E错误。

【答案】 ABC

11. 采用每股收益无差别点分析法确定最优资本结构时，下列表述中错误的是( )。

　　A. 在每股收益无差别点上无论选择债权筹资还是股权筹资，每股收益都是相等的
　　B. 当预期收益利润大于每股收益无差别点时，应当选择财务杠杆较大的筹资方案
　　C. 每股收益无差别点分析法确定的公司加权资本成本最低
　　D. 每股收益无差别点是指不同筹资方式下每股收益相等时的息税前利润

解析　每股收益无差别点法是通过计算各备选筹资方案的每股收益无差别点并进行比较来选择最佳资本结构融资方案的方法。每股收益无差别点是指不同筹资方式下每股收益都相等时的息税前利润或业务量水平。在每股收益无差别点上，无论是采用债权或股权筹资方案，每股收益都是相等的。当预期息税前利润或业务量水平大于每股收益无差别点时，应当

选择财务杠杆效应较大的筹资方案,反之亦然。与加权资本成本无关。

【答案】C

12. 甲公司 2019 年年初资本总额为 1500 万元,资本结构如下表:

资本来源	筹资金额
股本	50 万股(面值 1 元、发行价格 16 元)
资本公积	750 万元
长期借款	500 万元(5 年期、年利率 8%、分期付息一次还本)
应付债券	200 万元(按面值发行、3 年期、年利率 5%、分期付息一次还本)

(1) 甲公司因需要筹集资金 500 万元,现有两个方案可供选择,并按每股收益无差别点分析法确定最优筹资方案。

方案一:采用发行股票方式筹集资金。发行普通股 20 万股,股票的面值为 1 元,发行价格 25 元。

方案二:采用发行债券方式筹集资金。期限 3 年,债券票面年利率为 6%,按面值发行,每年年末付息,到期还本。

(2) 预计甲公司 2019 年度息税前利润为 200 万元。

(3) 甲公司筹资后,发行的普通股每股市价为 28 元,预计 2020 年每股现金股利为 2 元,预计股利每年增长 3%。

(4) 甲公司适用的企业所得税税率为 25%。

不考虑筹资费用和其他因素影响。根据上述资料,回答以下问题:

(1) 针对以上两个筹资方案,每股收益无差别点的息税前利润是( )万元。

A. 150　　　　B. 155　　　　C. 160　　　　D. 163

🔍 **解析**　如果两个方案的每股收益相等,则 (EBIT − 500 × 8% − 200 × 5%) × (1 − 25%) / (50 + 20) = (EBIT − 500 × 8% − 200 × 5% − 500 × 6%) × (1 − 25%) / 50,解得 EBIT = 155 万元。

📌 **提示　每股收益无差别点分析法**

每股收益无差别点是指不同筹资方式下每股收益都相等时的息税前利润或业务量水平。

在每股收益无差别点上,无论是采用债务筹资方案还是股权筹资方案,每股收益都是相等的。当预期息税前利润或业务量水平大于每股收益无差别点时,应当选择财务杠杆效应较大的筹资方案,反之亦然。

每股收益无差别点息税前利润满足:EBIT = $(I_大 N_大 − I_小 N_小) / (N_大 − N_小)$。

【答案】B

(2) 甲公司选定最优方案并筹资后,其普通股的资本成本为( )。

A. 8.14%　　　B. 11.14%　　　C. 7.14%　　　D. 10.14%

🔍 **解析**　甲公司 2019 年的息税前利润为 200 万元,大于每股收益无差别点的息税前利润,因此选择财务杠杆效应较大的筹资方案,即方案二。普通股的资本成本=2/28+3%≈10.14%。

【答案】D

(3)甲公司选定最优方案并筹资后,其加权资本成本是(   )。

A. 7.47%　　　　B. 8.47%　　　　C. 7.06%　　　　D. 8.07%

🔍 解析　长期借款的资本成本=8%×(1-25%)=6%；原应付债券的资本成本=5%×(1-25%)=3.75%；新发行债券的资本成本=6%×(1-25%)=4.5%。因此,加权资本成本=6%×500/(1500+500)+3.75%×200/(1500+500)+4.5%×500/(1500+500)+10.14%×(50+750)/(1500+500)≈7.06%。

【答案】C

(4)甲公司选定最优方案并筹资后,假设甲公司2019年实现息税前利润与预期的一致,其他条件不变,则甲公司2020年的财务杠杆系数是(   )。

A. 1.33　　　　B. 1.50　　　　C. 1.67　　　　D. 1.80

🔍 解析　2020年的财务杠杆系数=200/(200-500×8%-200×5%-500×6%)≈1.67。

【答案】C

13. 以本公司持有的其他公司的股票或政府公债等证券向股东发放的股利,属于(   )。

A. 现金股利　　　B. 股票股利　　　C. 负债股利　　　D. 财产股利

🔍 解析　财产股利,是公司以现金以外的资产支付的股利,主要有两种形式:一是证券股利,即以本公司持有的其他公司的有价证券或政府公债等证券作为股利发放；二是实物股利,即以公司的物资、产品或不动产等充当股利。

【答案】D

14. 下列关于上市公司股利分配的表述中,正确的有(   )。

A. 除息日当天投资者购入公司股票,可以享有最近一期股利

B. 采用稳定增长股利政策分配现金股利,有利于保持最佳的资本结构

C. 上市公司的分红一般按年度进行,但也允许进行中期现金分红

D. 股权登记日当天投资者购入公司股票可以享有最近一期股利

E. 公司发放股利将改变其股东权益总额

🔍 解析　选项A,在除息日当日及以后买入的股票不再享有本次股利分配的权利；选项B,采用剩余股利分配政策时有利于保持最佳的资本结构；选项E,公司发放股利,股东权益总额是不变的。

【答案】CD

15. 下列关于固定股利支付率政策的说法中,正确的有(   )。

A. 每年派发的股利额固定在一个稳定的水平

B. 有助于投资者规律地安排股利收入与支出

C. 容易使股东产生企业发展不稳定的感觉

D. 该政策下，容易使公司面临较大的财务压力

E. 股利随经营业绩的好坏上下波动

解析 固定股利支付率政策的优点：(1) 采用固定股利支付率政策，股利与公司盈余紧密地配合，体现了"多盈多分、少盈少分、无盈不分"的股利分配原则；(2) 采用固定股利支付率政策，公司每年按固定的比例从税后利润中支付现金股利，从企业的支付能力的角度分析，这是一种稳定的股利政策。

固定股利支付率政策的缺点：(1) 大多数公司每年的收益很难保持稳定不变，导致年度间的股利额波动较大，极易给投资者带来经营状况不稳定、投资风险较大的不良印象，成为影响股价的不利因素；(2) 容易使公司面临较大的财务压力；(3) 合适的固定股利支付率的确定难度比较大。

【答案】CDE

16. 下列关于股利政策的表述中正确的有( )。

A. 固定股利政策有可能导致公司违反《中华人民共和国公司法》规定

B. 剩余股利政策有助于降低再投资的资金成本，保持最佳的资本结构，实现企业价值的长期最大化

C. 剩余股利政策有利于投资者安排收入和支出

D. 低正常股利加额外股利政策赋予公司较大的灵活性，使公司在股利发放上留有余地，并具有较大的财务弹性

E. 固定股利支付率政策比较适用于那些处于稳定发展且财务状况也比较稳定的公司

解析 选项 C，剩余股利政策不利于投资者安排收入和支出。

【答案】ABDE

第四章 投资管理

■ 考情分析

本章介绍了财务管理内容中的"投资"管理,既可以考单选题和多选题,也可以考计算题(固定资产投资管理平均两年出一次主观题),属于重点章节。

1. 甲公司计划进行一项固定资产投资,总投资额600万元,预计该固定资产投产后第一年的流动资产需用额为50万元,流动负债需用额为10万元;预计该固定资产投产后第二年的流动资产需用额为80万元,流动负债需用额为25万元。则该固定资产投产后第二年流动资金投资额是(　　)万元。

A. 25　　　　　B. 15　　　　　C. 55　　　　　D. 40

解析　第一年流动资金需用额 = 50 - 10 = 40 万元

第二年流动资金需用额 = 80 - 25 = 55 万元

第二年流动资金投资额 = 55 - 40 = 15 万元

【答案】B

2. 甲公司拟购买一台价值40万元的设备,预计使用年限为5年,采用年限平均法计提折旧,预计净残值为零。该设备预计每年为公司实现销售收入50万元,相应付现成本22万元,适用的企业所得税税率为25%。假设不考虑其他相关税费,会计折旧与税法规定一致,则该设备经营期每年现金净流量为(　　)万元。

A. 50　　　　　B. 28　　　　　C. 115　　　　　D. 23

解析　该设备经营期每年计提折旧 = 40/5 = 8 万元

经营期每年现金净流量(分算法)=(50 - 22)×(1 - 25%)+ 8 × 25% = 23 万元

或:经营期每年现金净流量(间接法)=(50 - 22 - 8)×(1 - 25%)+ 8 = 23 万元

项目	内容
建设期现金流量	一般包括:固定资产投资;流动资产投资;其他投资费用;原有固定资产的变现收入。营运资金(即投入的流动资产)一般在经营期的期初投入,通常假定开始时投资的营运资金在项目结束时收回。其投入金额的计算过程如下: 本年流动资金需用额 = 本年流动资产需用额 - 本年流动负债需用额 某年流动资金投资额(垫支数) = 本年流动资金需用额 - 截至上年的流动资金投资额 = 本年流动资金需用额 - 上年流动资金需用额

续表

项目	内容
经营期现金流量	经营期现金净流量 =销售收入-付现成本-所得税 =净利润（息前税后利润）+折旧等非付现成本 =（销售收入-付现成本）×（1-所得税税率）+折旧等非付现成本×所得税税率
终结期现金流量	终结期的现金流量主要是现金流入量，包括固定资产变价净收入、固定资产变现净损益对现金净流量的影响和垫支营运资金的收回

【答案】D

3. 下列关于投资项目现金净流量计算公式的表述中，错误的有( )。
   A. 现金净流量=销售收入-付现成本-所得税
   B. 现金净流量=税后利润+折旧×（1-所得税税率）
   C. 现金净流量=税前利润+折旧×所得税税率
   D. 现金净流量=销售收入-付现成本-折旧×所得税税率
   E. 现金净流量=（销售收入-付现成本）×（1-所得税税率）+折旧×所得税税率

   解析　现金净流量
   =销售收入-付现成本-所得税
   =销售收入-付现成本-（销售收入-付现成本-折旧）×所得税税率
   =（销售收入-付现成本）×（1-所得税税率）+折旧×所得税税率
   =净利润+折旧

   【答案】BCD

4. 甲公司2015年12月31日以20000元价格处置一台闲置设备，该设备于2007年12月以80000元价格购入，并于当期投入使用，预计可使用年限为10年，预计残值率为零。按年限平均法计提折旧（均与税法规定相同）。假设甲公司适用企业所得税税率为25%，不考虑其他相关税费，则该业务对当期现金流量的影响是( )。
   A. 增加20000元　　B. 增加19000元　　C. 减少20000元　　D. 减少19000元

   解析　年折旧额=80000/10=8000元
   目前账面价值=80000-8000×8=16000元
   该业务对当期现金流量的影响=20000-（20000-16000）×25%=19000元

   【答案】B

5. 在估计投资项目现金流量时，应考虑的因素有( )。
   A. 因采纳该项目而增加的应付账款

B. 无论是否采纳该项目均会发生的成本
C. 因采纳该项目需占用一宗土地，放弃该宗土地用于其他用途实现的收益
D. 因采纳该项目对现有竞争性项目的销售额产生冲击
E. 因采纳该项目引起的现金支出增加额

解析 在确定投资方案相关的现金流量时，应遵循最基本的原则是：只有增量现金流量才是与项目相关的现金流量。选项B，不是增量现金流量，不考虑。

【答案】ACDE

6. 甲公司一次性投入100万元建设生产线，建设期0年，经营期5年，采用平均年限法计提折旧，预计净残值为0，每年带来销售收入60万元，付现成本16万元，税法规定的固定资产折旧方法、预计净残值均与会计相同。假设甲公司适用的企业所得税税率为25%，该生产线投资回报率为（　　）。
   A. 36%　　　　B. 38%　　　　C. 31%　　　　D. 44%

解析 每年折旧额=100/5=20万元
每年的经营现金净流量=（60－16）×（1－25%）+20×25%=38万元
投资回报率=38/100=38%
两种方法的优缺点比较：

方法	优点	缺点
投资回收期	能够直观地反映原始投资的返本期限，便于理解，计算简便，可以直接利用回收期之前的净现金流量信息	没有考虑资金时间价值因素和回收期满后继续发生的净现金流量，不能正确反映不同投资方式对项目的影响
投资回报率	计算公式简单	没有考虑资金时间价值因素，不能正确反映建设期长短及投资方式对项目的影响

提示 利用投资回报率指标有时可能得出与投资回收期不一致的情况。

【答案】B

7. 甲公司计划投资一条新的生产线，项目一次性总投资900万元，建设期3年，经营期10年，经营期每年的经营现金净流量为250万元，当前市场利率为9%，则甲公司该项目的净现值为（　　）万元。已知（P/A，9%，10）=6.4177，（P/F，9%，3）=0.7722。
   A. 676.1　　　　B. 1239.9　　　　C. 338.9　　　　D. 93.9

解析 净现值=250×（P/A，9%，10）×（P/F，9%，3）－900≈338.9万元

提示
净现值（记作NPV），是指一个投资项目在项目计算期内，按设定折现率或基准收益率计算的各年净现金流量现值的代数和。
净现值=项目投资后各年现金净流量的现值合计－原始投资现值
      =项目各年净现金流量的折现值

> 提示：
> 净现值>0，说明方案的实际报酬率高于所要求的报酬率，方案可行；
> 净现值<0，说明方案的实际投资报酬率低于所要求的报酬率，方案不可行；
> 净现值=0，说明方案的实际报酬率等于所要求的报酬率，不改变股东财富，没有必要采纳。因此多个方案中，应选择净现值最大的方案。

【答案】C

8. 甲公司计划投资一条新的生产线，项目一次性投资800万元，建设期3年，经营期为10年，经营期年现金净流量230万元。若当期市场利率为9%，则该项目的净现值为（　　）万元。已知$(P/A, 9\%, 13) = 7.4869$，$(P/A, 9\%, 3) = 2.5313$。

　　A. 93.87　　　　B. 339.79　　　　C. 676.07　　　　D. 921.99

解析　该项目的净现值 = 230×[$(P/A, 9\%, 13) - (P/A, 9\%, 3)$] - 800
　　　　　　　　　 = 230×(7.4869 - 2.5313) - 800 ≈ 339.79 万元

【答案】B

9. 甲公司计划投资新建一条生产线，项目总投资600万元，建设期为3年，每年年初投入200万元，项目建成后预计可使用10年，每年产生经营现金流量150万元，若甲公司要求的投资报酬率为8%，则该项目的净现值是（　　）万元。已知$(P/A, 8\%, 13) = 7.903$，$(P/A, 8\%, 3) = 2.577$，$(P/A, 8\%, 2) = 1.783$。

　　A. 282.3　　　　B. 242.3　　　　C. 182.3　　　　D. 142.3

解析　净现值 = 150×[$(P/A, 8\%, 13) - (P/A, 8\%, 3)$] - [200 + 200×$(P/A, 8\%, 2)$] = 242.3 万元

【答案】B

10. 甲公司计划投资一项目，一次性总投资为100万元，建设期为0，经营期为6年，该项目的现值指数为1.5。若当前市场利率为8%，则该投资项目的年金净流量为（　　）万元。已知$(P/A, 8\%, 6) = 4.6229$，$(F/A, 8\%, 6) = 7.3359$。

　　A. 6.82　　　　B. 10.82　　　　C. 12.45　　　　D. 16.45

解析　现值指数=未来现金净流量的现值/原始投资额现值100=1.5，因此未来现金净流量的现值=1.5×100=150万元；净现值=150-100=50万元；年金净流量=50/$(P/A, 8\%, 6)$=50/4.6229≈10.82万元。

【答案】B

11. 下列关于净现值与现值指数的表述中，正确的有（　　）。
　A. 两者均为绝对数指标
　B. 两者均为考虑货币的资金时间价值
　C. 两者均为无法反映投资方案的实际投资报酬率

D. 两者均适用于投资额差别较大的独立方案决策

E. 两者均反映投资效率

解析 选项 A，现值指数属于相对数指标；选项 D，净现值法不适宜于对投资额差别较大的独立投资方案的比较决策；选项 E，现值指数反映了投资效率，净现值没有反映投资效率。

【答案】 BC

12. 下列关于固定资产投资决策的表述中正确的有（　　）。

A. 净现值法适用性强，能基本满足项目年限相同的互斥投资方案的决策

B. 净现值法适宜对投资额差别较大的独立投资方案的比较决策

C. 内含报酬率法用于互斥投资方案决策时，如果各方案的原始投资额现值不相等，可能无法做出正确决策

D. 投资回报率法没有考虑资金时间价值因素，不能正确反映建设期长短及投资方式等条件对项目的影响

E. 年金净流量法适用于期限不同的投资方案的决策

解析 净现值法能基本满足项目年限相同的互斥投资方案的决策，但其不适宜对投资额差别较大的独立投资方案的比较决策，选项 A 正确、选项 B 错误；内含报酬率法在互斥投资方案决策时，如果各方案的原始投资额现值不相等，可能无法做出正确决策，选项 C 正确；投资回报率法的缺点是没有考虑资金时间价值因素，不能正确反映建设期长短及投资方式等条件对项目的影响，选项 D 正确；年金净流量法适用于期限不同的投资方案的决策，选项 E 正确。

【答案】 ACDE

13. 对于同一投资项目而言，下列关于固定资产投资决策方法的表述中，错误的有（　　）。

A. 如果净现值大于零，其内含报酬率一定大于设定的折现率

B. 如果净现值大于零，其投资回收期一定短于项目经营期的 1/2

C. 投资回收期和投资回报率的评价结果一致

D. 净现值、现值指数和内含报酬率的评价结果一致

E. 如果净现值大于 0，其现值指数一定大于 1

解析 选项 B，净现值大于零，其投资回收期可能大于也可能小于项目经营期的 1/2；选项 C，利用投资回报率有时可能得出与投资回收期指标评价结果不一致的情况。

【答案】 BC

14. 某公司因技术改造需要 2019 年拟引进一条生产线，有关资料如下：

（1）该条生产线总投资 520 万元，建设期 1 年，2019 年年初投入 100 万元，2019 年年末投入 420 万元。2019 年年末新生产线投入使用，该条生产线采用年限平均法计提折旧，预计使用年限为 5 年（与税法相同），预计净残值为 20 万元（与税法相同）。

(2) 该条生产线预计生产使用第一年流动资产需要额为30万元，流动负债需要额10万元。预计生产使用第2年流动资产需要额为50万元，流动负债需要额为20万元。生产线使用期满后，流动资金将全部收回。

(3) 该条生产线投入使用后，每年将为公司新增销售收入300万元，每年付现成本为销售收入的40%。

(4) 假设该公司适用的企业所得税税率25%，要求的最低投资报酬率为10%，不考虑其他相关费用。

(5) 相关货币时间价值参数如下表所示：

年份（n）	1	2	3	4	5	6
(P/F，10%，n)	0.9091	0.8264	0.7513	0.6830	0.6209	0.5646
(P/A，10%，n)	0.9091	1.7355	2.4869	3.1699	3.7908	4.3553

根据以上资料，回答下列问题：

(1) 该条生产线投产后第二年流动资金的投资额是（　　）万元
A. 10　　　　　B. 30　　　　　C. 50　　　　　D. 20

解析　投产后第一年流动资金需用额＝投资额＝30－10＝20万元，投产后第二年流动资金需要额＝50－20＝30万元，因此投产后第二年的流动资金投资额＝30－20＝10万元。

【答案】 A

(2) 该条生产线投产后每年产生的经营期现金流量是（　　）万元。
A. 170　　　　B. 160　　　　C. 175　　　　D. 165

解析　每年的折旧额＝（520－20）/5＝100万元
每年的经营期现金流量＝（300－300×40%）×（1－25%）＋100×25%＝160万元

【答案】 B

(3) 该条生产线投产后终结期的现金流量是（　　）万元。
A. 20　　　　　B. 40　　　　　C. 50　　　　　D. 30

解析　终结期的现金流量＝收回的流动资金30＋残值收入20＝50万元。

【答案】 C

(4) 投资项目的净现值是（　　）万元。
A. 71.36　　　B. 90.96　　　C. 99.22　　　D. 52.34

解析　净现值＝160×（P/A，10%，5）×（P/F，10%，1）＋50×（P/F，10%，6）－[100＋（420＋20）×（P/F，10%，1）＋10×（P/F，10%，2）]＝160×3.7908×0.9091＋50×0.5646－[100＋（420＋20）×0.9091＋10×0.8264]≈71.36万元

【答案】 A

15. 甲公司是一家上市公司，企业所得税税率为25%，公司为扩大生产经营准备购置一条新生产线，计划于2020年年初一次性投入资金6000万元，全部形成固定资产并立即投入

使用，建设期为0年，使用年限为6年，固定资产采用直线法计提折旧，预计净残值为1200万元。

新生产线开始投产时需垫支营运资金700万元，在项目终结时一次性收回。新生产线每年增加营业收入3000万元，增加付现成本1000万元。公司所要求的最低投资收益率为8%，相关资金时间价值系数为：（P/A，8%，6）=4.6229，（P/F，8%，6）=0.6302。

根据上述资料，回答以下问题。

（1）甲公司该项目的原始投资额为（　　）万元。
A．-6000　　　　　B．-6700　　　　　C．-4800　　　　　D．-700

解析　原始投资额=-（6000+700）=-6700万元
【答案】 B

（2）甲公司该项目的净现值为（　　）万元。
A．9056.31　　　　B．6700　　　　　C．2356.31　　　　D．5400

解析　年折旧额=（6000-1200）/6=800万元
经营期每年的现金净流量=3000-1000-（3000-1000-800）×25%=1700万元
终结点现金净流量=700+1200=1900万元
净现值=[1700×（P/A，8%，6）+1900×（P/F，8%，6）]-6700=（1700×4.6229+1900×0.6302）-6700=2356.31万元
【答案】 C

（3）甲公司该项目的现值指数为（　　）。
A．1　　　　　　　B．1.35　　　　　C．0.74　　　　　D．1.81

解析　现值指数=[1700×（P/A，8%，6）+1900×（P/F，8%，6）]/6700=（1700×4.6229+1900×0.6302）/6700=1.35
【答案】 B

（4）甲公司该项目的年金净流量为（　　）万元。
A．392.72　　　　B．509.7　　　　　C．1509.39　　　　D．2356.31

解析　净现值=2356.31万元
年金净流量=2356.31/（P/A，8%，6）=2356.31/4.6229≈509.7万元
【答案】 B

16．某公司原有资本结构为：普通股10000万元，资本成本为10%；长期债券2000万元，资本成本为8.5%。现向银行借款800万元，期限为5年，年利率为5%，分期付息、一次还本，筹资费用为零。该筹资用于购买价值为800万元的大型设备（不考虑相关税费），购入后立即投入使用，每年为公司增加利润总额160万元。设备预计可使用5年，采用直线法计提折旧，预计净残值为0。

某公司向银行取得新的长期借款后，公司普通股市价为10元/股，预计下年的每股股利由1.8元增加到2.0元，以后每年增加1%，假设所得税税率为25%，不考虑其他因素的影响。根据上述资料，回答以下问题。

(1) 若该设备投资项目的期望投资收益率为16%,标准离差为0.08,则该设备投资项目标准离差率为(   )。

A. 8%   B. 16%   C. 50%   D. 60%

解析 标准离差率=标准离差/期望值=0.08/16%=50%

【答案】C

(2) B公司新增银行借款后的加权资本成本为(   )。

A. 9.40%   B. 9.49%   C. 17.97%   D. 18.30%

解析 新增银行借款的资本成本=800×5%×(1-25%)/800=3.75%

股票的资本成本=2/10+1%=21%

加权资本成本=21%×10000/(10000+2000+800)+8.5%×2000/(10000+2000+800)+3.75%×800/(10000+2000+800)=17.97%

【答案】C

(3) 该设备投资项目投资回收期为(   )年。

A. 2.50   B. 2.86   C. 4.50   D. 5.00

解析 折旧=800/5=160万元

经营期每年的现金流量=利润总额160×(1-25%)+折旧160=280万元

投资回收期=800/280≈2.86年

【答案】B

(4) 经测算当贴现率为20%时,该设备投资项目净现值为37.368万元,当贴现率为24%时,该设备投资项目净现值为-31.288万元;采用插值法计算该设备项目的内含报酬率为(   )。

A. 21.50%   B. 23.15%   C. 21.82%   D. 22.18%

解析 内含报酬率为净现值等于0时的报酬率。

内含报酬率=20%+(24%-20%)×(37.368-0)/[37.368-(-31.288)]≈22.18%

【答案】D

17. 甲公司购入票面金额为10000万元,期限为3年的贴现债券。若市场年利率为10%,则该债券的价值为(   )万元。

A. 7000.00   B. 7513.15   C. 8108.46   D. 8264.46

解析 贴现债券是指在票面上不规定利率,发行时按某一折扣率,以低于票面金额的价格发行,到期时仍按面额偿还本金的债券。其价值=10000/$(1+10\%)^3$=7513.15万元。

【答案】B

18. 下列关于杠杆收购方式的表达中,正确的是(   )。

A. 可以保护企业利润,任何企业都可以使用

B. 必须保证较高比率的自有资金

C. 可以避免并购企业大量现金流出,减少财务风险

D. 常用于管理层并购

【解析】 管理层收购中多采用杠杆收购方式。选项 A，杠杆收购需要目标工具具备一些条件，并不是任何企业都可以使用；选项 B，杠杆收购需要目标公司具有良好抵押价值的固定资产和流动资产，并不要求保证较高比例的自有资金；选项 C，杠杆收购是指集团公司通过借款的方式购买目标公司的股权，取得控制权后，再以目标公司未来创造的现金流量偿付借款，是会有大量现金流出的。

【答案】 D

19. 公司并购的支付方式是指并购活动中并购公司和目标公司之间的交易形式。下列不属于并购支付方式的是(　　)。

A. 现金支付方式　　　B. 股票对价方式　　　C. 杠杆收购方式　　　D. 买方融资方式

【解析】 并购支付方式主要包括以下四种：现金支付方式、股票对价方式、杠杆收购方式、卖方融资方式。

【答案】 D

20. 下列关于公司收缩的表述中，错误的有(　　)。

A. 公司收缩有助于界定公司最优规模，妥善处理多元经营问题
B. 企业收缩的主要方式包括资产剥离、公司合并、分拆上市等
C. 资产置换属于资产剥离的一种特殊方式
D. 资产剥离消息通常会对公司股票市场价值产生消极影响
E. 分拆上市将扩展公司层级结构，激励各层级工作积极性

【解析】 选项 B，公司收缩的主要方式有：资产剥离、公司分立以及分拆上市；选项 D，资产剥离的消息通常会对股票市场价值产生积极的影响；选项 E，分拆上市会压缩公司层级结构，使公司更灵活面对挑战。

【答案】 BDE

21. 甲公司计划购买一台新设备来替换现有的旧设备，已知新设备的购买价格比旧设备的现时价格高 120000 元，但是使用新设备比旧设备每年可为企业节约付现成本 25000 元。假设公司要求的最低报酬率为 8%，不考虑相关税费，则甲公司购买的新设备至少应使用(　　)年。已知 $(P/A, 8\%, 7) = 5.2064$，$(P/A, 8\%, 6) = 4.6229$。

A. 6.0　　　　　　B. 6.3　　　　　　C. 6.5　　　　　　D. 7.0

【解析】 假设设备至少使用 n 年，则 $120000 = 25000 \times (P/A, 8\%, n)$，$(P/A, 8\%, n) = 4.8$。用内插法计算：$(7-n)/(5.2064-4.8) = (7-6)/(5.2064-4.6229)$，解得 $n = 6.3$ 年。

【答案】 B

22. 甲公司 2016 年计划投资购入一台新设备。

（1）该设备投资额 600 万元，购入后直接使用。预计投产后每年增加 300 万元销售收入，每年增加付现成本 85 万元。

（2）预计投产后第一年年初流动资产需用额 20 万元，流动负债需用额 10 万元，预计投产后第二年年初流动资产需用额 40 万元，流动负债需用额 15 万元。

（3）预计使用年限 6 年，预计净残值率 5%，年限平均法计提折旧，与税法一致，预计第 4 年年末需支付修理费用 4 万元，最终报废残值收入 40 万元。

（4）企业所得税税率 25%，最低投资报酬率 8%。

已知：$(P/A,8\%,6)=4.622$，$(P/F,8\%,1)=0.925$，$(P/F,8\%,4)=0.735$，$(P/F,8\%,6)=0.63$。

要求：根据以上资料，回答下列问题。

（1）该设备投产后，第二年年初需增加的流动资金投资额是(　　)万元。
A. 15　　　　B. 10　　　　C. 25　　　　D. 40

解析　第一年流动资金需用额 = 流动资产需用额 20 - 流动负债需用额 10 = 10 万元
第二年流动资金需用额 = 40 - 15 = 25 万元
第二年流动资金投资额 = 25 - 10 = 15 万元
【答案】A

（2）该项目第 6 年年末现金净流量是(　　)万元。
A. 257.5　　　B. 247.5　　　C. 267.5　　　D. 277.5

解析　每年计提折旧额 = 600 × (1 - 5%) / 6 = 95 万元
第 6 年年末的现金净流量 = 经营期现金净流量（财务管理中均假定年末收回）+ 终结点现金净流量
= [300 - 85 - (300 - 85 - 95) × 25%] + [40 + 25 - (40 - 600 × 5%) × 25%]
= 185 + 62.5 = 247.5 万元
【答案】B

（3）该项目的投资回收期是(　　)年。
A. 3.12　　　B. 3.00　　　C. 3.38　　　D. 4.00

解析　原始投资额 = 600 + 10 + 15 = 625 万元
NCF1 = 300 - 85 - (300 - 85 - 95) × 25% = 185 万元
NCF2 = 300 - 85 - (300 - 85 - 95) × 25% = 185 万元
NCF3 = 300 - 85 - (300 - 85 - 95) × 25% = 185 万元
NCF4 = 300 - 85 - 4 - (300 - 85 - 4 - 95) × 25% = 182 万元
投资回收期 = 3 + (625 - 185 - 185 - 185) / 182 = 3.38 年
【答案】C

（4）该项目的净现值是(　　)万元。
A. 268.37　　B. 251.37　　C. 278.73　　D. 284.86

解析　净现值 = [185 × (P/A, 8%, 6) - 4 × (1 - 25%) × (P/F, 8%, 4) + 62.5 × (P/F, 8%, 6)] - [600 + 10 + 15 × (P/F, 8%, 1)]
= [185 × 4.622 - 4 × 0.75 × 0.735 + 62.5 × 0.63] - [610 + 15 × 0.925] ≈ 268.37 万元
【答案】A

第五章 营运资金管理

■ 考情分析

本章介绍了应收账款管理、存货管理等"营运资金"的管理问题,难度不大,考试题型通常为单选题和多选题(应收账款的信用政策决策个别年份考过计算题),属于非重点章节。

1. 下列关于流动资产投资策略的表述中,错误的是(　　)。
A. 采用紧缩的流动资产投资策略,可以节约流动资产的持有成本
B. 在紧缩的流动资产投资策略下,流动资产与销售收入比率较低
C. 在宽松的流动资产投资策略下,企业的财务和经营风险较小
D. 制定流动资产投资策略时,不需要权衡资产的收益性和风险性

解析 选项D,制定流动资产投资策略时,需要权衡资产的收益性与风险性。

提示 流动资产的投资策略

这里的流动资产通常只包括生产经营过程中产生的存货、应收款项,以及现金等生产性流动资产,不包括股票、债券等金融性流动资产。

流动资产投资策略	流动资产与销售收入比率	风险	成本与收益
紧缩型	低水平	风险较高	低成本高收益
宽松型	高水平	风险较低	高成本低收益

【答案】D

2. 某企业在经营淡季货币资金为200万元,应收账款为100万元,存货为700万元,固定资产为1200万元,旺季季节性存货为200万元,长期负债和股东权益始终保持在1800万元,其余为短期借款,则该公司采取的流动资产的融资策略是(　　)。
A. 期限匹配融资策略　　B. 保守融资策略　　C. 温和融资策略　　D. 激进融资策略

解析 该企业的非流动资产和永久性流动资产的合计数=1200+200+100+700=2200万元,大于长期负债和股东权益的筹资额1800万元,说明该企业长期来源的资金不足,属于激进融资策略。

提示 流动资产的融资策略

资产划分	非流动资产	永久性流动资产	波动性流动资产
期限匹配融资策略	长期来源	长期来源	短期来源
保守融资策略	长期来源	长期来源	短期来源
激进融资策略	长期来源	短期来源	短期来源

【答案】D

3. 下列各项中，属于流动资产保守融资策略特点的是( )。
   A. 最大限度地使用短期融资
   B. 短期融资支持部分永久性流动资产和所有的波动性流动资产
   C. 长期融资支持非流动资产、永久性流动资产和部分波动性流动资产
   D. 长期融资仅支持所有的非流动资产和一部分永久性流动资产

   解析 在保守融资策略中，长期融资支持非流动资产、永久性流动资产和部分波动性流动资产，选项 C 正确，选项 D 错误。企业通常以长期融资为波动性流动资产的平均水平融资，短期融资仅用于融通剩余的波动性流动资产，选项 B 错误，融资风险较低。这种策略通常最小限度地使用短期融资，选项 A 错误。选项 ABD 是激进融资策略的特点。

   【答案】 C

4. 企业在利用存货模式计算持有现金总成本时，应考虑( )。
   A. 有价证券报酬率   B. 全年现金需求总量   C. 现金持有量
   D. 一次转换成本   E. 持有现金机会成本

   解析 现金总成本 = 持有成本 + 转换成本 = 现金持有量/2 × 有价证券的报酬率 + 全年现金需求总量/现金持有量 × 一次转换成本

   【答案】 ABCD

5. 甲公司 2019 年度存货周转期为 85 天，应收账款周转期为 65 天，应付账款周转期为 80 天，则甲公司 2019 年度的现金周转期为( )天。
   A. 45   B. 70   C. 50   D. 65

   解析 现金周转期 = 存货周转期 + 应收账款周转期 − 应付账款周转期
   = 85 + 65 − 80 = 70 天

   【答案】 B

6. 甲公司 2019 年度实现销售收入 7200 万元，变动成本率为 60%。确定的信用条件为"2/10，1/20，n/30"，其中有 70% 的客户选择 10 天付款，20% 的客户选择 20 天付款，10% 的客户选择 30 天付款。假设甲公司资金的机会成本率为 10%，全年按 360 天计算。则 2019 年甲公司应收账款的机会成本为( )万元。
   A. 16.8   B. 18.0   C. 26.8   D. 28.0

   解析 应收账款的收款时间（平均收现期）= 70% × 10 + 20% × 20 + 10% × 30 = 14 天
   应收账款的机会成本 = 7200/360 × 14 × 60% × 10% = 16.8 万元

   提示 应收账款的成本
   应收账款占用资金的应计利息（即机会成本）
   = 应收账款平均余额 × 变动成本率 × 资本成本
   = 日赊销额 × 平均收现期 × 变动成本率 × 资本成本
   = 年赊销额/360 × 平均收现期 × 变动成本率 × 资本成本
   其中，平均收现期指的是各种收账时间的加权平均数。

折扣成本 = 赊销额 × 享受折扣的客户比率 × 现金折扣率

坏账成本 = 赊销额 × 坏账损失率

管理成本 = 赊销额 × 管理成本率

收账成本 = 赊销额 × 收账成本率

利润 = 销售利润 − 应收账款的机会成本 − 折扣成本 − 坏账成本 − 管理成本 − 收账成本

【答案】A

7. "5C"系统作为衡量客户信用标准的重要方法，其中"能力"指标指客户的(　　)。
   A. 盈利能力　　　　B. 偿债能力　　　　C. 管理能力　　　　D. 营运能力

解析 能力指顾客的偿债能力。

提示 享受商业信用所具备的基本条件，即5C：
（1）品质（Character）：信誉；
（2）能力（Capacity）：偿债能力；
（3）资本（Capital）：财务实力和财务状况；
（4）抵押（Collateral）：用于抵押的资产；
（5）条件（Condition）：经济环境。

【答案】B

8. 下列各项属于企业信用政策组成内容的有(　　)。
   A. 信用条件　　　　　　　B. 销售政策　　　　　　C. 收账政策
   D. 周转信用协议　　　　　E. 最佳现金余额

解析 企业的信用政策包括信用标准、信用条件和收账政策。

【答案】AC

9. 甲公司生产某种产品，该产品单位售价160元，单位变动成本120元（假定不考虑固定成本），2011年度销售360万件。2012年为扩大销售量、缩短平均收款期，甲公司拟实行"5/10、2/30、n/50"新的信用政策；采用该政策后，经测算：产品销售额将增加15%，占销售额40%的客户会在10天内付款，占销售额30%的客户会在30天内付款，占销售额20%的客户会在50天内付款，剩余部分（10%）的平均收款期为80天，逾期应收账款的收回需支出的收账费用及坏账损失占逾期账款金额的10%。

甲公司2011年度采用"n/30"的信用政策，其平均收款期为50天，40%的销售额在信用期内未付款，逾期应收账款的坏账损失占逾期账款金额的4.5%，收账费用占逾期账款金额的3%。假设有价证券报酬率为8%（机会成本率），一年按360天计算，其他条件不变。

根据上述资料，回答以下问题：

（1）在新的信用政策下，甲公司应收账款平均收现期为(　　)天。
   A. 23　　　　　　B. 26　　　　　　C. 30　　　　　　D. 31

解析 在新的信用政策下，应收账款平均收现期 = 10 × 40% + 30 × 30% + 50 × 20% + 80

×10%=31 天。

【答案】D

（2）在新的信用政策下，甲公司应收账款机会成本为（　　）万元。
A. 342.24　　　　　B. 396.80　　　　　C. 456.32　　　　　D. 588.80

解析 在新的信用政策下，应收账款平均余额=160 元/件×360 万件×（1+15%）/360 天×应收账款平均收现期 31 天=5704 万元，应收账款机会成本=应收账款平均余额5704×变动成本率 120/160×8%=342.24 万元。

【答案】A

（3）在新的信用政策下，甲公司现金折扣成本为（　　）万元。
A. 1324.80　　　　B. 1497.50　　　　C. 1684.48　　　　D. 1722.24

解析 在新的信用政策下，应收账款现金折扣金额=160×360×（1+15%）×40%×5%+160×360×（1+15%）×30%×2%=1722.24 万元。

【答案】D

（4）不考虑其他因素，甲公司实行新的信用政策能增加利润总额为（　　）万元。
A. 1588.68　　　　B. 1641.12　　　　C. 16160.64　　　D. 16560.00

解析 采用旧信用政策下：
应收账款的机会成本=160×360/360×50×120/160×8%=480 万元
应收账款的坏账损失=160×360×40%×4.5%=1036.8 万元
应收账款的收账费用=160×360×40%×3%=691.2 万元
利润总额=（160－120）×360－480－1036.8－691.2=12192 万元
采用新信用政策下：
应收账款的机会成本=342.24 万元
现金折扣金额=1722.24 万元
应收账款的坏账损失、收账费用=160×360×（1+15%）×10%×10%=662.4 万元
利润总额=（160－120）×360×（1+15%）－342.24－1722.24－662.4=13833.12 万元
实行新政策能增加的利润总额=13833.12－12192=1641.12 万元

【答案】B

10. 下列关于应收账款保理的表述中，正确的有（　　）。
A. 有助于改善企业资产的流动性，增强债务清偿能力
B. 可分为有追索权保理和无追索权保理
C. 实质是企业利用未到期应收账款向银行抵押获得短期借款的融资方式
D. 是一项单纯的收账管理业务
E. 能降低企业坏账发生的可能性，有效控制坏账风险

解析 选项 D，保理是一项综合性的金融服务方式，其同单纯的融资或收账管理有本质区别。

【答案】ABCE

11. A 公司产品生产每年需要某原材料 15 万千克，每次订货变动成本为 93 元。单位变动储存成本为 1.5 元/千克，则 A 公司该原材料的最优经济订货批量为(　　)千克。

　　A. 4313　　　　　　B. 8600　　　　　　C. 5314　　　　　　D. 7000

解析　最优经济订货批量 = $(2 \times 150000 \times 93/1.5)^{1/2} \approx 4313$ 千克

【答案】　A

12. 甲公司某零件年需要量为 18000 件，每次订货成本为 20 元，单位储存成本 0.5 元/件。按照经济订货量进货，下列计算结果中错误的是(　　)。

　　A. 经济订货量为 1200 件　　　　　　B. 年订货次数为 15 次

　　C. 总订货成本为 300 元　　　　　　D. 与进货批量相关的总成本为 600 元

解析

选项 A，经济订货量 = $(2 \times 18000 \times 20/0.5)^{1/2} = 1200$ 件；

选项 B，年订货次数 = 18000/1200 = 15 次；

选项 C，总订货成本 = 15 × 20 = 300 元；

选项 D，与进货批量有关的总成本 = $(2 \times 18000 \times 20 \times 0.5)^{1/2} = 600$ 元。

【答案】　D

13. 甲公司与乙银行签订一份周转信用协议，协议约定：2018 年度信贷最高限额为 800 万元，借款利率为 6%，承诺费率为 0.5%。同时乙银行要求保留 15% 的补偿性余额。甲公司 2018 年度实际借款 500 万元，则该笔借款的实际利率是(　　)。

　　A. 7.41%　　　　　　B. 7.06%　　　　　　C. 6.20%　　　　　　D. 6.30%

解析　公司应向银行支付的承诺费 = (800 − 500) × 0.5% = 1.5 万元，借款的利息 = 500 × 6% = 30 万元，公司可动用的借款额 = 500 − 500 × 15% = 425 万元，因此该笔借款的实际利率 = (1.5 + 30)/425 ≈ 7.41%。

【答案】　A

14. 甲公司向银行借入短期借款 1000 万元，年利率 6%，银行按借款合同保留 15% 补偿金额，若企业所得税税率为 25%，不考虑其他借款费用，则该笔借款的资本成本为(　　)。

　　A. 7.5%　　　　　　B. 5.3%　　　　　　C. 8.0%　　　　　　D. 7.1%

解析　借款的资本成本 = 6% × (1 − 25%)/(1 − 15%) = 5.3%

【答案】　B

15. 下列关于短期贷款利息支付方式的表述中，正确的有(　　)。

　　A. 采用收款法时，短期贷款的实际利率与名义利率相同

　　B. 采用贴现法时，短期贷款的实际利率要高于名义利率

　　C. 采用加息法时，短期贷款的名义利率是实际利率的 2 倍

　　D. 对于同一笔短期贷款，企业应尽量选择收款法支付利息

　　E. 对于同一笔短期贷款，企业支付利息的方式对企业当期损益没有影响

解析 选项 C，加息法是银行发放分期等额偿还贷款时采用的利息收取方法，采用加息法时，由于贷款本金分期均衡偿还，借款企业实际只平均使用了贷款本金的一半，却支付了全额利息。这样企业所负担的实际利率便要高于名义利率大约 1 倍。选项 E，短期贷款在一年内的利息金额是固定的，会计上计入财务费用，其金额与支付利息的方式无关。

【答案】 ABDE

16. 商业信用作为企业短期筹资的方式，具体表现形式包括（   ）。
    A. 应付股利　　　　　　　　　　B. 含信用条件的应收账款
    C. 应付职工薪酬　　　　　　　　D. 商业承兑汇票
    E. 短期借款

解析 商业信用的形式有应付账款、应付票据（商业承兑汇票和银行承兑汇票）、预收货款与应计未付款（应付职工薪酬、应交税费、应付利润或应付股利等）。

【答案】 ACD

17. 下列各项中，属于商业信用筹资的优点有（   ）。
    A. 商业信用容易获得
    B. 企业有较大的机动权
    C. 商业信用比较稳定，不易受外部环境的影响
    D. 企业一般不用提供担保
    E. 商业信用的期限短，还款压力小

解析 商业信用筹资的优点有：商业信用容易获得、企业有较大的机动权、企业一般不用提供担保。

【答案】 ABD

18. 甲公司 2018 年的销售收入为 1000 万元，信用条件为"2/15，n/30"，有占销售额 60% 的客户在折扣期内付款可以享受公司提供的折扣；不享受折扣的销售额中，有 80% 可以在信用期内收回，另外 20% 在信用期满后 10 天（平均数）收回。为使 2019 年销售收入比上年增加 30%，将信用政策改为"5/10，n/20"，享受折扣的比例将上升至销售额的 70%；不享受折扣的销售额中，有 50% 可以在信用期内收回，另外 50% 可以在信用期满后 20 天（平均数）收回。已知变动成本率为 80%，机会成本率为 10%，则该公司 2019 年因信用政策改变使应收账款的机会成本比上一年（   ）万元。
    A. 增加 0.57　　　B. 增加 0.22　　　C. 减少 0.22　　　D. 减少 0.57

解析 （1）目前信用政策下的平均收账时间 = 60% × 15 + 40% × 80% × 30 + 40% × 20% × 40 = 21.8 天，应收账款的机会成本 = 1000/360 × 21.8 × 10% × 80% = 4.84 万元；

（2）改变信用政策的平均收账时间 = 70% × 10 + 30% × 50% × 20 + 30% × 50% × 40 = 16 天，应收账款的机会成本 = 1000 × （1 + 30%）/360 × 16 × 10% × 80% = 4.62 万元；

（3）2019 年因信用政策改变使应收账款的机会成本比上一年减少 = 4.84 - 4.62 = 0.22 万元。

【答案】 C

19. 甲公司是一家制造类企业。为生产产品，全年需要购买 A 材料 250000 件，该材料进货价格为 150 元/件，每次订货需支付运费、订单处理费等变动费用 500 元，材料年单位变动储存成本为 10 元/件。该公司 A 材料满足经济订货基本模型各项前提条件。

（1）利用经济订货基本模型，计算 A 材料的经济订货批量为（　　）件。
A. 250000　　　　　　B. 5000　　　　　　C. 150　　　　　　D. 500

解析　经济订货批量 =$(2 \times 250000 \times 500/10)^{1/2}$= 5000 件

【答案】B

（2）利用经济订货基本模型，计算 A 材料的取得成本（　　）元。
A. 37500000　　　　B. 37525000　　　　C. 50　　　　　　D. 25000

解析　购置成本 = 250000 × 150 = 37500000 元
全年订货次数 = 250000/5000 = 50 次
订货成本 = 固定订货成本 + 变动订货成本 = 0 + 50 × 500 = 25000 元
取得成本 = 购置成本 + 订货成本 = 37500000 + 25000 = 37525000 元

【答案】B

（3）利用经济订货基本模型，计算 A 材料的储存成本为（　　）元。
A. 50000　　　　　　B. 25000　　　　　　C. 2500　　　　　D. 1250000

解析　储存成本 = 固定储存成本 + 变动储存成本 = 0 + 10 ×（5000/2）= 25000 元

【答案】B

（4）与经济订货批量相关的 A 材料的年存货总成本为（　　）元。
A. 25000　　　　　　B. 50000　　　　　　C. 37550000　　　D. 37500000

解析　经济订货批量相关的年存货总成本 =$(2 \times 250000 \times 500 \times 10)^{1/2}$= 50000 元，购置成本不影响经济订货批量相关成本的计算。

【答案】B

第六章 财务分析与评价

■ 考情分析

本章介绍了财务管理环节中的"分析与评价",考题通常为单选题和多选题,个别年份也会涉及计算题,学习时应关注对各种财务比率的理解和运用,属于非重点章节。

1. 甲公司2018年度实现利润总额800万元,利息发生额150万元,其中符合资本化条件的为50万元,其余的费用化。则甲公司2018年度已获利息倍数是( )。

A. 6.00   B. 5.33   C. 8.50   D. 9.00

解析 费用化利息金额 = 150 − 50 = 100万元

已获利息倍数 =(利润总额 + 利息费用)/(利息费用 + 资本化利息)=(800 + 100)/150 = 6

【答案】 A

2. 甲公司2015年度经营活动现金净流量为1000万元,计提的各项减值准备110万元,固定资产折旧400万元,公允价值变动收益50万元,存货增加600万元,经营性应收项目减少800万元,经营性应付项目增加100万元。发生财务费用160万元(其中利息费用150万元),若不考虑其他事项,不存在纳税调整项目,适用企业所得税税率25%,则甲公司2015年已获利息倍数是( )。

A. 1.71   B. 2.04   C. 2.62   D. 3.69

解析 净利润 = 1000 − 110 − 400 + 50 + 600 − 800 − 100 − 160 = 80万元

已获利息倍数 = [80/(1 − 25%) + 150]/150 = 1.71

【答案】 A

3. 下列各项财务指标中,能够反映企业偿债能力的有( )。

A. 产权比率   B. 权益乘数   C. 现金比率
D. 市净率   E. 每股营业现金净流量

解析 选项D是反映上市公司特殊财务分析的比率;选项E是反映获取现金能力的比率。

【答案】 ABC

4. 下列各项指标中,用于反映企业长期偿债能力的有( )。

A. 流动比率   B. 现金比率   C. 产权比率
D. 资产负债率   E. 已获利息倍数

解析 反映短期偿债能力的指标有:流动比率、速动比率、现金比率、现金流动负债比

45

率。反映长期偿债能力的指标有：资产负债率、产权比率、已获利息倍数、带息负债比率。

【答案】CDE

5. 某企业 2013 年度营业收入净额为 12000 万元，营业成本为 8000 万元，2013 年年末流动比率为 1.6，速动比率为 1.0，假定该企业年末流动资产只有货币资金，应收账款和存货三项，共计 1600 万元，期初存货为 1000 万元，则该企业 2013 年存货周转次数为(　　)次。
   A. 8　　　　　　　B. 10　　　　　　　C. 12　　　　　　　D. 15

🔍 解析　流动资产为 1600 万元，流动比率 = 流动资产 1600/流动负债 = 1.6，计算出流动负债 = 1600/1.6 = 1000 万元。

速动比率 = （流动资产 1600 – 存货）/流动负债 1000 = 1，所以存货 = 600 万元
2013 年存货周转次数 = 8000/［(1000 + 600)/2］= 10 次

【答案】B

6. 下列不属于反映盈利能力的财务指标是(　　)。
   A. 营业利润率　　　B. 总资产报酬率　　　C. 净资产收益率　　　D. 已获利息倍数

🔍 解析　选项 D，属于偿债能力指标。

【答案】D

7. 下列属于反映企业盈利能力的财务指标有(　　)。
   A. 总资产报酬率　　　　B. 产权比率　　　　C. 营业利润率
   D. 现金比率　　　　　　E. 总资产周转率

🔍 解析　反映企业盈利能力的财务指标包括：营业利润率、总资产报酬率、净资产收益率、成本费用利润率、资本收益率、利润现金保障倍数。

【答案】AC

8. 下列属于反映经济增长状况的财务指标有(　　)。
   A. 技术投入比率　　　　B. 资本收益率　　　　C. 资本积累率
   D. 总资产周转率　　　　E. 资本保值增值率

🔍 解析　反映经济增长状况的比率有：营业收入增长率、总资产增长率、营业利润增长率、资本保值增值率、资本积累率、技术投入比率。选项 B，属于反映盈利能力的比率；选项 D，属于反映资产质量状况的比率。

【答案】ACE

9. 下列关于市盈率财务指标的表述中，错误的是(　　)。
   A. 市盈率是股票每股市价与每股收益的比率
   B. 该指标的高低反映市场上投资者对股票投资收益和投资风险的预期
   C. 该指标越高，反映投资者对股票的预期越看好，投资价值越大，投资风险越小
   D. 该指标越高，说明投资者为获得一定的预期利润需要支付更高的价格

解析 选项 C，市盈率越高，说明获得一定的预期利润投资者需要支付更高的价格，因此，投资于该股票的风险也越大。

【答案】C

10. 甲公司 2020 年初发行在外的普通股 30000 万股。2020 年 3 月 1 日，甲公司按平均市价增发普通股 25260 万股。10 月 1 日回购 4200 万股，以备将来奖励职工之用。该公司 2020 年度实现净利润为 87500 万元。按月算每股收益的时间权重，则该公司 2020 年度基本每股收益为(　　)元。
    A. 2.45　　　　B. 1.75　　　　C. 1.83　　　　D. 2.64

解析 基本每股收益 = 87500/（30000 + 25260 × 10/12 − 4200 × 3/12）= 1.75 元

【答案】B

11. 甲公司 2016 年度归属于普通股股东的净利润为 800 万元，发行在外的普通股加权平均数（除认股权证外）为 2000 万股，该普通股平均每股市价为 6 元，2016 年 1 月 1 日，该公司对外发行 300 万份认股权证，行权日为 2017 年 3 月 1 日，每份认股权证可以在行权日以 5.2 元的价格认购本公司 1 股新发行的股份，则甲公司 2016 年稀释每股收益为(　　)元。
    A. 0.30　　　　B. 0.35　　　　C. 0.39　　　　D. 0.40

解析 调整增加的普通股股数 = 300 − 300 × 5.2/6 = 40 万股，稀释每股收益 = 800/（2000 + 40）= 0.39 元

提示

（1）基本每股收益

基本每股收益 = 属于普通股股东的当期净利润/发行在外普通股加权平均数

其中：发行在外普通股加权平均数 = 期初发行在外普通股股数 + 当期新发行普通股股数 × 已发行时间/报告期时间 − 当期回购普通股股数 × 已回购时间/报告期时间

（2）稀释每股收益

稀释每股收益，是指企业存在具有稀释性潜在普通股的情况下，以基本每股收益的计算为基础，在分母中考虑稀释性潜在普通股的影响，同时对分子也作相应的调整。

稀释性潜在普通股，是指假设当期转换为普通股会减少每股收益的潜在普通股。目前常见的潜在普通股主要包括：可转换公司债券、认股权证和股份期权等。

【答案】C

12. 甲公司 2015 年净利润 350 万元，流通在外普通股加权平均数为 500 万股，优先股 100 万股，优先股股利为 1 元/股，若 2015 年末普通股每股市价 20 元。则市盈率为(　　)。
    A. 40　　　　B. 35　　　　C. 50　　　　D. 55

解析 每股收益 = 归属于普通股的净利润（350 − 100 × 1）/普通股加权平均数 500 = 0.5 元

市盈率 = 每股市价/每股收益 = 20/0.5 = 40

【答案】A

13. 下列各项中，影响上市公司计算报告年度基本每股收益的有(　　)。
    A. 已分拆的股票　　　　　　　　　　　B. 已派发的股票股利
    C. 已发行的认股权证　　　　　　　　　D. 已发行的可转换公司债券
    E. 当期回购的普通股

    解析　选项CD，影响的是稀释每股收益的计算。
    【答案】 ABE

14. 乙公司2015年1月1日发行在外普通股30000万股，2015年7月1日以2015年1月1日总股本30000万股为基础，每10股送2股。2015年11月1日，回购普通股2400万股，若2015年净利润为59808万元，则2015年基本每股收益为(　　)元。
    A. 1.68　　　　　　B. 1.48　　　　　　C. 1.78　　　　　　D. 1.84

    解析　无须考虑送股的时间权重。
    基本每股收益＝59808/（30000×1.2－2400×2/12）＝1.68元
    【答案】 A

15. 甲公司2015年、2016年销售净利润率分别为10%、12%，总资产周转率分别为6、5，假定资产负债率不变，与2015年相比，2016年净资产收益率的趋势为(　　)。
    A. 下降　　　　　　B. 上升　　　　　　C. 不变　　　　　　D. 无法确定

    解析　净资产收益率＝销售净利润率×总资产周转率×权益乘数
    2015年净资产收益率＝10%×6×权益乘数＝60%权益乘数
    2016年净资产收益率＝12%×5×权益乘数＝60%权益乘数
    资产负债率不变，则权益乘数不变。
    因此2016年净资产收益率与2015年相比，无变化。

    提示　杜邦分析图中指标之间的关系
    净资产收益率＝总资产报酬率×权益乘数
    由于，总资产收益率＝销售净利润率×总资产周转率
    所以，净资产收益率＝销售净利润率×总资产周转率×权益乘数
    其中，权益乘数＝资产总额/所有者权益总额
    变形公式为：权益乘数＝1/（1－资产负债率）＝1＋产权比率。
    【答案】 C

16. 根据杜邦等式可知，提高净资产收益率的途径包括(　　)。
    A. 加强负债管理，提高资产负债率　　　B. 加强资产管理，提高总资产周转率
    C. 加强销售管理，提高销售净利润率　　D. 增强资产流动性，提高流动比率
    E. 加强负债管理，降低资产负债率

    解析　净资产收益率＝销售净利润率×总资产周转率×权益乘数
    权益乘数＝1/（1－资产负债率）
    【答案】 ABC

17. 2015年年末甲公司每股股票的账面价值为30元，负债总额为6000万元，每股收益为4元，每股发放现金股利1元。当年留存收益增加1200万元。假设甲公司一直无对外发行的优先股，则甲公司2015年年末的权益乘数是(　　)。

　　A. 1.15　　　　　　B. 1.50　　　　　　C. 1.65　　　　　　D. 1.85

解析　股数 = 留存收益增加1200/（每股收益4 – 每股股利1）= 400万股
期末所有者权益的金额 = 400万股 × 每股股票账面价值30元 = 12000万元
权益乘数 = 资产总额/所有者权益总额 =（6000 + 12000）/12000 = 1.50

【答案】 B

18. 2015年销售净利润率为19.03%，净资产收益率为11.76%，总资产周转率为30.89%，2015年资产负债率为(　　)。

　　A. 50.00%　　　　B. 38.20%　　　　C. 61.93%　　　　D. 69.90%

解析　净资产收益率 = 销售净利润率 × 总资产周转率 × 权益乘数
因此权益乘数 = 11.76%/（19.03% × 30.89%）= 2
权益乘数 = 1/（1 – 资产负债率）
因此资产负债率 = 1 – 1/2 = 50%

【答案】 A

19. 企业综合绩效评价指标由财务绩效定量评价指标和管理绩效定性评价指标组成。下列属于财务绩效中评价企业盈利能力状况修正指标的是(　　)。

　　A. 总资产报酬率　　B. 已获利息倍数　　C. 资本收益率　　D. 净资产收益率

解析　反映盈利能力状况的修正指标有：销售（营业）利润率、利润现金保障倍数、成本费用利润率、资本收益率（选项C）；选项AD是评价企业盈利能力状况的基本指标；选项B是评价企业债务风险状况的基本指标。

提示　企业综合绩效评价指标及权重

评价内容	财务绩效（70%）		管理绩效（30%）
	基本指标	修正指标	
盈利能力	净资产收益率 总资产报酬率	销售（营业）利润率、成本费用利润率、利润现金保障倍数、资本收益率	战略管理 发展创新 经营决策 风险控制 基础管理 人力资源 行业影响 社会贡献
资产质量	总资产周转率 应收账款周转率	不良资产比率、资产现金回收率、流动资产周转率（次）	
债务风险	资产负债率 已获利息倍数	速动比率、现金流动负债比率、带息负债比率、或有负债比率	
经营增长	销售（营业）增长率 资本保值增值率	销售（营业）利润增长率、总资产增长率、技术投入比率	

【答案】 C

20. 下列属于企业综合绩效评价中管理绩效评价指标的有(　　)。
   A. 经营增长评价　　　　B. 风险控制评价　　　　C. 资产质量评价
   D. 经营决策评价　　　　E. 人力资源评价

   解析 企业管理绩效定性评价指标包括战略管理、发展创新、经营决策、风险控制、基础管理、人力资源、行业影响、社会贡献8个方面的指标。

   【答案】BDE

21. 下列企业综合绩效评价指标中,属于评价资产质量状况指标的有(　　)。
   A. 资产现金回收率　　　B. 应收账款周转率　　　C. 不良资产比率
   D. 总资产报酬率　　　　E. 总资产周转率

   解析 选项D,属于评价企业盈利能力状况的基本指标。

   【答案】ABCE

22. 甲公司2018年净利润1200万元,流通在外普通股加权平均数为800万股,优先股200万股,优先股股利为2元/股。若2018年年末普通股每股市价20元,则市盈率为(　　)。
   A. 13.33　　　　　　B. 20　　　　　　C. 11.33　　　　　　D. 10

   解析 每股收益=归属于普通股的净利润(1200-200×2)/普通股加权平均数800=1元

   市盈率=每股市价/每股收益=20/1=20

   【答案】B

23. 甲公司2022年销售收入为1000万元,净利润220万元,固定资产计提减值准备20万元,应收账款增加55万元,公允价值变动损失35万元,应付职工薪酬减少80万元。不考虑其他因素,则甲公司2022年销售现金比率为(　　)。
   A. 22%　　　　　　B. 30%　　　　　　C. 14%　　　　　　D. 44%

   解析 经营活动现金流量净额=220+20-55+35-80=140万元

   销售现金比率=140/1000=14%

   【答案】C

24. 下列不属于稀释性潜在普通股的是(　　)。
   A. 配股增加的股份　　B. 可转换公司债券　　C. 认股权证　　　　D. 股票期权

   解析 配股增加的股份属于当期新发行的普通股,不具有稀释性,因此不属于稀释性潜在普通股。

   【答案】A

25. 甲商业企业2019年年末应收账款余额为800万元,存货余额为600万元;年末速动比率为1.5,现金比率0.7。假设该企业流动资产由速动资产和存货组成,速动资产由应收账款和现金组成,则该企业2019年年末流动比率为( )。

A. 1.95　　　　　　B. 1.55　　　　　　C. 2.10　　　　　　D. 1.75

解析 速动比率=（应收账款+现金）/流动负债=1.5,现金比率=现金/流动负债=0.7,已知应收账款为800万元,解得流动负债=1000万元,现金=700万元。流动资产=应收账款+现金+存货=800+700+600=2100万元,所以,流动比率=流动资产/流动负债=2100/1000=2.1。

【答案】 C

26. 某企业本年营业收入为20000元,应收账款周转次数为5次,期初应收账款余额3500元,则期末应收账款余额为( )元。

A. 5000　　　　　　B. 4000　　　　　　C. 6500　　　　　　D. 4500

解析 假设期末应收账款余额为X,则20000/5=（3500+X）/2,X=4500元。

【答案】 D

27. 下列各项不属于偿债能力比率的是( )。

A. 流动比率　　　B. 产权比率　　　C. 应收账款周转率　　　D. 已获利息倍数

解析 选项C,是反映资产质量状况的比率。

【答案】 C

28. 下列属于国资委发布的《中央企业综合绩效评价实施细则》中规定的财务绩效基本指标的有( )。

A. 总资产周转率　　　　　　　　　　B. 净资产收益率
C. 已获利息倍数　　　　　　　　　　D. 资本保值增值率
E. 成本费用利润率

解析 评价企业综合绩效的基本指标有：净资产收益率（选项B）、总资产报酬率、总资产周转率（选项A）、应收账款周转率、资产负债率、已获利息倍数（选项C）、销售（营业）增长率和资本保值增值率（选项D）。选项E,成本费用利润率属于评价盈利能力状况的修正指标。

【答案】 ABCD

29. 某有限公司（以下简称某公司）为上市公司,2021年有关财务资料如下：

（1）2021年初发行在外的普通股股数40000万股。

（2）2021年1月1日,某公司按面值发行40000万元的3年期可转换公司债券,债券每张面值100元,票面固定年利率为2%,利息每年12月31日支付一次。该批可转换公司债券自发行结束后12月以后即可转换为公司股票,债券到期日即为转换期结束日。转股价为每股10元,即每张面值100元的债券可转换为10股面值为1元的普通股。该债券利息不符合资本化条件,直接计入当期损益。

某公司根据有关规定对该可转换债券进行了负债和权益的分拆。假设发行时二级市场上与之类似的无转股权的债券市场利率为3%。已知（P/A，3%，3）=2.8286，（P/F，3%，3）=0.9151。

（3）2021年3月1日，某公司对外发行新的普通股10800万股。

（4）2021年11月1日，某公司回购本公司发行在外的普通股4800万股，以备用于奖励职工。

（5）某公司2021年实现归属于普通股股东的净利润21690万元。

（6）某公司适用所得税税率为25%，不考虑其他相关因素。

根据上述资料，回答下列问题：

（1）某公司2021年基本每股收益是(　　)元。

A. 0.43　　　　B. 0.45　　　　C. 0.47　　　　D. 0.49

解析　发行在外普通股加权平均数=40000+10800×10/12－4800×2/12=48200万股

2021年基本每股收益=21690/48200=0.45元

【答案】B

（2）某公司2021年1月1日发行的可转换公司债券权益成分的公允价值是(　　)万元。

A. 1133.12　　B. 2262.88　　C. 28868.56　　D. 38866.88

解析　负债成分=40000×2%×（P/A，3%，3）+40000×（P/F，3%，3）=800×2.8286+40 000×0.9151=38 866.88万元

权益成分的公允价值=40000－38866.88=1133.12万元

【答案】A

（3）某公司因发行可转换公司债券的增量股的每股收益是(　　)元。

A. 0.20　　　　B. 0.22　　　　C. 0.23　　　　D. 0.30

解析　假设转换所增加的利润=38866.88×3%×（1－25%）≈874.50万元

假设转换所增加的普通股股数=40000/10=4000万股

增量股的每股收益=874.50/4000≈0.22元

【答案】B

（4）某公司2021年度利润表中列报的稀释每股收益是(　　)元。

A. 0.33　　　　B. 0.35　　　　C. 0.41　　　　D. 0.43

解析　增量股的每股收益小于基本每股收益，可转换公司债券具有稀释作用。

稀释每股收益=（21690+874.50）/（48200+4000）≈0.43元

【答案】D

第七章 财务会计概论

■ 考情分析

本章作为会计基本理论范畴，介绍了《企业会计准则——基本准则》的相关内容，是后续章节学习的重要基础，通常与后续具体业务章节内容结合出题，考试题型为单选题和多选题，属于非重点章节。

1. 下列关于会计基本假设的表述中，正确的是(　　)。
   A. 持续经营明确的是会计核算的空间范围
   B. 会计主体是指会计为之服务的特定单位，必须是企业法人
   C. 货币是会计核算的唯一计量单位
   D. 会计分期是费用跨期摊销、固定资产折旧计提的前提

   🔍 解析　选项 A，会计主体规定了会计核算的空间范围。选项 B，会计主体可以是一个独立的法律主体，如企业法人；也可以不是一个独立的法律主体，如企业内部相对独立的核算单位，由多个企业法人组成的企业集团，由企业管理的证券投资基金、企业年金基金等。选项 C，会计核算除了使用货币计量，还可以使用非货币计量单位，如实物数量等。

   【答案】D

2. 下列关于记账本位币的表述错误的是(　　)。
   A. 业务收支以人民币以外的货币为主的企业，可以选定其中的一种货币作为记账本位币
   B. 以人民币以外的货币作为记账本位币的企业，向国内有关部门报送的财务报表应当折算为人民币
   C. 企业应在每个资产负债表日，根据当年每种货币的使用情况决定是否需要变更记账本位币
   D. 变更记账本位币时应采用变更当日的即期汇率将所有项目折算为变更后的记账本位币

   🔍 解析　只有在有确凿证据表明企业所处的主要经济环境发生重大变化时，企业才可以变更记账本位币，所以选项 C 不正确。

   【答案】C

3. 如果企业存在境外业务，在选定境外经营的记账本位币时，应当考虑的因素有(　　)。
   A. 境外经营对其所从事的活动是否拥有很强的自主性
   B. 境外经营活动所采用的会计政策与国内会计政策的趋同性

C. 境外经营活动中与企业的交易是否在其全部经营活动中占有较大比重
D. 境外经营活动产生的现金流量是否直接影响企业的现金流量，是否可以随时汇回
E. 境外经营活动产生的现金流量是否足以偿还其现有的债务和可预期的债务

解析 企业选定境外经营的记账本位币，除考虑一般因素外，还应当考虑下列因素：(1) 境外经营对其所从事的活动是否拥有很强的自主性；(2) 境外经营活动中与企业的交易是否在境外经营活动中占有较大比重；(3) 境外经营活动产生的现金流量是否直接影响企业的现金流量、是否可以随时汇回；(4) 境外经营活动产生的现金流量是否足以偿还其现有债务和可预期的债务。

【答案】 ACDE

4. 企业应作为资产在年末资产负债表中反映的项目有（　　）。
   A. 尚未批准处理的盘亏固定资产
   B. 委托代销的商品
   C. 债务重组过程中的应收债权
   D. 协议转让中的无形资产
   E. 法院正在审理中的因被侵权而很可能获得的赔偿款

解析 选项A，尚未批准处理的盘亏固定资产，在期末也应暂估处理，不在资产负债表中列示；选项E，很可能获得的赔偿款不满足资产的确认条件，不在资产负债表中列示。

【答案】 BCD

5. 根据《企业会计准则》的规定，下列关于费用的表述中，正确的有（　　）。
   A. 企业为生产产品、提供劳务等发生的可归属于产品成本、劳务成本等费用，应当在确认产品收入、劳务收入等时，将已销售产品、已提供劳务的成本等计入当期损益
   B. 企业发生的支出不产生经济利益的，或者即使能够产生经济利益但不符合或者不再符合资产确认条件的，应当在发生时确认为费用，计入当期损益
   C. 费用只有在经济利益很可能流出从而导致企业资产减少或者负债增加且经济利益的流出额能够可靠计量时才能予以确认
   D. 如果一项支出在会计上不能确认为费用，一定应将其确认为损失
   E. 企业经营活动中发生的、会导致所有者权益减少的经济利益的总流出均属于费用

解析 选项D，还可能确认为资产；选项E，费用是指企业在日常活动中发生的、会导致所有者权益减少的、与向所有者分配利润无关的经济利益的总流出。

【答案】 ABC

6. 下列关于费用和损失的表述中，正确的有（　　）。
   A. 费用是企业日常活动中形成的会导致所有者权益减少的经济利益总流出
   B. 费用和损失都是经济利益的流出并最终导致所有者权益的减少
   C. 费用和损失的主要区别在于是否计入企业的当期损益
   D. 企业发生的损失在会计上应计入营业外支出
   E. 损失是由企业非日常活动所发生的、会导致所有者权益减少的、与向所有者分配利润无关的经济利益的流出

解析 选项A，费用是企业在日常活动中发生的、会导致所有者权益减少的、与向所有者分配利润无关的经济利益总流出；选项C，费用和损失都可以计入当期损益，两者的主要区别在于是否非日常活动中发生；选项D，企业发生的损失可能计入营业外支出，也可能计入其他综合收益的借方。

【答案】BE

7. 下列关于收入与利得的表述中，正确的有(　　)。
   A. 收入是企业日常活动中形成的会导致所有者权益增加的经济利益总流入
   B. 收入与利得都是经济利益的流入并最终导致所有者权益的增加
   C. 企业所发生的利得在会计上均计入营业外收入
   D. 收入是从企业的日常活动中产生的，不是偶发的交易或事项中产生的
   E. 收入与利得的区别主要在于是否计入企业的当期损益

解析 选项A，收入是企业日常活动中形成的、会导致所有者权益增加的、与所有者投入资本无关的经济利益的总流入；选项C，利得并不是均计入营业外收入，还可能计入其他综合收益等；选项E，收入与利得的主要区别在于收入是日常活动产生的，而利得是非日常活动产生的。

【答案】BD

8. 企业资产按购买时付出对价公允价值计量，负债按照承担现时义务的合同金额计量，则所采用的计量属性为(　　)。
   A. 可变现净值　　　B. 公允价值　　　C. 历史成本　　　D. 重置成本

解析 在历史成本计量下，资产按照购买时支付的现金或者现金等价物的金额，或者按照购买资产时所付出的对价的公允价值计量；负债按照因承担现时义务而实际收到的款项或者资产的金额，或者承担现时义务的合同金额，或者按照日常活动中为偿还负债预期需要支付的现金或现金等价物的金额计量。

【答案】C

9. 在历史成本计量下，下列表述中，错误的是(　　)。
   A. 负债按预期需要偿还的现金或现金等价物的折现金额计量
   B. 负债按因承担现时义务的合同金额计量
   C. 资产按购买时支付的现金或现金等价物的金额计量
   D. 资产按购置资产时所付出的对价的公允价值计量

解析 选项A，在历史成本计量下，负债按照因承担现时义务而实际收到的款项或者资产的金额，或者承担现时义务的合同金额，或者按照日常活动中为偿还负债预期需要支付的现金或现金等价物的金额计量。

【答案】A

10. 下列各项会计处理方法中，体现财务会计信息可比性的是(　　)。

A. 分期收款销售商品具有重大融资成分，按照现销价格确认收入
B. 发出存货的计价方法一经确定，不得变更，如需变更应在财务报表附注披露
C. 对发生减值的资产计提减值
D. 对个别资产采用现值计量

解析 可比性要求同一企业不同时期发生的相同或者相似的交易或者事项，应当采用一致的会计政策，不得随意变更。确需变更的，应当在附注中说明。不同企业发生的相同或者相似的交易或者事项，应当采用规定的会计政策，确保会计信息口径一致、相互可比。

【答案】 B

11. 下列关于会计信息质量要求的表述中，错误的是(　　)。

A. 售后回购在会计上一般不确认收入体现了实质重于形式的要求
B. 企业会计政策不得随意变更体现了可比性的要求
C. 避免企业出现提供会计信息的成本大于收益的情况体现了重要性的要求
D. 适度高估负债和费用，低估资产和收入体现了谨慎性的要求

解析 谨慎性要求企业对交易或事项应当保持应有的谨慎，不应高估资产或收益，不应低估负债或费用，故选项 D 错误。

【答案】 D

12. 下列会计核算中体现了谨慎性会计信息质量要求的有(　　)。

A. 应低估资产或收益
B. 不高估资产或收益
C. 计提特殊准备项目以平滑利润
D. 应确认预计发生的损失
E. 不确认可能发生的收益

解析 选项 A，谨慎性要求企业不应高估资产或者收益、低估负债或者费用；选项 C，遵循谨慎性并不意味着企业可以任意设置各种秘密准备，否则就属于滥用谨慎性原则。

【答案】 BDE

13. 下列各项交易或事项中，不属于体现会计信息质量谨慎性要求的有(　　)。

A. 资产负债表日对发生减值的固定资产计提减值准备
B. 融资性售后回购方式销售商品取得的价款不确认为收入
C. 期末存货按照成本与可变现净值孰低法计量
D. 附追索权的商业承兑汇票贴现按照质押融资处理
E. 投资性房地产成本模式转为公允价值模式进行计量，采用追溯调整法进行计量

解析 选项 BD，属于体现会计信息实质重于形式的要求；选项 E，属于体现会计信息可比性的要求。投资性房地产由成本计量模式转为公允价值计量模式，确认和计量的方法变了，作为会计政策变更处理，要进行追溯调整，保证同一企业不同时期具有可比性。

【答案】 BDE

第七章 财务会计概论

14. 企业资产以历史成本计价而不以现行成本或清算价格计价，依据的会计基本假设是( )。
　　A. 会计主体　　　B. 持续经营　　　C. 会计分期　　　D. 货币计量

　　解析　企业资产以历史成本计价而不以现行成本或清算价格计价，依据的会计基本假设是持续经营。因为在持续经营的前提下，企业的资产才是以历史成本计价，如果企业处于破产清算的前提下，企业的资产以清算价值计量。企业会计的确认、计量和报告应以企业持续正常的生产经营活动为前提，一旦企业进入了破产清算程序，所有以持续经营为前提的会计程序与方法就不再适用，就应采用破产清算程序。

　　【答案】 B

15. 下列对会计基本假设的表述中恰当的是( )。
　　A. 持续经营和会计分期确定了会计核算的空间范围
　　B. 一个会计主体必然是一个法律主体
　　C. 货币计量为会计确认、计量和报告提供了必要的手段
　　D. 会计主体确立了会计核算的时间范围

　　解析　选项 A，会计主体确定了会计确认、计量和报告的空间范围；选项 B，一个法律主体一定是一个会计主体，而一个会计主体不一定是一个法律主体；选项 D，会计分期确定了会计确认、计量和报告的时间范围。

　　【答案】 C

16. 关于会计主体的概念，下列各项说法中错误的是( )。
　　A. 可以是独立法人，也可以是非法人
　　B. 可以是一个企业，也可以是企业内部的某一个部门
　　C. 可以是一个单一的企业，也可以是由几个企业组成的企业集团
　　D. 会计主体所核算的生产经营活动也包括其他企业或投资者个人的其他生产经营活动

　　解析　会计主体核算的只是主体本身的生产经营活动，不包括主体之外的其他企业或投资者个人的其他生产经营活动。

　　【答案】 D

17. 下列会计处理方法中，符合权责发生制基础的是( )。
　　A. 销售产品的收入只有在收到款项时才予以确认
　　B. 产品已销售，货款未收到也应确认收入
　　C. 厂房租金只有在支付时计入当期费用
　　D. 职工薪酬只能在支付给职工时计入当期费用

　　解析　选项 ACD，体现的是收付实现制。

　　【答案】 B

18. 对盘盈的固定资产进行计量，常用的会计计量属性是( )。
　　A. 历史成本　　　B. 重置成本　　　C. 可变现净值　　　D. 现值

> **解析** 重置成本是指按照当前市场条件，重新取得同样一项资产所需支付的现金或现金等价物的金额。重置成本多应用于盘盈固定资产的计量。
>
> 【答案】B

19. 下列属于企业流动资产的是(　　)。
    A. 预收账款　　　　B. 工程物资　　　　C. 预付账款　　　　D. 无形资产

> **解析** 资产按其流动性分为流动资产和非流动资产。选项BD，属于非流动资产；选项A，预收账款属于企业的流动负债。
>
> 【答案】C

20. 下列各项中，不属于反映会计信息质量要求的是(　　)。
    A. 会计核算方法一经确定不得随意变更
    B. 会计核算应当注重交易和事项的实质
    C. 会计核算应当以权责发生制为基础
    D. 会计核算应当以实际发生的交易或事项为依据

> **解析** 选项A，体现的是可比性要求；选项B，体现的是实质重于形式要求；选项C，是会计基础，不属于反映会计信息质量的要求；选项D，体现可靠性要求。
>
> 【答案】C

第八章 流动资产（一）

■ **考情分析**

本章介绍货币资金、应收款项等流动资产的核算，考试题型为单选题和多选题和计算题，属于比较重要的章节。

1. 甲公司 2016 年 6 月 30 日银行存款日记账余额为 7500 万元，银行对账单余额为 9750 万元。经核对存在下列账项：(1) 银行计提公司存款利息 180 万元，公司尚未收到通知；(2) 公司开出转账支票支付购料款 2175 万元，银行尚未办理结算；(3) 公司收到转账支票一张，金额为 105 万元，公司已入账，银行尚未入账；(4) 公司财务部门收到销售部门月末上缴的现金销售款 1 万元，尚未缴存银行。则甲公司 6 月 30 日可动用的银行存款实有金额是(　　)万元。

　A. 7690　　　　　B. 7860　　　　　C. 7680　　　　　D. 7670

解析 可动用的银行存款实有金额 = 7500 + 180 = 7680 万元

或 = 9750 − 2175 + 105 = 7680 万元

【答案】 C

2. 下列关于银行存款余额调节表的表述，正确的是(　　)。
A. 银行对账单余额反映企业可以动用的银行存款实有数额
B. 银行存款日记账余额反映企业可以动用的银行存款实有数额
C. 银行存款余额调节表用于核对企业银行的记账有无错误，并作为原始凭证记账
D. 未达账项无须进行账务处理，取得后作为原始凭证

解析 选项 AB，调节后的银行存款余额，反映企业可以动用的银行存款实有数额；选项 C，银行存款余额调节表不能作为原始凭证。

【答案】 D

3. 下列关于编制银行存款余额调节表的表述中，正确的有(　　)。
A. 调节后银行存款日记账余额与银行对账单余额一定相等
B. 调节未达账项应通过编制银行存款余额调节表进行
C. 银行存款余额调节表用来核对企业和银行的记账有无错误，并作为记账依据
D. 调节后的银行存款余额，反映了企业可以动用的银行存款实有数额
E. 对于未达账项，需要进行账务处理

解析 选项 A 错误，调节后银行存款日记账余额与银行对账单余额不一定相等，双方记录不一致还有可能是存在其他错误；选项 C 错误，银行存款余额调节表不能作为记账依

据，只用来调节未达账项；选项 E 错误，未达账项不需要进行账务处理。

【答案】 BD

4. 下列各项中，不通过"其他货币资金"科目核算的是（   ）。
   A. 临时账户存款　　　　　　　　　B. 信用证保证金存款
   C. 银行汇票存款　　　　　　　　　D. 存放在证券公司账户的保证金存款

   解析　选项 A，银行存款账户分为基本存款账户、一般存款账户、临时存款账户和专用账户。

   【答案】 A

5. 下列各项存款中，应在"其他货币资金"科目中核算的有（   ）。
   A. 一年期以上的定期存款
   B. 信用卡存款
   C. 信用证保证金存款
   D. 为购买三年期债券而存入证券公司的款项
   E. 银行汇票存款

   解析　其他货币资金包括外埠存款、银行汇票存款、银行本票存款、信用卡存款、信用证保证金存款、存出投资款等。

   【答案】 BCDE

6. 甲公司 2017 年 6 月 20 日销售一批价值 5000 元（含增值税）的商品给乙公司，乙公司于次日开具一张面值 5000 元、利率 8%、期限 3 个月的商业承兑汇票。甲公司因资金周转需要，于 2017 年 8 月 20 日持该票据到银行贴现，贴现率为 12%，则甲公司该票据的贴现额是（   ）元。
   A. 5100　　　　　B. 5099　　　　　C. 5049　　　　　D. 4999

   解析　该票据的到期值 = 5000 ×（1 + 8% × 3/12）= 5100 元
   贴现息 = 5100 × 12% × 1/12 = 51 元
   贴现额 = 5100 - 51 = 5049 元

   提示　应收票据贴现
   （1）计算公式
   贴现息 = 票据到期值 × 贴现率 × 贴现期
   贴现额 = 票据到期值 - 贴现息
   贴现期按银行规定计算，通常是指从贴现日至票据到期日前 1 日的时期。
   （2）会计分录
   ① 满足金融资产转移准则规定的金融资产终止确认条件的情形：
   借：银行存款【票据到期值 - 贴现息】
   　　财务费用【倒挤差额】
   　　贷：应收票据【账面金额】

② 不满足金融资产转移准则规定的金融资产终止确认条件的情形：
借：银行存款【票据到期值－贴现息】
　　财务费用【倒挤差额】
　贷：短期借款【票据到期值】
【答案】C

7. 下列各项中，应通过"其他应收款"科目核算的有（　　）。
A. 用于外地采购物资拨付的款项　　　　B. 销售商品代垫的运输费用
C. 出租包装物应收的租金　　　　　　　D. 租入包装物支付的押金
E. 向企业各职能部门拨付的备用金

解析　选项A，通过"其他货币资金——外埠存款"核算；选项B，通过"应收账款"科目核算。
【答案】CDE

8. 下列各项中，属于"其他应收款"科目核算内容的有（　　）。
A. 代垫的已销商品运杂费　　　　　　　B. 向职工收取的各种垫付款项
C. 支付的租入包装物押金　　　　　　　D. 应收的出租包装物租金
E. 应收的各种罚款

解析　选项A，通过"应收账款"科目核算。

提示　其他应收款核算范围

包括	（1）应收的各种赔款、罚款； （2）应收出租包装物的租金； （3）存出的保证金，如租入包装物支付的押金； （4）备用金（向企业各职能科室、车间等拨付的备用金）； （5）应向职工收取的各种垫付款项； （6）其他各种应收、暂付款项
不包括	企业拨出用于投资、购买物资的各种款项

【答案】BCDE

9. 甲公司采用备抵法核算应收款项的坏账准备，期末按应收款项余额的5%计提坏账准备。2018年末应收款项期末余额为5600万元。2019年发生坏账损失300万元，收回上一年已核销的坏账50万元，2019年末应收款项期末余额为8000万元。不考虑其他因素，则甲公司2019年应收款项减值对当期利润总额的影响金额为（　　）万元。
A. －420　　　　B. －120　　　　C. －170　　　　D. －370

解析　2019年应计提坏账准备＝8000×5%－（5600×5%－300＋50）＝370万元，因此对减少当年的利润总额370万元。

【答案】D

10. 甲公司采用备抵法核算应收账款的坏账准备，按应收款项余额的5%计提坏账准备。2019年度发生坏账56万元，收回上一年已核销的坏账20万元。2019年末应收款项余额比2018年末增加1200万元，则甲公司2019年年末应计提坏账准备金额为（　　）万元。

　　A. 24　　　　　　B. 6　　　　　　C. 60　　　　　　D. 136

解析　本期应计提的坏账准备 = 1200 × 5% −（20 − 56）= 96 万元

提示　应收款项减值的核算

（1）计提坏账准备

当期应提取的坏账准备 = 当期应收款项计算应提取坏账准备金额 − "坏账准备"科目的贷方余额

如果前者小于后者，应按其差额冲减已提取的坏账准备；反之，则应按差额补提坏账准备。若当期应收款项计算应提取坏账准备金额为0，则应将"坏账准备"科目的余额全部冲回。

计提坏账准备的分录为：

借：信用减值损失
　　贷：坏账准备

冲减坏账准备的分录相反。

（2）发生坏账时的账务处理

借：坏账准备
　　贷：应收账款

（3）收回坏账的账务处理（已确认坏账损失并转销的应收款项以后又收回的）

借：应收账款【实际收回的金额】
　　贷：坏账准备

同时，

借：银行存款
　　贷：应收账款

【答案】B

11. 甲公司期末按应收款项余额的5%计提坏账准备。2015年12月31日应收款项余额240万元。2016年发生坏账30万元，已核销的坏账又收回10万元。2016年12月31日应收款项余额220万元，则甲公司2016年末应计提坏账准备金额为（　　）万元。

　　A. −9　　　　　　B. 19　　　　　　C. −29　　　　　　D. 49

解析　2016年末应计提坏账准备金额 = 220 × 5% −（240 × 5% − 30 + 10）= 19 万元

【答案】B

12. 甲公司坏账准备采用备抵法核算，按期末应收款项余额的5%计提坏账准备。2011年年初"坏账准备"账户的贷方余额为4800元；2011年因乙公司宣告破产，应收11700元货款无法收回，全部确认为坏账；2011年应收款项借方全部发生额为324000元、贷方全部发生额为340000元。2012年收回已核销的乙公司的欠款5000元；2012年应收款项借方全部发生额为226000元、贷方全部发生额206000元。甲公司2012年年末应计提坏账准备（　　）元。

A. -5000　　　　B. -4000　　　　C. 4000　　　　D. 5000

解析　方法一：2011年年初应收款项余额=4800/5%=96000元，年末应收款项余额=96000+324000-340000=80000元，2011年年末坏账准备余额=80000×5%=4000元；

2012年年末应收款项期末余额=80000+226000-206000=100000元，坏账准备余额=100000×5%=5000元，现有坏账准备的金额=2011年年末4000+2012年收回已核销5000=9000元，因此2012年年应计提减值额=5000-9000=-4000元。

方法二：甲公司2012年年末应计提坏账准备=（226000-206000）×5%-5000=-4000元。

【答案】B

13. 2020年3月20日，甲公司从二级市场购入乙公司发行在外的普通股股票20万股，每股10元（包括已宣告但尚未发放的现金股利0.5元/股），另支付交易税费5万元，将其划分为以公允价值计量且其变动计入当期损益的金融资产。2020年6月30日，该金融资产公允价值为218万元。2020年8月24日，甲公司将持有的乙公司股票全部出售，取得价款226万元。不考虑其他因素，则该交易性金融资产对甲公司2020年度利润总额的影响金额为（　　）万元。

A. 31　　　　B. 36　　　　C. 23　　　　D. 28

解析　该交易性金融资产对甲公司2020年度利润总额的影响金额=-5+[226-20×(10-0.5)]=31万元。

账务处理如下：
2020年3月20日：
借：交易性金融资产——成本（20×10-20×0.5）　　　　190
　　应收股利　　　　　　　　　　（20×0.5）　　　　 10
　　投资收益　　　　　　　　　　　　　　　　　　　　 5
　　贷：银行存款　　　　　　　　　　　　　　　　　　　　　205
2020年6月30日：
借：交易性金融资产——公允价值变动（218-190）　　　 28
　　贷：公允价值变动损益　　　　　　　　　　　　　　　　　 28
2020年8月24日：
借：银行存款　　　　　　　　　　　　　　　　　　　　226
　　贷：交易性金融资产——成本　　　　　　　　　　　　　 190
　　　　　　　　　　　——公允价值变动　　　　　　　　　　28
　　　　投资收益　　　　　　　　　　　　　　　　　　　　　 8

提示　**交易性金融资产的核算**
（一）取得
借：交易性金融资产——成本

投资收益【发生的交易费用】
　　应收股利/应收利息
　　　贷：银行存款等
投资后收到该部分的现金股利或利息的时候
借：银行存款
　　贷：应收股利/应收利息
（二）持有期间取得的现金股利和利息
借：应收股利/应收利息
　　贷：投资收益
借：银行存款
　　贷：应收股利/应收利息
（三）期末计量
借：交易性金融资产——公允价值变动
　　贷：公允价值变动损益
或相反。
（四）出售
借：银行存款【实际收到的金额】
　　贷：交易性金融资产——成本
　　　　　　　　　　　——公允价值变动【或借】
　　　　投资收益【差额，或借记】

【答案】A

14. 2021年1月1日，甲公司从二级市场购入丙公司债券，支付价款合计208万元，其中，已到付息期但尚未领取的利息为4万元，交易费用为2万元。该债券面值总额为200万元，剩余期限3年，利率为4%，每半年付息一次，甲公司作为以公允价值计量且其变动计入当期损益的金融资产。1月10日，收到2020年下半年丙公司债券的利息4万元。

2021年6月30日，丙公司债券的公允价值为230万元（不含利息）。7月10日收到丙公司债券2021年上半年的利息。2021年6月30日该金融资产确认的投资收益为（　　）万元。

A. 0　　　　　　B. 8　　　　　　C. 12　　　　　　D. 4

解析　6月30日该金融资产应确认投资收益 = 200 × 4% × 6/12 = 4万元

【答案】D

15. 2015年9月20日，甲公司自证券二级市场购入乙公司股票400万股，作为以公允价值计量且其变动计入当期损益的金融资产核算。其支付价款3440万元（含交易费用16万元及已宣告但尚未发放的现金股利400万元）；2015年11月20日收到乙公司发放的现金股利；2015年12月2日全部出售该批股票，收到价款3600万元。甲公司2015年度利润表中因该金融资产应确认的投资收益为( )万元。

A. 576　　　　　B. 544　　　　　C. 160　　　　　D. 560

解析　因该金融资产应确认的投资收益=3600-(3440-400-16)-16=560万元

【答案】D

16. 某公司2017年12月1日购入甲股票，并指定为以公允价值计量且其变动计入当期损益的金融资产，购入价格为85000元，另支付交易费用为100元。甲股票2017年12月31日的公允价值为92000元。某公司2018年12月1日将上述甲股票全部出售，出售价格为104500元。假设不考虑其他税费，某公司上述投资活动对其2018年度利润总额的影响为( )。

A. 增加12500元　　B. 增加16500元　　C. 增加18500元　　D. 减少2000元

解析　2018年处置对利润总额的影响=104500-92000=12500元

相关会计处理如下：

2017年12月1日

借：交易性金融资产——成本　　　　　　　　　　　　　　85000
　　投资收益　　　　　　　　　　　　　　　　　　　　　　100
　　贷：银行存款　　　　　　　　　　　　　　　　　　　　　85100

2017年12月31日

借：交易性金融资产——公允价值变动　　　(92000-85000) 7000
　　贷：公允价值变动损益　　　　　　　　　　　　　　　　7000

2018年12月1日

借：银行存款　　　　　　　　　　　　　　　　　　　　　104500
　　贷：交易性金融资产——成本　　　　　　　　　　　　　85000
　　　　　　　　　　　——公允价值变动　　　　　　　　　7000
　　　　投资收益　　　　　　　　　　　　　　　　　　　　12500

【答案】A

17. 企业根据金融资产的业务模式和合同现金流量的特征，可将金融资产划分为( )。

A. 以可变现净值计量的金融资产
B. 以重置成本计量的金融资产
C. 以摊余成本计量的金融资产
D. 以公允价值计量且其变动计入其他综合收益的金融资产
E. 以公允价值计量且其变动计入当期损益的金融资产

解析　企业根据其管理金融资产的业务模式和金融资产的合同现金流量特征，将金融资产分为以下三类：(1)以摊余成本计量的金融资产；(2)以公允价值计量且其变动计入其他综合收益的金融资产；(3)以公允价值计量且其变动计入当期损益的金融资产。

【答案】CDE

18. 甲公司记账本位币为人民币。12月1日，甲公司以每股6港元价格购入H股股票10万股，另支付相关税费1万港元，作为以公允价值计量且其变动计入当期损益的金融资产核算，当日汇率为1港元=1.1元人民币。由于市价变动，月末该H股股票的价格为每股6.5港元，当日汇率为1港元=1.2元人民币。则该交易性金融资产对甲公司该年度营业利润的影响额是（　　）万元人民币。

  A. 12.9   B. 11.9   C. 10.9   D. 9.9

🔍 **解析**　本题相关会计分录为：

12月1日：
 借：交易性金融资产——成本   （6×10×1.1）66
    投资收益   （1×1.1）1.1
  贷：银行存款（港元户）   [（6×10+1）×1.1] 67.1

12月31日：
 借：交易性金融资产——公允价值变动   （6.5×10×1.2－66）12
  贷：公允价值变动损益   12

该交易性金融资产对甲公司该年度营业利润的影响额=12－1.1=10.9万元人民币。

【答案】C

19. 企业收到投资者以外币投入的资本时，应当采用的折算汇率是（　　）。

 A. 交易日的即期汇率   B. 即期汇率的近似汇率
 C. 合同约定汇率   D. 月初和月末即期汇率的平均值

🔍 **解析**　企业收到投资者以外币投入的资本，应当采用交易日即期汇率折算，不得采用合同约定汇率和即期汇率的近似汇率折算，外币投入资本与相应的货币性项目的记账本位币金额之间不产生外币资本折算差额。

【答案】A

20. 下列未达账项在编制"银行存款余额调节表"时，应调增银行对账单余额的是（　　）。

 A. 企业已开出转账支票，对方未到银行兑现
 B. 企业已收到转账支票，尚未到银行兑现
 C. 银行已支付水电费，企业尚未收到通知
 D. 银行已代企业收款，企业尚未收到通知

🔍 **解析**　调整后的银行存款余额调节表的金额=银行对账单余额+企业已收银行未收款项－企业已付银行未付款项，因此选项B正确。

【答案】B

21. 某企业2011年12月31日银行存款日记账余额为10万元，经查无记账差错，但发现：(1)企业期末计提了12月1日至31日的定期存款利息2万元；(2)银行支付了水电费5万元，但企业尚未入账；(3)企业已转账支付购买办公用品款1万元，但银行尚未入

账。则该企业 12 月 31 日可动用的银行存款实有数额为( )万元。
A. 4　　　　　　　B. 5　　　　　　　C. 7　　　　　　　D. 10

解析　可动用的银行存款实有数额 = 10 - 5 = 5 万元。

【答案】B

22. 下列关于银行存款余额调节表的表述，正确的是( )。
A. 银行对账单余额反映企业可以动用的银行存款实有数额
B. 银行存款日记账余额反映企业可以动用的银行存款实有数额
C. 银行存款余额调节表用于核对企业银行的记账有无错误，并作为原始凭证记账
D. 未达账项无须进行账务处理，取得的相关凭证作为原始凭证

解析　选项 AB，调节后的银行存款余额，反映企业可以动用的银行存款实有数额；选项 C，银行存款余额调节表不能作为原始凭证。

【答案】D

23. 企业因到外地临时采购而将款项汇往在采购地银行开立的采购专户时，应借记( )科目。
A. 材料采购　　　B. 在途材料　　　C. 预付账款　　　D. 其他货币资金

解析　其他货币资金中外埠存款，是指企业到外地进行临时和零星采购时，汇往采购地银行存款开立采购专户存款的款项。

【答案】D

24. 下列各项中，不通过"其他货币资金"科目核算的是( )。
A. 信用证保证金存款　B. 备用金　　　C. 信用卡存款　　　D. 银行本票存款

解析　备用金应该通过"其他应收款"科目来核算。

【答案】B

25. 5 月 28 日，甲公司出售一批产品给乙公司，并收到乙公司开具的出票日为 6 月 1 日、面值为 21000 元、票面年利率为 10%、期限为 3 个月的商业承兑汇票。甲公司于 7 月 1 日持该票据到银行贴现，年贴现率为 12%。如果本贴现业务不满足金融资产终止确认条件，则贴现时，甲公司收到的银行存款为( )元。
A. 21525　　　B. 21309.75　　　C. 21166.25　　　D. 21094.5

解析　出票日为 6 月 1 日，期限为 3 个月，因此到期日为 9 月 1 日，7 月 1 日到银行贴现，所以贴现期为 2 个月。该票据的到期值 = 21000 × (1 + 10%/12 × 3) = 21525 元，贴现息 = 21525 × 12% × 2/12 = 430.5 元，贴现额 = 21525 - 430.5 = 21094.5 元。

【答案】D

26. 境外经营记账本位币的选择，除了一般企业在选择确定记账本位币时需要考虑的因素之外，还应当考虑该境外经营与企业的关系，主要有( )。

A. 境外经营活动产生的现金流量是否直接影响企业的现金流量、是否可以随时汇回
B. 境外经营活动产生的现金流量是否足以偿还其现有债务和可预期的债务
C. 境外经营对其所从事的活动是否拥有很强的自主性
D. 境外经营活动中与企业的交易是否在境外经营活动中占有较大比重
E. 该货币主要影响商品和劳务的销售价格，通常以该货币进行商品和劳务的计价和结算

解析 选项E，属于一般企业在选择确定记账本位币时需要考虑的因素之一。

【答案】 ABCD

27. 满足下列条件之一的资产应当归类为流动资产，这些条件包括( )。
A. 预计在一个正常的营业周期中变现、出售或耗用
B. 主要为交易目的而持有
C. 预计在资产负债表日起一年内变现
D. 企业有权自主决定变现时间
E. 自资产负债表日起一年内，交换其他资产或清偿负债的能力不受限制的现金或现金等价物

解析 满足下列条件之一的资产应当归类为流动资产：（1）预计在一个正常营业周期中变现、出售或耗用；（2）主要为交易目的而持有；（3）预计在资产负债表日起一年内变现；（4）自资产负债表日起一年内，交换其他资产或清偿负债的能力不受限制的现金或现金等价物。

【答案】 ABCE

28. 已经贴现的商业承兑汇票到期，承兑人与申请贴现企业均无力偿还票款，申请贴现企业应作的会计分录为( )。
A. 借记"应收票据"科目，贷记"短期借款"科目
B. 借记"应收账款"科目，贷记"应收票据"科目
C. 借记"应收票据"科目，贷记"应收账款"科目
D. 借记"应收账款"科目，贷记"短期借款"科目

解析 贴现商业承兑汇票时，没有终止确认应收票据，应收票据到期无法收回应转入"应收账款"科目核算。

【答案】 B

29. 丁公司采用备抵法核算应收账款的坏账准备，按应收款项余额的5%计提坏账准备。2019年丁公司实际发生坏账92万元，已转销的坏账又收回60万元，2019年末应收款项余额比2018年末增加1160万元，则丁公司2019年年末应计提的坏账准备为( )万元。

A. 76 B. 82 C. 86 D. 90

解析 丁公司应计提的坏账准备 = 1160 × 5% + 92 − 60 = 90万元。

【答案】 D

30. 企业根据其管理金融资产的业务模式和金融资产的合同现金流量特征，将金融资产划分为以下三类，下列各项中不包含在内的是(　　)。

　　A. 以摊余成本计量的金融资产
　　B. 以公允价值计量且其变动计入其他综合收益的金融资产
　　C. 以公允价值计量且其变动计入当期损益的金融资产
　　D. 以公允价值计量且其变动计入留存收益的金融资产

解析　企业应当根据其管理金融资产的业务模式和金融资产的合同现金流量特征，将金融资产划分为以下三类：（1）以摊余成本计量的金融资产；（2）以公允价值计量且其变动计入其他综合收益的金融资产；（3）以公允价值计量且其变动计入当期损益的金融资产。

【答案】　D

31. 甲公司 2019 年 5 月 10 日以每股 25 元的价格购入乙公司股票 10 万股，作为以公允价值计量且变动计入当期损益的金融资产，另支付相关税费 4000 元，2019 年 12 月 31 日乙公司股票收盘价为 30 元。2020 年 4 月 8 日收到乙公司 2020 年 3 月 18 日宣告之后发的现金股利 8 万元，2020 年 8 月 28 日，甲公司以每股 32 元价格全部出售乙公司股票并收讫款项，甲公司该交易性金融资产自购入至出售累计影响利润总额(　　)元。

　　A. 776000　　　B. 276000　　　C. 280000　　　D. 696000

解析　传统算法：通过账务处理来计算。

借：交易性金融资产——成本　　　　　　　　　　250
　　投资收益　　　　　　　　　　　　　　　　　0.4
　　贷：银行存款　　　　　　　　　　　　　　　　　250.4

借：交易性金融资产——公允价值变动［（30－25）×10］　50
　　贷：公允价值变动损益　　　　　　　　　　　　　50

借：应收股利　　　　　　　　　　　　　　　　　8
　　贷：投资收益　　　　　　　　　　　　　　　　　8

借：银行存款　　　　　　　　　　　　　　　　　8
　　贷：应收股利　　　　　　　　　　　　　　　　　8

借：银行存款　　　　　　　　　　　　　　　　　320
　　贷：交易性金融资产——成本　　　　　　　　　　250
　　　　　　　　　　　——公允价值变动　　　　　　50
　　　　投资收益　　　　　　　　　　　　　　　　20

甲公司该交易性金融资产自购入至出售累计影响利润总额＝－0.4＋50＋8＋20＝77.6万元＝776000元。

速算技巧：（32－25）×10－0.4＋8＝77.6万元。

【答案】　A

32. 2020 年 7 月 1 日，甲公司从二级市场以 2100 万元（含已到付息期但尚未领取的利息 100 万元）购入乙公司发行的债券，另发生交易费用 10 万元，划分为以公允价值计量且其变动计入当期损益的金融资产。取得当日金融资产的入账价值为( )万元。

  A. 2100　　　　　　B. 2000　　　　　　C. 2010　　　　　　D. 2110

解析　金融资产的入账价值＝2100－100＝2000万元，交易费用计入投资收益。账务处理如下：

借：交易性金融资产——成本	2000
应收利息	100
投资收益	10
贷：银行存款	2110

【答案】 B

33. 企业发生的下列事项中，发生时影响"投资收益"的是( )。
  A. 以公允价值计量且其变动计入当期损益的金融资产持有期间宣告发放现金股利
  B. 期末以公允价值计量且其变动计入当期损益的金融资产的公允价值大于账面余额
  C. 期末以公允价值计量且其变动计入当期损益的金融资产的公允价值小于账面余额
  D. 以公允价值计量且其变动计入当期损益的金融资产持有期间收到包含在买价中的现金股利

解析　期末以公允价值计量且其变动计入当期损益的金融资产的公允价值大于或小于其账面余额的差额应该计入公允价值变动损益，不影响投资收益，选项BC错误；以公允价值计量且其变动计入当期损益的金融资产持有期间收到包含在买价中的现金股利，冲减应收股利，不影响投资收益，选项D错误。

【答案】 A

34. 甲公司的记账本位币为人民币。2019年12月6日，甲公司以每股9美元的价格购入乙公司B股10000股作为以公允价值计量且其变动计入当期损益的金融资产，当日即期汇率为1美元＝7.8元人民币。2019年12月31日，乙公司股票市价为每股10美元，当日即期汇率为1美元＝7.5元人民币。假定不考虑相关税费。2019年12月31日，甲公司应确认的公允价值变动损益金额为( )元。

  A. －48000　　　　　B. 48000　　　　　C. －78000　　　　　D. 78000

解析　甲公司应确认的公允价值变动损益＝10×10000×7.5－9×10000×7.8
  ＝48 000元

12月6日

借：交易性金融资产——成本（9×10000×7.8）	702000
贷：银行存款	702000

12月31日

借：交易性金融资产——公允价值变动	48000
贷：公允价值变动损益	48000

【答案】 B

35. 2011年5月10日甲公司以830万元（含已宣告但尚未领取的现金股利30万元）购入乙公司股票200万股作为以公允价值计量且其变动计入当期损益的金融资产，另支付手续费4万元。5月30日，甲公司收到现金股利30万元。2011年12月31日乙公司股票每股市价为3.8元。2012年3月1日乙公司宣告发放股利，甲公司享有的金额为8万元，并于4月10日收到。5月10日，甲公司以920万元出售该项金融资产，同时支付交易费用5万元。甲公司因该项金融资产而影响损益的金额为(　　)万元。

A. 119　　　　　　B. 115　　　　　　C. 151　　　　　　D. 155

解析　该金融资产的入账价值＝830－30＝800万元，因持有该金融资产而影响损益的金额＝－4（初始购入时手续费）＋（3.8×200－800）（期末确认公允价值变动损失）＋8（收到的股利）＋（920－5－3.8×200）（处置时点影响损益的金额）＝119万元。

2011年5月10日

借：交易性金融资产——成本　　　　　　　　　　　　　　　800
　　应收股利　　　　　　　　　　　　　　　　　　　　　　 30
　　投资收益　　　　　　　　　　　　　　　　　　　　　　 4
　　贷：银行存款　　　　　　　　　　　　　　　　　　　　834

2011年5月30日

借：银行存款　　　　　　　　　　　　　　　　　　　　　 30
　　贷：应收股利　　　　　　　　　　　　　　　　　　　　 30

2011年12月31日

借：公允价值变动损益　　　　　　　　　　　　　　　　　 40
　　贷：交易性金融资产——公允价值变动　　（3.8×200－800）40

2012年3月1日

借：应收股利　　　　　　　　　　　　　　　　　　　　　 8
　　贷：投资收益　　　　　　　　　　　　　　　　　　　　 8

2012年4月10日

借：银行存款　　　　　　　　　　　　　　　　　　　　　 8
　　贷：应收股利　　　　　　　　　　　　　　　　　　　　 8

2012年5月10日

借：银行存款　　　　　　　　　　　　　　　（920－5）915
　　交易性金融资产——公允价值变动　　　　　　　　　　　 40
　　贷：交易性金融资产——成本　　　　　　　　　　　　　800
　　　　投资收益　　　　　　　　　　　　　　　　　　　　155

【答案】A

36. 乙公司的记账本位币为人民币，对外币交易采用交易日的即期汇率折算，按月计算汇兑损益。乙公司4月末外币应收账款余额150万美元，外币银行存款余额500万美元，4月30日即期汇率为1美元＝6.90元人民币，5月31日即期汇率为1美元＝6.72元人民币。乙公司5月发生外币业务交易如下：

（1）5月2日接受投资者投入资本100万美元，投资合同约定的汇率是1美元=6.95元人民币，当日的即期汇率为1美元=6.80元人民币。

（2）5月10日企业将200万美元到银行兑换为人民币，银行当日的美元买入价1美元=6.8元人民币，美元卖出价为1美元=6.9元人民币，中间价为1美元=6.85元人民币。

（3）5月15日收到上期应收账款100万美元，当日即期汇率为1美元=6.80元人民币。

（4）5月20日，从海外采购一批原材料，销售合同约定价款为200万美元，款项尚未支付，当日的即期汇率为1美元=6.75元人民币。

假设不考虑相关税费，根据上述资料，回答下列问题。

（1）应收账款账户期末的汇兑差额为（　　）万元。

A. －19　　　　B. 19　　　　C. 0　　　　D. －5

解析　应收账款账户汇兑差额=（150－100）×6.72－（150×6.9－100×6.8）=－19万元

借：财务费用　　　　　　　　　　　　　　　　　　　　　　　19
　　贷：应收账款——美元户　　　　　　　　　　　　　　　　　　19

【答案】A

（2）银行存款账户期末的汇兑差额为（　　）万元。

A. －80　　　　B. －65　　　　C. －90　　　　D. 0

解析　银行存款期末汇兑差额=（500+100－200+100）×6.72－（500×6.90+100×6.80－200×6.85+100×6.80）=－80万元

事项（1）
借：银行存款——美元户　　　　　　　　　　（100×6.8）680
　　贷：实收资本　　　　　　　　　　　　　　　　　　　　　680

事项（2）
借：银行存款——人民币户　　　　　　　　　（200×6.8）1360
　　财务费用　　　　　　　　　　　　　　　　　　　　　　　10
　　贷：银行存款——美元户　　　　　　　　　（200×6.85）1370

事项（3）
借：银行存款——美元户　　　　　　　　　　（100×6.80）680
　　贷：应收账款——美元户　　　　　　　　　（100×6.80）680

月末，银行存款未调节前的账面余额=500×6.90+100×6.80－200×6.85+100×6.80=3440万元，确认汇兑损益额=（500+100－200+100）×6.72－3440=－80万元。

借：财务费用　　　　　　　　　　　　　　　　　　　　　　　80
　　贷：银行存款——美元户　　　　　　　　　　　　　　　　　80

【答案】A

（3）应付账款账户期末的汇兑损益为（　　）万元。

A. 6　　　　B. 8　　　　C. 12.5　　　　D. 10

解析　应付账款的期末汇兑差额=200×（6.72－6.75）=－6万元，属于汇兑收益。

【答案】A

事项（4）

借：原材料　　　　　　　　　　　　　　　　　　　　　　　　1350

　　贷：应付账款——美元户　　　　　　　　　（200×6.75）1350

月末

借：应付账款——美元户　　　　　　　　　　　　　　　　　　　6

　　贷：财务费用　　　　　　　　　　　　　　　　　　　　　　6

（4）上述外币账户期末汇兑差额对乙公司损益的影响金额为（　　）万元。

A. -91　　　　　B. -93　　　　　C. -90　　　　　D. -74

解析　上述外币账户期末汇兑差额对乙公司损益的影响金额 = -80 - 19 + 6 = -93 万元

【答案】B

第九章 流动资产（二）

■ **考情分析**

本章介绍存货的确认与计量，考试题型为单选题和多选题，属于比较重要的章节。

1. 下列各项中，应在企业资产负债表"存货"项目列示的有（　　）。
   A. 已验收入库但尚未取得发票的原材料
   B. 已付款取得采购发票但尚未验收入库的原材料
   C. 为外单位加工修理完成验收入库的代修品
   D. 周转使用材料
   E. 工程储备的材料

   🔍 **解析**　选项E，工程储备的材料属于工程物资，不在资产负债表"存货"项目列示，应在资产负债表"在建工程"项目列示。

   【答案】ABCD

2. 下列各项不应计入存货成本的是（　　）。
   A. 存货加工过程中的制造费用
   B. 存货在生产过程中为达到下一个生产阶段所必需的仓储费用
   C. 为使存货达到可销售状态所发生的符合资本化条件的借款费用
   D. 非正常消耗的直接材料

   🔍 **解析**　下列费用应当在发生时确认为当期损益，不计入存货成本：（1）非正常消耗的直接材料、直接人工和制造费用；（2）仓储费用（不包括在生产过程中为达到下一个生产阶段所必需的费用）；（3）不能归属于使存货达到目前场所和状态的其他支出。

   【答案】D

3. 甲企业系增值税一般纳税人，2017年8月购入丙材料100吨，开具增值税专用发票上注明的金额为500万元，增值税额65万元。因外地发生运输费用和装卸费10万元（均不含增值税），后验收入库，入库实际为97吨，其中1吨为合理损耗，2吨为非正常损失。则甲企业对丙材料的入账成本为（　　）万元。
   A. 494.8　　　　B. 499.8　　　　C. 448.8　　　　D. 537.8

   🔍 **解析**　丙材料的入账成本＝（500＋10）×（1－2/100）＝499.8万元

   【答案】B

4. 甲公司系增值税一般纳税人，适用的增值税税率为13%。本月购入原材料200千克，收到的增值税专用发票注明价款100万元，增值税额13万元（符合抵扣条件）。另发生运杂费5万元，途中保险费用5万元（均不含增值税）。原材料运抵公司后，验收时发现运输途中发生合理损耗5千克，实际入库195千克，则该原材料入账价值和单位成本分别为（　　）。

A. 110.00万元、0.56万元/千克　　　B. 107.25万元、0.56万元/千克
C. 110.00万元、0.55万元/千克　　　D. 107.25万元、0.55万元/千克

解析　原材料入账价值 = 100 + 5 + 5 = 110万元，合理损耗计入材料入账价值；单位成本 = 110/195 = 0.56万元/千克，选项A正确。

【答案】 A

5. 在存货初始计量时，下列费用应在发生时确认为当期损益，不计入存货成本的有（　　）。

A. 为特定客户设计产品的设计费用
B. 非正常消耗的制造费用
C. 生产产品正常发生的水电费
D. 采购原材料发生的运输费用
E. 仓储费用（不包括生产过程中为达到下一个生产阶段所必需的费用）

解析　企业发生的下列费用应当在发生时确认为当期损益，不计入存货成本：（1）非正常消耗的直接材料、直接人工和制造费用；（2）仓储费用（不包括在生产过程中为达到下一个生产阶段所必需的费用）；（3）不能归属于使存货达到目前场所和状态的其他支出。

提示　存货的实际成本

采购	购买价款、采购费用（运输费、保险费、入库前挑选整理费）、相关税费（进口关税、进口消费税）；可以抵扣的增值税不计入存货成本
	非正常消耗的直接材料、直接人工和制造费用不计入存货成本（即运输途中的合理损耗要计入存货成本）
生产	生产产品消耗的材料费用； 生产工人的职工薪酬支出； 制造费用（机物料消耗、车间管理者工资；办公费、折旧费、水电费、劳动保护费；季节性和修理期间的停工损失）
其他成本	（1）为特定客户设计产品所发生的设计费用应计入存货的成本； （2）经过相当长时间的生产活动才能达到销售状态的存货，占用借款而发生的借款费用（符合资本化条件的）计入存货成本； （3）仓储费：采购入库前计入存货采购成本；采购入库后生产前不计入成本；生产过程中为达到下一个生产阶段所必需的仓储费用则应计入存货成本
接受投资	按照投资合同或协议约定的价值确定，但合同或协议约定价值不公允的除外
债务重组	债务重组准则：以放弃债权的公允价值为基础
非货币性资产交换	以换出资产的公允价值或账面价值为基础

【答案】 BE

6. 甲公司用库存商品换入乙公司特许使用权。交换日，甲公司库存商品账面价值为520万元，不含税公允价值为650万元（等于按收入准则确定的交易价格），增值税税额为84.5万元；乙公司特许使用权的账面余额为600万元，已提摊销额为100万元，不含税公允价值为800万元，增值税税额为48万元。在交换中甲公司支付给乙公司银行存款113.5万元，支付特许使用权相关税费1万元，假定该交换具有商业实质且不考虑其他税费，则甲公司换入特许使用权的入账价值总额为(　　)万元。

　A. 801　　　　B. 800　　　　C. 914.5　　　　D. 764.5

　解析　换入特许使用权入账价值 = 650 + 84.5 − 48 + 113.5 + 1 = 801 万元

甲公司的会计分录如下：

借：无形资产　　　　　　　　　　　　　　　　　　801
　　应交税费——应交增值税（进项税额）　　　　　 48
　　　贷：主营业务收入　　　　　　　　　　　　　650
　　　　　应交税费——应交增值税（销项税额）　　84.5
　　　　　银行存款　　　　　　　　　　　　　　　114.5
借：主营业务成本　　　　　　　　　　　　　　　　520
　　贷：库存商品　　　　　　　　　　　　　　　　520

速算技巧：800 + 1 = 801 万元。

乙公司换入存货的入账价值 = 800 + 48 − 84.5 − 113.5 = 650 万元

乙公司的会计分录如下：

借：库存商品　　　　　　　　　　　　　　　　　　650
　　应交税费——应交增值税（进项税额）　　　　　 84.5
　　银行存款　　　　　　　　　　　　　　　　　　113.5
　　累计摊销　　　　　　　　　　　　　　　　　　100
　　贷：无形资产　　　　　　　　　　　　　　　　600
　　　　资产处置损益　　　　　　　　　(800 − 500) 300
　　　　应交税费——应交增值税（销项税额）　　　 48

【答案】A

7. 以公允价值为基础计量的非货币性资产交换中，涉及补价且没有确凿证据表明换入资产的公允价值更加可靠的情况下，下列会计处理错误的是(　　)。

　A. 收到补价的，换出资产的公允价值与其账面价值的差额计入当期损益
　B. 收到补价的，以换入资产的公允价值减去支付补价的公允价值，加上应支付的相关税费，作为换入资产的成本
　C. 支付补价的，换出资产的公允价值与其账面价值的差额计入当期损益
　D. 支付补价的，以换出资产的公允价值加上支付补价的公允价值和应支付的相关税费，作为换入资产的成本

　解析　收到补价的，以换出资产的公允价值，减去收到补价的公允价值，加上应支付的相关税费，作为换入资产的成本，换出资产的公允价值与其账面价值之间的差额计入当期损

益。有确凿证据表明换入资产的公允价值更加可靠的，以换入资产的公允价值和应支付的相关税费作为换入资产的初始计量金额，换入资产的公允价值加上收到补价的公允价值，与换出资产账面价值之间的差额计入当期损益。

【答案】B

8. 非货币性资产交换具有商业实质且换入资产和换出资产的公允价值均能够可靠计量的，下列各项换出资产在终止确认时，其公允价值与账面价值差额的会计处理正确的有(　　)。
　　A. 换出资产为长期股权投资的，差额计入"投资收益"科目
　　B. 换出资产为投资性房地产的，差额计入"投资收益"科目
　　C. 换出资产为固定资产的，差额计入"资产处置损益"科目
　　D. 换出资产为无形资产的，差额计入"营业外收入"科目
　　E. 换出资产为在建工程的，差额计入"资产处置损益"科目

解析　选项B，换出资产为投资性房地产的，差额通过"其他业务收入""其他业务成本"科目核算；选项D，换出资产为无形资产的，差额计入"资产处置损益"科目。

提示　非货币性资产交换——以公允价值为基础计量
非货币性资产交换同时满足下列条件的，应当以公允价值为基础计量：
(1) 该项交换具有商业实质；
(2) 换入资产或换出资产的公允价值能够可靠地计量。

换出资产和换入资产均可靠	(1) 换入资产成本＝换出资产公允价值＋换出资产增值税销项税额－换入资产可抵扣的增值税进项税额＋支付补价公允价值（或－收到补价公允价值）＋支付的相关税费； (2) 换出资产公允价值与账面价值之间差额计入当期损益
	【提示】换出资产为固定资产、无形资产的，换出资产公允价值和换出资产账面价值的差额，计入资产处置损益； 换出资产为长期股权投资的，换出资产公允价值和换出资产账面价值的差额，计入投资收益； 换出资产为投资性房地产的，按换出资产公允价值或换入资产公允价值确认其他业务收入，按换出资产账面价值结转其他业务成本
换入资产更可靠	(1) 换入资产成本＝换入资产公允价值＋支付的相关税费； (2) 换出资产公允价值〔换入资产公允价值＋换入资产可抵扣的增值税进项税额＋收到补价公允价值（或－支付补价公允价值）－换出资产增值税销项税额〕与账面价值之间差额计入当期损益

【答案】ACE

9. 甲、乙公司均系增值税一般纳税人，适用的增值税税率为13％，甲公司以一批产品换取乙公司闲置未用的设备，产品的成本为350万元，公允价值为400万元（等于计税价格）；乙公司设备的原价为420万元，已计提折旧70万元（不考虑与固定资产相关的增值税额），无法取得其公允价值，乙公司需支付补价给甲公司60万元，另承担换入产品的运费5万元，假设该交换不具有商业实质，则下列表述中正确的有(　　)。

A. 乙公司应确认非货币性资产交换损失10万元
B. 甲公司应确认非货币性资产交换损失10万元
C. 乙公司应确认固定资产处置损失15万元
D. 乙公司换入产品的入账价值为363万元
E. 甲公司换入设备的入账价值为342万元

解析　因为该交换不具有商业实质，采用账面价值计量，不确认非货币性资产交换损益。

甲公司的会计处理：

换入设备的入账价值 = 350 + 400 × 13％ − 60 = 342万元

借：固定资产	342
银行存款	60
贷：库存商品	350
应交税费——应交增值税（销项税额）　　（400×13％）	52

乙公司的会计处理：

换入产品的入账价值 = 420 − 70 + 60 + 5 − 400 × 13％ = 363万元

借：固定资产清理	350
累计折旧	70
贷：固定资产	420
借：库存商品	363
应交税费——应交增值税（进项税额）	52
贷：固定资产清理	350
银行存款　　(60+5)	65

提示　非货币性资产交换——以账面价值为基础计量

（1）支付补价的：

换入资产成本 = 换出资产账面价值 + 换出资产增值税销项税额 − 换入资产可抵扣的增值税进项税额 + 支付的相关税费 + 支付的补价的账面价值

（2）收到补价的：

换入资产成本 = 换出资产账面价值 + 换出资产增值税销项税额 − 换入资产可抵扣的增值税进项税额 + 支付的相关税费 − 收到的补价的公允价值

（3）换出资产终止确认时不确认损益。

【答案】DE

10. 甲公司采用先进先出法核算W材料的发出成本。2020年初库存W原材料200件的账面余额为1200万元。1月8日购入W原材料250件，支付价款1500万元，运输费用50

万元,非正常消耗的直接人工费 12 万元,1 月 4 日、18 日、26 日分别领用 W 原材料 180 件、200 件和 25 件。不考虑其他因素,则甲公司 1 月末库存 W 原材料的成本是(　　)万元。

  A. 276. 36   B. 281. 16   C. 279. 00   D. 270. 18

解析 1 月 8 日购入 250 件,购入单位成本 =(1500 +50)/250 =6.2 万元/件

期末库存 W 原材料数量 =200 –180 +250 –200 –25 =45 件

1 月末库存 W 原材料成本 =6.2 ×45 =279 万元

【答案】 C

11. 某公司对存货发出计价采用月末一次加权平均法,2018 年 1 月甲存货的收发结存情况为:1 月 1 日,结存 40000 件,单价为 5 元;1 月 17 日,售出 35000 件;1 月 28 日,购入 20000 件,单价为 8 元。假设不考虑增值税等税费,某公司 2018 年 1 月 31 日甲存货的账面金额为(　　)元。

  A. 185000   B. 162500   C. 150000   D. 200000

解析 加权平均单位成本 =(5 ×40000 +8 ×20000)/(40000 +20000) =6 元/件

月末甲存货的账面金额 =(40000 –35000 +20000)×6 =150000 元

【答案】 C

12. 甲公司只生产一种产品,月初库存产品 2000 台,单位成本 3 万元,在产品成本 8550 万元,本月直接材料、直接人工、制造费用共计 11550 万元,当月完工产品 8000 台,月末在产品成本 2500 万元,销售产品 7000 台。甲公司采用月末一次加权平均法计算当月发出产品成本,则月末库存产品的单位成本为(　　)万元。

  A. 3.00   B. 2.73   C. 2.20   D. 2.36

解析 本月完工入库产品成本 =期初在产品成本 +本期发生成本(直接材料、直接人工和制造费用)–期末在产品成本 =8550 +11550 –2500 =17600 万元

库存产成品总成本 =期初库存产品 +本月完工入库产品成本 =2000 ×3 +8550 +11550 –2500 =23600 万元)

库存产品的单位成本 =库存产成品总成本/库存产成品总数量 =(2000 ×3 +8550 +11550 –2500)/(2000 +8000) =2.36 万元

【答案】 D

13. 丁公司采用移动加权平均法核算发出产成品的实际成本。2015 年 11 月初产成品的账面数量为 200 件,账面余额为 12000 元。本月 10 日和 20 日分别完工入库该产成品 4000 件和 6000 件,单位成本分别为 64.2 元和 62 元。本月 15 日和 25 日分别销售该产成品 3800 件和 5000 件。丁公司 11 月末该产成品的账面余额为(　　)万元。

  A. 86800   B. 87952.9   C. 86975   D. 89880

解析 2015 年 11 月 10 日,完工入库后产品的单位成本 =(12000 +4000 ×64.2)/(200 +4000) =64 元;

11月15日销售产品3800件，剩余产品成本=（200+4000-3800）×64=400×64=25600元；

11月20日完工入库后产品的单位成本=（25600+6000×62）/（400+6000）=62.125元；

11月25日销售5000件后，产品的账面余额=（400+6000-5000）×62.125=86975元。

【答案】C

14. 根据《企业会计准则第1号——存货》的规定发出存货计价方法包括(　　)。
A. 月末一次加权平均法　　　　　　B. 先进先出法
C. 后进先出法　　　　　　　　　　D. 个别计价法
E. 移动加权平均法

解析　在实际成本核算方式下，企业采用的发出存货成本的计价方法包括个别计价法、先进先出法、月末一次加权平均法、移动加权平均法。新企业会计准则执行之后，后进先出法已取消。

【答案】ABDE

15. 某企业采用计划成本法进行材料核算，2019年8月1日，购入材料一批，取得经税务机关认证的增值税专用发票注明的价款为300000元，增值税税额为39000元，计划成本为320000元。8月3日，材料运达并验收入库。不考虑其他因素，下列各项中，关于材料入库的会计处理正确的是(　　)。

A. 借：原材料　　　　　　　　　　　　　320000
　　　贷：材料采购　　　　　　　　　　　　　300000
　　　　　材料成本差异　　　　　　　　　　　20000

B. 借：原材料　　　　　　　　　　　　　300000
　　　　材料成本差异　　　　　　　　　　20000
　　　贷：材料采购　　　　　　　　　　　　　320000

C. 借：原材料　　　　　　　　　　　　　300000
　　　　材料成本差异　　　　　　　　　　20000
　　　贷：在途物资　　　　　　　　　　　　　320000

D. 借：原材料　　　　　　　　　　　　　300000
　　　贷：在途物资　　　　　　　　　　　　　300000

解析　应编制如下会计分录：
借：材料采购　　　　　　　　　　　　　　300000
　　应交税费——应交增值税（进项税额）　　39000
　　贷：银行存款　　　　　　　　　　　　　　339000
同时：
借：原材料　　　　　　　　　　　　　　　320000

贷：材料采购　　　　　　　　　　　　　　　　　　　　　　　　300000
　　　　材料成本差异　　　　　　　　　　　　　　　　　　　　　　 20000
材料的实际成本为300000元，计划成本为320000元，实际成本小于计划成本20000元（为节约差异），应计入"材料成本差异"科目的贷方。

提示 存货的计划成本法

购入材料	借：材料采购【实际成本】 　　应交税费——应交增值税（进项税额） 　贷：银行存款/其他货币资金等 借：原材料【计划成本】 　　材料成本差异【超支差异】 　贷：材料采购【实际成本】 　　　材料成本差异【节约差异】
发出材料	借：生产成本等【实际成本=计划成本×（1+差异率）】 　　材料成本差异【节约差，倒挤出结果】 　贷：原材料【计划成本】 　　　材料成本差异【超支差，倒挤出结果】 发出材料实际成本=发出材料计划成本×（1+差异率） 期末结存材料实际成本=期末结存材料计划成本×（1+差异率）

【答案】A

16. 甲公司原材料按计划成本法核算。2019年6月期初"原材料"借方余额为40000元、"材料成本差异"科目贷方余额为300元，期初的"原材料"科目余额中含有5月末暂估入账的原材料计划成本10000元。2019年6月份入库原材料的计划成本为50000元，实际成本为49500元。2019年6月份发出原材料的计划成本为45000元。假设6月末暂估入账原材料为零，不考虑相关税费，则甲公司6月末库存原材料的实际成本为(　　)元。
　　A. 44550　　　　B. 45450　　　　C. 25250　　　　D. 34650
解析 材料成本差异率=［-300+（49500-50000）］/［（40000-10000）+50000］=-1%；月末原材料的实际成本=［（40000-10000）+50000-45000］×（1-1%）=34650元。
【答案】D

17. 乙公司原材料按计划成本计价核算。2015年6月1日"原材料"账户借方余额为4000万元、"材料成本差异"账户贷方余额50万元，月初"原材料"账户余额中含有5月31日暂估入账的原材料成本1500万元。2015年6月公司入库原材料的计划成本为5000万元，实际成本为5200万元。2015年6月公司发出原材料的计划成本为6000万元，则当月发出原材料的实际成本为(　　)万元。
　　A. 6100　　　　B. 6120　　　　C. 5900　　　　D. 5820

解析 材料成本差异率＝（－50＋200）／（4000－1500＋5000）×100%＝2%
发出材料的实际成本＝6000＋6000×2%＝6120万元
【答案】B

18. 原材料采用计划成本计价时，通过"材料成本差异"账户借方核算的有（　　）。
A. 入库材料的实际成本大于计划成本的差异
B. 入库材料的实际成本小于计划成本的差异
C. 出库结转的实际成本大于计划成本的差异
D. 出库结转的实际成本小于计划成本的差异
E. 调整库存材料计划成本时调整减少的计划成本
【答案】ADE
解析 选项BC，在"材料成本差异"账户的贷方核算。

19. 某商品零售企业对存货采用售价金额计价法核算。2020年6月30日分摊前"商品进销差价"科目余额300万元、"库存商品"科目余额380万元、"委托代销商品"科目余额50万元、"发出商品"科目余额120万元，本月"主营业务收入"科目贷方发生额650万元。则该企业6月份的商品进销差价率是（　　）。
A. 25%　　　　　B. 28%　　　　　C. 29%　　　　　D. 30%
解析 进销差价率＝月末分摊前"商品进销差价"科目余额／（"库存商品"科目月末余额＋"委托代销商品"科目月末余额＋"发出商品"科目月末余额＋本月"主营业务收入"科目贷方发生额）×100%＝300／（380＋50＋120＋650）×100%＝25%

提示 存货核算其他计价方法
（1）零售价法
① 成本率＝（期初存货成本＋本期购货成本）／（期初存货售价＋本期购货售价）×100%
② 期末存货成本＝期末存货售价总额×成本率
③ 本期销售成本＝期初存货成本＋本期购货成本－期末存货成本
（2）售价金额计价法
① 进销差价率＝（期初库存商品进销差价＋当期发生的商品进销差价）／（期初库存商品售价＋当期发生的商品售价）×100%
② 本期销售商品的实际成本＝本期商品销售收入×（1－进销差价率）
【答案】A

20. 甲公司采用毛利率法核算乙商品的发出成本。乙商品期初成本48000元，本期购货成本15000元，本期销售收入总额为35000元，其中发生销售折让2000元。根据以往经验估计，乙商品的销售毛利率为20%，则乙商品本期期末成本为（　　）元。
A. 30000　　　　B. 35000　　　　C. 36600　　　　D. 26400
解析 销售净额＝35000－2000＝33000元

销售成本 =33000×（1-20%）=26400 元
期末存货成本 =48000+15000-26400=36600 元
【答案】C

21. 甲商品零售企业系增值税一般纳税人，对存货采用售价金额计价法核算。2020 年 12 月初 X 库存商品的成本为 100 万元，售价为 120 万元（不含增值税，下同），本月购入 X 商品的成本为 85 万元，售价为 80 万元，本月 X 商品销售收入为 160 万元。2020 年 12 月 31 日 X 商品的可变现净值为 34 万元，此前 X 商品未计提过跌价准备，则甲企业 2020 年 12 月 31 日应计提存货跌价准备（　　）万元。

A. 18　　　　B. 3　　　　C. 11　　　　D. 0

解析　进销差价率 =（期初库存商品进销差价 + 当期发生的商品进销差价）/（期初库存商品售价 + 当期发生的商品售价）×100% =（20-5）/（120+80）×100% =7.5%
本期销售商品的实际成本 =160-160×7.5% =160×（1-7.5%）=148 万元
2020 年 12 月 31 日库存商品成本 =100+85-148=37 万元
甲企业 2020 年 12 月 31 日应计提存货跌价准备 =37-34=3 万元
【答案】B

22. 某公司期末存货采用成本与可变现净值孰低法计量。2018 年 12 月 31 日，库存甲材料的账面价值（成本）为 90 万元，市场销售价格为 85 万元。该批甲材料可用于生产 2 台乙产品，每台市场销售价格为 75 万元，单位成本为 70 万元，预计销售费用每台为 2 万元。假设不考虑相关税费，甲材料之前未计提过减值准备，某公司 2018 年年末甲材料应计提存货跌价准备（　　）万元。

A. 5　　　　B. 10　　　　C. 0　　　　D. 6

解析　乙产品可变现净值 = 市场价格 - 销售费用 =75×2-2×2=146 万元，大于产品成本 140（70×2）万元，乙产品未发生减值，因此甲材料未发生减值，不需要计提存货跌价准备。
【答案】C

23. 下列关于存货可变现净值的表述中，正确的是（　　）。
A. 可变现净值是指存货在资产负债表日的售价
B. 成本与可变现净值孰低法体现了会计信息质量要求中的实质重于形式要求
C. 存货采用计划成本法核算时，期末与可变现净值进行比较的成本应为调整后的实际成本
D. 为执行销售合同而持有的存货，应当以产品的市场价格作为其可变现净值的计算基础

解析　可变现净值，是指在日常活动中，以存货的估计售价减去至完工时估计将要发生的成本、估计的销售费用以及相关税费后的金额，并不是指存货的现行售价，选项 A 错误；成本与可变现净值孰低法体现了会计信息质量要求中的谨慎性要求，选项 B 错误；为执行

销售合同而持有的存货，应当以产品的合同价格作为其可变现净值的计算基础，选项 D 错误。

> **提示　存货的期末减值**
>
> 存货成本高于可变现净值，应按可变现净值低于成本的差额，计提存货跌价准备，计入当期损益。
>
> 同一项存货中一部分有合同价格约定、其他部分不存在合同价格的，企业应分别确定其可变现净值，并与其相对应的成本进行比较，分别确定存货跌价准备的计提或转回的金额。

产品	有合同	产品的估计售价（合同价）－估计的销售费用和相关税费
	无合同	产品的估计售价（市场价）－估计的销售费用和相关税费
材料	销售用	材料的估计售价（市场价）－估计的销售费用和相关税费
	生产用	生产的产成品的估计售价（合同价/市场价）－至完工时估计将要发生的成本－估计的销售费用和相关税费

【答案】C

24. 甲公司期末原材料数量为 10 吨，账面成本为 90 万元，已计提减值准备 15 万元。该原材料专门用于生产与乙公司所需合同约定的 20 台 Y 产品。合同约定的售价为每台 10 万元（不含增值税）。估计将该原材料加工成 Y 产品每台尚需加工成本总额为 5 万元，销售每台 Y 产品尚需发生相关税费 1 万元，本期期末市场上该原材料每吨售价为 9 万元。估计销售每吨原材料尚需发生相关税费 0.1 万元。则期末该原材料尚需计提减值准备为(　　)万元。

A. －5　　　　B. 5　　　　C. －14　　　　D. 15

解析　Y 产品的成本 = 90 + 20 × 5 = 190 万元，可变现净值 = 20 × (10 － 1) = 180 万元，成本大于可变现净值，Y 产品发生减值；原材料的成本为 90 万元，可变现净值 = 20 × 10 － 5 × 20 － 1 × 20 = 80 万元，成本大于可变现净值，则期末存跌价准备科目余额为 10 万元，原已计提减值准备 15 万元，则本期应转回减值 5 万元，即期末该原料尚须计提减值准备 －5 万元。

【答案】A

25. 甲公司 2015 年年末库存乙材料的账面余额为 1500 万元，年末计提跌价准备前账面价值为 1400 万元，库存乙材料将全部用于生产丙产品，预计丙产品的市场价格总额为 1650 万元，预计生产丙产品还需发生除乙材料以外的加工成本为 450 万元，预计为销售丙产品发生的相关税费总额为 82.5 万元。丙产品销售数量中有固定销售合同的占 80%，合同价格总额为 1350 万元。则 2015 年 12 月 31 日甲公司对乙材料应计提的存货跌价准备金额为(　　)万元。

A. 354.5　　　　B. 375.5　　　　C. 275.5　　　　D. 252.5

解析　有销售合同部分：

2015 年末乙材料的账面余额 = 1500（总成本）× 80% = 1200 万元

已提存货跌价准备 = (1500 － 1400) × 80% = 80 万元

2015年末乙材料的可变现净值=1350-（450+82.5）×80%=924万元

提示 合同价格总额为1350万元，是有销售合同80%的总额，所以这里不用再单独乘80%。

进一步加工成本450万元与估计的销售税费82.5万元对应的是全部生产出来的丙产品，所以这里计算可变现净值的时候，对于有合同的部分要乘80%。

应补提存货跌价准备=（1200-924）-80=196万元

无销售合同部分：

2015年末乙材料的账面余额=1500（总成本）×20%=300万元，已提存货跌价准备（1500-1400）×20%=20万元

2015年末乙材料的可变现净值=（1650-450-82.5）×20%=223.5万元

提示 丙产品市场价格总额1650万元，也是对应全部生产出来的丙产品，所以对于无合同的部分要乘20%。

故应补提存货跌价准备=（300-223.5）-20=56.5万元

所以，2015年12月31日甲公司对乙材料应计提的存货跌价准备金额为196+56.5=252.5万元。

【答案】D

26. 甲公司期末存货采用成本与可变现净值孰低法计量。2011年11月18日，甲公司与华山公司签订销售合同，约定于2012年2月1日向华山公司销售某类机器1000台，每台售价1.5万元（不含增值税）。2011年12月31日，公司库存该类机器1300台，每台成本1.4万元。2011年资产负债表日该机器的市场销售价格为每台1.3万元（不含增值税），向其他客户预计销售税费为每台0.05万元。则2011年12月31日甲公司该批机器在资产负债表"存货"中应列示的金额为（　　）万元。

　　A. 1625　　　　　　B. 1775　　　　　　C. 1820　　　　　　D. 1885

解析 有合同部分：存货的成本=1000×1.4=1400万元，可变现净值=1000×1.5=1500万元，未减值。

无合同部分：存货的成本=300×1.4=420万元，可变现净值=300×1.3-300×0.05=375万元。

2011年12月31日甲公司该批机器在资产负债表"存货"中列示的金额（取成本与可变现净值孰低）=1400+375=1775万元

存货计提资产减值损失=420-375=45万元=（1300×1.4-1775）=45万元

【答案】B

27. 下列情形中，表明存货可变现净值为零的是（　　）。

　　A. 存货市价持续下降，但预计次年将会回升

　　B. 存货在生产中已不再需要，并且已无使用和转让价值

　　C. 因产品更新换代，使原有库存原材料市价低于其账面成本

　　D. 存货已过期，但可降价销售

解析 存在下列情形之一的，表明存货的可变现净值为零：（1）已霉烂变质的存货；（2）已过期且无转让价值的存货；（3）生产中已不再需要，并且已无使用价值和转让价值的存货；（4）其他足以证明已无使用价值和转让价值的存货。

【答案】B

28. 下列属于应该计提存货跌价准备的情形有（　　）。
   A. 该存货的市价持续下跌，在可预见的未来无回升希望
   B. 使用该项原材料生产的产品成本大于产品的销售价格
   C. 存货已过期且无转让价值
   D. 生产中不再需要，且该原材料的市场价格又低于其账面价值
   E. 因消费者偏好改变而使市场的需求发生变化，导致市场价格逐渐下跌，低于生产成本

解析 选项A，该存货的市价持续下跌，并且在可预见的未来无回升的希望，表明存货的可变现净值低于成本，应计提存货跌价准备。

【答案】BCDE

29. 企业按成本与可变现净值孰低法对期末存货计价时，下列表述中错误的是（　　）。
   A. 单项比较法确定的期末存货成本最低
   B. 分类比较法确定的期末存货成本介于单项比较法和总额比较法之间
   C. 总额比较法确定的期末存货成本最高
   D. 存货跌价准备通常应当按单个存货项目计提，不得采用分类比较法计提

解析 选项D，在某些情况下，比如：（1）与在同一地区生产和销售的产品系列相关、具有相同或类似最终用途或目的，且难以与其他项目分开计量的存货，可以合并计提存货跌价准备；（2）对于数量繁多、单价较低的存货，可以按存货类别计提存货跌价准备。

【答案】D

30. 某企业有W、Y两大类存货，W类存货包括甲、乙两种存货，Y类存货包括丙、丁两种存货，期末W类存货的成本与可变现净值分别为28000元和26000元，Y类存货的成本与可变现净值分别为36000元和39000元，甲存货的成本与可变现净值分别为16000元和12000元，乙存货的成本与可变现净值分别为12000元和14000元，丙存货的成本与可变现净值分别为26000元和29800元，丁存货的成本与可变现净值分别为10000元和9200元。若上述存货采用成本与可变现净值孰低法确定期末存货成本，下列表述中正确的有（　　）。
   A. 单项比较法确定的期末存货成本为59200元
   B. 分类比较法确定的期末存货成本为62000元
   C. 总额比较法确定的期末存货成本为64000元
   D. 单项比较法确定的期末存货成本为60200元
   E. 总额比较法确定的期末存货成本为67000元

解析 单项比较法，指对库存中每一存货的成本和可变现净值逐项进行比较，每项存货

均取较低数确定存货的期末成本，此时期末存货 = 12000 + 12000 + 26000 + 9200 = 59200 元。

分类比较法，指按存货类别的成本与可变现净值进行比较，每类存货取其较低数确定存货的期末成本，此时期末存货的成本 = 26000 + 36000 = 62000 元。

总额比较法，指按全部存货的总成本 64000（28000 + 36000）与可变现净值总额 65000（26000 + 39000）相比较，以较低数作为期末全部存货的成本，此时期末存货的成本 = 64000 元。

【答案】ABC

31. 下列交易或事项会引起存货账面价值发生增减变动的是（　　）。
 A. 月末将完工产品验收入库　　　　B. 商品已发出但尚不符合收入确认条件
 C. 发出物资委托外单位加工　　　　D. 转回已计提的存货跌价准备

解析　转回已计提的减值，要借记"存货跌价准备"科目，贷记"资产减值损失"科目，会增加存货的账面价值。

【答案】D

32. 下列关于存货跌价准备的表述中，错误的是（　　）。
 A. 存货跌价准备通常应当按单个存货项目计提
 B. 当存货的可变现净值大于其成本时，可按可变现净值调整存货的账面价值
 C. 企业应当合理地计提存货跌价准备，不得计提秘密准备
 D. 结转发生毁损存货的成本时，应相应结转其已计提的存货跌价准备

解析　存货期末应该采用成本与可变现净值孰低计量，当可变现净值大于账面余额时，不需要进行调整。

【答案】B

33. 下列有关存货会计处理的表述中，正确的有（　　）。
 A. 因非货币性资产交换换出存货而同时结转的已计提跌价准备，不冲减当期资产减值损失
 B. 结转产品销售成本时，应将已计提的存货跌价准备冲减主营业务成本
 C. 期末存货的可变现净值大于其账面价值的，原已计提的存货跌价准备应当全部予以恢复
 D. 销售原材料结转其成本时，应将已计提的存货跌价准备冲减主营业务成本
 E. 因自然灾害造成的存货净损失，计入营业外支出

解析　选项C，期末存货的可变现净值大于其账面价值，同时必须是以前减记存货价值的影响因素消失，才可以在原已计提的存货跌价准备金额内转回；选项D，销售原材料结转其成本时，应将已计提的存货跌价准备冲减其他业务成本。

【答案】ABE

34. 甲公司系增值税一般纳税人，适用的增值税税率为13%。委托外单位加工材料（非金银首饰）一批，原材料价款为4000元。支付不含增值税的加工费2000元和增值税

260元（已取得增值税专用发票）。由委托方代收代缴消费税300元，税费已支付。材料已验收入库，甲公司准备将该批材料继续用于生产应税消费品。则该批材料的入账价值是(　　)元。

A. 6430　　　　　　B. 6300　　　　　　C. 6000　　　　　　D. 6620

解析　材料的入账价值＝4000＋2000＝6000元

【答案】C

35. 下列各项中，不属于周转材料核算范围的是(　　)。
A. 生产过程中所使用的包装材料
B. 随同产品出售不单独计价的包装物
C. 出租或出借给购货方使用的包装物
D. 随同产品出售单独计价的包装物

解析　企业生产过程中使用的各种包装材料应在"原材料"科目核算。

【答案】A

36. 某公司系增值税一般纳税人，2017年年末盘亏一批原材料，该批原材料购入成本为120万元，购入时确认进项税额为15.6万元，经查，盘亏系管理不善被盗所致，确认由相关责任人赔偿20万元。假定不考虑其他因素，确认的盘亏净损失对2017年度利润总额的影响金额为(　　)万元。

A. 100.8　　　　　　B. 115.6　　　　　　C. 135.6　　　　　　D. 155.6

解析　管理不善造成存货盘亏应计入管理费用，进项税额需要转出，其金额＝120＋15.6－20＝115.6万元。

【答案】B

37. 某公司采用实际成本法对存货进行核算，2011年年末盘点存货时发现某项原材料盘亏，盘亏原材料账面成本为100万元，其已抵扣的增值税进项税额为13万元，已计提20万元存货跌价准备。根据盘点结果，该公司应作的正确会计分录是(　　)。

A. 借：待处理财产损溢——待处理流动资产损溢　　1000000
　　　贷：原材料　　　　　　　　　　　　　　　　　　　　1000000

B. 借：待处理财产损溢——待处理流动资产损溢　　1130000
　　　贷：原材料　　　　　　　　　　　　　　　　　　　　1000000
　　　　　应交税费——应交增值税（进项税额转出）　　130000

C. 借：待处理财产损溢——待处理流动资产损溢　　930000
　　　　存货跌价准备　　　　　　　　　　　　　　　　　200000
　　　贷：原材料　　　　　　　　　　　　　　　　　　　　1000000
　　　　　应交税费——应交增值税（进项税额转出）　　130000

D. 借：待处理财产损溢——待处理流动资产损溢　　904000
　　　　存货跌价准备　　　　　　　　　　　　　　　　　200000
　　　贷：原材料　　　　　　　　　　　　　　　　　　　　1000000
　　　　　应交税费——应交增值税（进项税额转出）　　104000

解析 存货盘亏时，若存货已计提存货跌价准备，应当同时结转存货跌价准备。

【答案】C

38. 下列关于存货清查的会计处理中，正确的有( )。
   A. 盘盈或盘亏的存货如在期末结账前尚未经批准，应在对外提供的财务报表中先按规定进行处理
   B. 盘盈的存货经批准后应计入营业外收入
   C. 因管理不善原因造成盘亏的存货扣除可以收回的保险和过失人赔偿后的净额计入管理费用
   D. 因自然灾害造成非正常损失的存货应计入管理费用
   E. 盘亏的存货应将其相应的增值税进项税额转出

解析 盘盈的存货应该冲减企业的管理费用，选项B错误；因自然灾害等原因造成的存货毁损，应该计入营业外支出，选项D错误；企业盘亏的存货，如果是自然灾害等原因造成的，其进项税额不需要转出，选项E错误。

【答案】AC

39. 下列关于财产清查结果会计处理的表述中，错误的有( )。
   A. 属于无法查明原因的现金短缺，经批准后计入管理费用
   B. 属于无法查明原因的现金溢余，经批准后计入营业外收入
   C. 对于盘盈的存货，按管理权限报经批准后计入营业外收入
   D. 属于管理不善造成的存货短缺，应计入管理费用
   E. 对于盘盈的固定资产，按管理权限报经批准后计入营业外收入

解析 选项C，对于盘盈的存货，按管理权限批准后冲减管理费用；选项D，对于管理不善造成的存货短缺，应先扣除残料价值、可以收回的保险赔偿和过失人赔偿，将净损失计入管理费用；选项E，固定资产盘盈做前期差错处理，通过"以前年度损益调整"科目核算。

【答案】CDE

40. 庚公司是增值税一般纳税人，接受乙公司捐赠一批原材料，捐赠方提供的增值税专用发票上注明的价款是10000元，增值税是1300元，庚公司支付运输费用1000元，增值税130元。庚公司与乙公司不具有关联关系。不考虑其他因素的影响，则该批原材料的入账价值是( )元。
   A. 11300　　　　B. 10000　　　　C. 12430　　　　D. 11000

解析 原材料的成本 = 10000 + 1000 = 11000元

借：原材料　　　　　　　　　　　　　　　　　　　　　11000
　　应交税费——应交增值税（进项税额）　　　　　　　1430
　　贷：银行存款　　　　　　　　　　　　　　　　　　　1130
　　　　营业外收入　　　　　　　　　　　　　　　　　　11300

【答案】D

41. 下列各项交易中，属于非货币性资产交换的是( )。
    A. 以无形资产换取应收票据 B. 以债权投资换取原材料
    C. 以投资性房地产换取存货 D. 以长期股权投资换取长期应收款

    解析 应收票据、债权投资、长期应收款是货币性资产，均属于货币性资产交换。
    【答案】C

42. 下列交易中，属于非货币性资产交换的是( )。
    A. 以持有的应收账款换取乙公司的产品
    B. 以持有的应收票据换取乙公司的电子设备
    C. 以持有的固定资产换取乙公司的产品
    D. 以持有的债权投资换取乙公司25%股权投资

    解析 货币性资产，指持有的现金及将以固定或可确定金额的货币收取的资产，包括现金、应收账款和应收票据以及债权投资等。选项 ABD，交换一方是货币性资产，因此不属于非货币性资产交换。
    【答案】C

43. 某投资者以一批材料作为投资取得甲公司200万股普通股，每股1元，双方协议约定该批材料的价值为600万元（该价值公允）。甲公司收到材料和增值税专用发票（进项税额为78万元）。该批材料的入账价值是( )万元。
    A. 600   B. 696   C. 200   D. 296

    解析 投资者投入存货的成本，除投资合同或协议约定的价值不公允外，应当按照投资合同或协议约定的价值确定，因此该批材料的入账价值是600万元。
    借：原材料   600
        应交税费——应交增值税（进项税额）   78
      贷：股本   200
          资本公积——股本溢价   478
    【答案】A

44. 2020年3月1日，甲公司以一栋办公楼与乙公司交换一批库存商品，办公楼的原值为300万元，累计折旧为80万元，固定资产减值准备为10万元，公允价值（计税价格）为250万元，适用的增值税税率为9%。乙公司库存商品的账面价值为160万元，公允价值（计税价格）为200万元，适用的增值税税率为13%，并支付银行存款46.5万元。假定不考虑其他相关税费，该交换具有商业实质，则甲公司换入资产的入账价值为( )万元。
    A. 203.5   B. 200   C. 250   D. 246.5

    解析 甲公司换入资产的入账价值=250+250×9%-46.5-200×13%=200万元
    甲公司的账务处理如下：

90

借：固定资产清理　　　　　　　　　　　　　　　　210
　　累计折旧　　　　　　　　　　　　　　　　　　80
　　固定资产减值准备　　　　　　　　　　　　　　10
　　　贷：固定资产　　　　　　　　　　　　　　　　　300
借：库存商品　　　　　　　　　　　　　　　　　　200
　　应交税费——应交增值税（进项税额）　（200×13%）26
　　银行存款　　　　　　　　　　　　　　　　　　46.5
　　　贷：固定资产清理　　　　　　　　　　　　　　　210
　　　　　应交税费——应交增值税（销项税额）（250×9%）22.5
　　　　　资产处置损益　　　　　　　　　　　（250-210）40

【答案】B

45. 甲公司与乙公司为两个互不关联的独立企业，经协商，甲公司用专利权与乙公司拥有的生产性设备进行交换。甲公司专利权的账面价值为 300 万元（未计提减值准备），公允价值为 420 万元；乙公司生产用设备的账面原价为 600 万元，已计提折旧 170 万元，已计提减值准备 30 万元，公允价值为 400 万元，在资产交换过程甲公司中发生设备搬迁费 2 万元；乙公司另支付 20 万元给甲公司，甲公司收到换入的设备作为固定资产核算。本交换具有商业实质，假设不考虑增值税的影响。在此项交易中甲公司确认的损益金额是（　　）万元。

　　A. 0　　　　　　　　B. 99　　　　　　　　C. 120　　　　　　　　D. 141

　　解析　甲公司确认的损益金额=420-300=120万元
　　借：固定资产　　　　　　　　　　　　　　　（400+2）402
　　　　银行存款　　　　　　　　　　　　　　　（20-2）18
　　　　　贷：无形资产　　　　　　　　　　　　　　　300
　　　　　　　资产处置损益　　　　　　　　　　　　　120

【答案】C

46. 某企业为增值税一般纳税人，从外地购入原材料 5000 吨，取得的增值税专用发票上注明的售价为每吨 100 元，增值税税款为 65000 元，材料运输途中取得的运输业增值税专用发票上注明的运费为 2000 元，增值税税额为 180 元，另发生装卸费 1000 元，途中保险费 800 元（装卸费和保险费均为不含税价格）。所购原材料到达后验收发现短缺 20%，其中 5% 为合理损耗，另 15% 的短缺尚待查明原因。该批材料的采购成本为（　　）元。

　　A. 482103　　　　　　B. 403040　　　　　　C. 503800　　　　　　D. 428230

　　解析　该批材料的采购成本=（100×5000+2000+1000+800）×（1-15%）=428230元

【答案】D

47. 下列项目中，应计入一般纳税人商品采购成本的有(　　)。

A. 购入商品运输过程中的保险费用
B. 进口商品支付的关税
C. 超定额的废品损失
D. 入库前的挑选整理费用
E. 支付的增值税

【答案】ABD

解析　选项C，定额内的损失计入成本，超定额的损失计入当期损益；选项E，增值税属于价外税，一般纳税人的增值税可以抵扣，不计入成本。

第十章 非流动资产（一）

■ 考情分析

本章介绍固定资产、无形资产、资产减值、持有待售的核算，考试题型以单选题和多选题为主，也可以与借款费用等内容结合在计算题中出现，属于比较重要的章节。

1. 某企业为增值税一般纳税人，适用的增值税税率为13%。2009年5月购入一台需要安装的设备，支付买价为1800万元和增值税234万元；安装该设备期间领用原材料一批，账面价值300万元；支付安装人员工资180万元、员工培训费30万元。假定该设备已达到预定可使用状态，不考虑除增值税外的其他税费，则该设备的入账价值为（　　）万元。

　　A. 2231　　　　　B. 2280　　　　　C. 2586　　　　　D. 2667

解析　设备的入账价值 = 1800 + 300 + 180 = 2280万元
【答案】B

2. 甲公司2020年3月1日开始自营建造一条生产线，购进工程物资总额为60万元，领用工程物资50万元、库存商品10万元，工程负担职工薪酬15万元，建设期间发生工程物资盘亏2万元，试车形成的库存商品0.5万元。不考虑增值税等影响，该生产线的总成本是（　　）万元。

　　A. 72.5　　　　　B. 77.0　　　　　C. 73.5　　　　　D. 78.5

解析　该生产线的总成本 = 50 + 10 + 15 + 2 = 77万元
【答案】B

3. 企业自行建造厂房过程中发生的下列支出，不构成在建工程项目成本的是（　　）。

　　A. 支付在建工程设计费　　　　　　B. 支付在建工程项目管理人员工资
　　C. 领用自产应税消费品负担的消费税　D. 计提工程物资的减值准备

解析　计提工程物资的减值准备，借记"资产减值损失"科目，贷记"工程物资减值准备"科目，不影响在建工程的成本。
【答案】D

4. 企业自行建造固定资产时，下列事项应借记"在建工程"科目的有（　　）。

　　A. 在建工程完工后已领出的剩余物资退库
　　B. 在建工程进行负荷联合试车发生的未形成产品的测试费用
　　C. 在建工程领用工程物资
　　D. 补付承包企业的工程款
　　E. 因自然灾害原因造成在建工程毁损

解析 选项 AE，应贷记"在建工程"科目。

【答案】 BCD

5. 下列与固定资产相关的费用，不会增加固定资产入账价值的是( )。
   A. 安装费用
   B. 预计的报废清理费用
   C. 符合资本化条件的借款费用
   D. 预计的弃置费用

解析 固定资产入账价值包括购买价款、相关税费、使固定资产达到预定可使用状态的运输费、安装费等。如果是自营建造的固定资产入账价值还应包括符合资本化条件的借款费用。此外应当考虑预计弃置费用的因素。

【答案】 B

6. 下列有关固定资产初始计量的表述中，正确的有( )。
   A. 在确定固定资产成本时，无须考虑弃置费用
   B. 固定资产按照成本进行初始计量
   C. 投资者投入的固定资产的成本按照投资合同或协议约定的价值确认
   D. 分期付款购买固定资产，实质上具有融资性质的，其成本以购买价款的现值为基础确定
   E. 以一笔款项购入多项没有单独标价的固定资产，应该按照各项固定资产的账面价值比例对总成本进行分配，确认各项固定资产成本

解析 选项 A，在确定固定资产成本时，应考虑预计弃置费用因素；选项 C，投资者投入的固定资产的成本按照投资合同或协议约定的价值确定，但合同或协议约定价值不公允的除外；选项 E，以一笔款项购入多项没有单独标价的固定资产，应按各项固定资产公允价值的比例对总成本进行分配，分别确定各项固定资产的成本。

【答案】 BD

7. 下列固定资产中，应计提折旧的是( )。
   A. 未交付使用但已达到预定可使用状态的固定资产
   B. 持有待售的固定资产
   C. 按规定单独估价作为固定资产入账的土地
   D. 未提足折旧提前报废的设备

解析 对已达到预定可使用状态的固定资产，无论是否交付使用，均应当计提折旧。

【答案】 A

8. 下列固定资产中当期应计提折旧的有( )。
   A. 未提足折旧提前报废的固定资产
   B. 无偿提供给职工使用的固定资产
   C. 已达到预定可使用状态但尚未交付使用的固定资产

D. 按照规定单独估价作为固定资产入账的土地
E. 闲置不用的固定资产

解析 选项 A，未提足折旧提前报废的固定资产，不需要补提折旧；选项 D，按照规定单独估价作为固定资产入账的土地，不需要计提折旧。

【答案】BCE

9. 下列关于固定资产折旧的表述，正确的有（　　）。
A. 符合固定资产确认条件的维修费，应按期提折旧
B. 维修保养期应计提折旧并计入当期成本费用
C. 已达预定使用状态并已办理竣工决算，但尚未投入使用，不提折旧
D. 按实际成本调整原暂估价的，应同时调整已提折旧额
E. 提前报废的固定资产，不应补提折旧

解析 选项 C，已达预定使用状态并已办理竣工决算，此时固定资产需要开始计提折旧；选项 D，按照成本调整暂估价的，不需要调整以前计提的折旧。

【答案】ABE

10. 丁公司自行建造某项生产用设备，建造过程中发生外购材料和设备成本 183 万元（不考虑增值税），人工费用 30 万元，资本化的借款费用 48 万元，安装费用 28.5 万元。为达到正常运转发生的测试费 18 万元，外聘专业人员服务费 9 万元，形成可对外出售的产品价值 3 万元。该设备预计使用年限为 10 年，预计净残值为零，采用年限平均法计提折旧。则设备每年应计提折旧额为（　　）万元。

A. 30.45　　　　　B. 31.65　　　　　C. 31.35　　　　　D. 31.45

解析 生产设备成本 = 183 + 30 + 48 + 28.5 + 18 + 9 = 316.5 万元
每年折旧 = 316.5/10 = 31.65 万元

【答案】B

11. 某公司于 2008 年 12 月购入一台设备，成本为 50000 元，预计使用年限为 5 年，预计净残值为 2000 元。该公司采用双倍余额递减法计提折旧，则在 2011 年 12 月 31 日，该设备累计计提的折旧额为（　　）元。

A. 30000　　　　　B. 38000　　　　　C. 39200　　　　　D. 40000

解析 （1）该设备 2009 年计提的折旧 = 50000 × 2/5 = 20000 元
（2）2010 年计提的折旧 =（50000 - 20000）× 2/5 = 12000 元
（3）2011 年计提的折旧 =（50000 - 20000 - 12000）× 2/5 = 7200 元
（4）2011 年末该设备累计计提的折旧额 = 20000 + 12000 + 7200 = 39200 元

【答案】C

12. 某公司 2013 年 12 月 20 日购入一项不需安装的固定资产，入账价值为 540000 万元。某公司采用年数总和法计提折旧，预计使用年限为 8 年，净残值为零。从 2017 年 1 月 1 日

开始，公司决定将折旧方法变更为年限平均法，预计使用年限和净残值保持不变，则某公司2017年该项固定资产应计提的折旧额为( )万元。

  A. 45000   B. 67500   C. 108000   D. 28125

解析 截至2016年末，该项固定资产累计折旧额=540000×（8/36+7/36+6/36）=315000万元，账面价值=540000-315000=225000万元。2017年折旧额=225000/（8-3）=45000万元。

【答案】A

13. 关于固定资产的使用寿命、预计净残值和折旧方法的说法，正确的有( )。

  A. 企业至少应当于每年年度终了，对固定资产的使用寿命、预计净残值和折旧方法进行复核

  B. 若使用寿命预计数与原先估计数有差异，应当采用追溯调整法调整固定资产折旧

  C. 若预计净残值预计数与原先估计数有差异，应当调整预计净残值

  D. 若与固定资产有关的经济利益预期实现方式有重大改变，应当改变固定资产折旧方法

  E. 固定资产折旧方法的改变应当作为会计政策变更

解析 选项B，使用寿命的变更属于会计估计变更，不需要追溯调整固定资产折旧；选项E，固定资产折旧方法的改变属于会计估计变更。

【答案】ACD

14. 2021年5月31日，甲公司对一项固定资产进行更新改造。该固定资产原值为6000万元，已计提折旧2400万元。更新过程中发生人工费112万元，领用工程物资888万元，被替换部分原值为800万元。2021年9月完成该固定资产的更新改造。改造完成后的固定资产预计使用年限为10年，预计净残值率为4%，采用双倍余额递减法计提折旧。则更新改造后该固定资产2021年应计提的折旧额为( )万元。

  A. 190   B. 182.4   C. 206   D. 197.76

解析 更新改造后该固定资产的成本=6000-2400+112+888-（800-2400/6000×800）=4120万元。

更新改造后该固定资产2021年应计提的折旧额=4120×2/10×3/12=206万元。

【答案】C

15. 甲公司某项固定资产原值为500万元，预计使用年限为10年，已计提折旧200万元。现对该固定资产的某一主要部件进行更换，发生支出合计55万元，符合会计准则规定的固定资产确认条件，被更换部分的原值为80万元，则该固定资产更换部件后的入账价值是( )万元。

  A. 320   B. 310   C. 317   D. 307

解析 该固定资产更换部件后的入账价值=500-200+55-（80-200/500×80）=307万元。

【答案】D

16. 甲公司2015年8月对某生产线进行更新改造，该生产线的账面原值为380万元，已计提折旧50万元，已计提减值准备10万元。改良时发生相关支出共计180万元。被替换部分的账面价值为20万元。2015年10月工程交付使用，改良后该生产线预计使用年限为5年，预计净残值为零，按年数总额法计提折旧。则甲公司2015年对该改良后生产线应计提的折旧金额为(　　)万元。

A. 20.00　　　　B. 26.67　　　　C. 27.78　　　　D. 28.33

解析　更新改造后生产线的入账价值 = 380 – 50 – 10 – 20 + 180 = 480 万元

2015年改良后生产线应计提的折旧额 = 480 × 5/15 × 2/12 = 26.67 万元

【答案】B

17. 下列关于固定资产后续支出的表述中，正确的有(　　)。

A. 发生的更新改造支出符合资本化条件的应当资本化
B. 发生的装修费用支出应当费用化
C. 发生的日常修理费用通常应当费用化
D. 发生的大修理支出应当费用化
E. 租赁方式租入的固定资产发生的改良支出应当资本化

解析　选项B，对房屋装修若是出于延长其使用寿命的目的，符合资本化条件，其支出增加固定资产的账面价值；若是不能延长寿命，应该在发生时计入当期损益。选项D，企业发生的大修理支出如果满足资本化条件，则应予以资本化，如果不满足资本化条件，则应予以费用化。

【答案】ACE

18. 下列各项中，不会直接影响固定资产处置净损益的是(　　)。

A. 已计提的固定资产减值准备　　　B. 已计提的固定资产累计折旧
C. 固定资产的弃置费用　　　　　　D. 固定资产的原价

解析　固定资产的弃置费用计入到预计负债中，不会直接影响固定资产的处置净损益。

提示　固定资产出售

固定资产账面价值转入清理	借：固定资产清理 　　累计折旧、固定资产减值准备 　贷：固定资产
支付清理费用	借：固定资产清理 　　应交税费——应交增值税（进项税额） 　贷：银行存款
计算清理税金	借：固定资产清理 　贷：应交税费——应交土地增值税

收到残料、责任人赔偿、残料变价	借：原材料、其他应收款、银行存款 　　贷：固定资产清理 　　　　应交税费——应交增值税（销项税额）
结转出售净损益	结转出售净损失： 借：资产处置损益等 　　贷：固定资产清理 结转出售净收益： 借：固定资产清理 　　贷：资产处置损益等

【答案】C

19. 下列各项，不通过"固定资产清理"科目核算的是（　　）。

A. 固定资产改扩建　　　　　　　　　B. 固定资产毁损

C. 固定资产抵偿债务　　　　　　　　D. 固定资产换入股权

解析 固定资产转入改扩建时：
借：在建工程
　　累计折旧
　　固定资产减值准备
　　贷：固定资产

【答案】A

20. 在固定资产清理过程中，下列各项影响固定资产清理净损益的有（　　）。

A. 毁损固定资产取得的赔款

B. 固定资产的弃置费用

C. 盘盈的固定资产的重置成本

D. 报废固定资产的原值和已计提的累计折旧

E. 转让厂房应缴纳的土地增值税

解析　选项B，对于存在弃置费用的固定资产，在取得固定资产时，应按照弃置费用的现值，借记"固定资产"，贷记"预计负债"，不影响"固定资产清理"科目；选项C，盘盈固定资产，应按照其重置成本，借记"固定资产"，贷记"以前年度损益调整"，不影响"固定资产清理"科目。

【答案】ADE

21. 甲公司为增值税一般纳税企业，增值税税率为13%，2020—2024年与固定资产有关的业务资料如下：

（1）2020年3月12日，甲公司购进一台需要安装的生产用设备，取得的增值税专用发票上注明的设备价款为450万元，增值税为58.5万元，另发生运费2万元（不考虑增值税），款项以银行存款支付；在安装期间，领用企业的原材料为50万元，该批原材料取得时的增值税进项税额为6.5万元；领用一批工程物资，不含税价款为25万元，发生的其他相关支出为33万元。该设备于2020年6月20日达到预定可使用状态，预计使用年限为5年，预计净残值为5万元，采用双倍余额递减法计提折旧。

（2）2021年12月31日，甲公司对该设备进行检查时发现其已经发生减值，预计可收回金额为240万元；计提减值准备后，该设备预计剩余使用年限为3年，预计净残值、折旧方法保持不变。

（3）2022年12月31日，甲公司因生产经营方向调整，决定采用出包方式对该设备进行改良，改良工程验收合格后支付工程价款。该设备于当日停止使用，开始进行改良。

（4）2023年3月12日，改良工程完工并验收合格，甲公司以银行存款支付工程总价款56万元。当日，改良后的设备投入使用，预计尚可使用年限为8年，采用年限平均法计提折旧，预计净残值为16万元。2023年12月31日，发生日常维护修理支出0.5万元，已用银行存款支付。

（5）2024年12月31日，该设备因遭受自然灾害发生严重毁损，甲公司决定对其进行处置，取得残料变价收入30万元，保险公司赔偿款50万元，发生清理费用2万元；款项均以银行存款收付，不考虑相关税费。

根据上述资料，回答下列问题。

（1）2020年6月20日达到预定可使用状态，固定资产的入账价值为（　　）万元。
A. 560.00　　　　　　B. 636.50　　　　　　C. 570.00　　　　　　D. 600.00

🔍 **解析**　固定资产的入账价值=450+2+50+25+33=560万元

【答案】A

（2）2021年度该设备应计提的折旧额为（　　）万元。
A. 112.00　　　　　　B. 134.40　　　　　　C. 179.20　　　　　　D. 224.00

🔍 **解析**　2021年度该设备计提的折旧额=560×2/5×1/2+（560-560×2/5）×2/5×1/2
=179.2万元

【答案】C

（3）2021年年末该设备应计提的减值准备为（　　）万元。
A. 0　　　　　　　　　B. 28.80　　　　　　C. 140.80　　　　　　D. 30.00

🔍 **解析**　2021年12月31日该设备计提的固定资产减值准备=（560-112-179.2）-240=28.8万元

借：资产减值损失　　　　　　　　　　　　　　　　　　28.8
　　贷：固定资产减值准备　　　　　　　　　　　　　　28.8

▶ **提示**　2020年7月1日至2020年12月31日计提的折旧额=560×2/5×1/2=112万元。

99

【答案】 B

(4) 2024年处置该设备产生的净损失为(　　)万元。
A. 32.00　　　　　B. 31.75　　　　　C. 35.00　　　　　D. 37.5

🔍 解析　2022年设备计提折旧额 = 240 × 2/3 = 160万元
2023年设备改良后的入账价值 = 240 − 160 + 56 = 136万元
2023年度计提的折旧额 = (136 − 16) /8/12 × 9 = 11.25万元
2024年度计提的折旧额 = (136 − 16) /8/12 × 12 = 15万元
处置时的账面价值 = 136 − 11.25 − 15 = 109.75万元
处置净损失 = 109.75 − 30 − 50 + 2 = 31.75万元

【答案】 B

22. 下列关于内部研发无形资产会计处理的表述中，错误的是(　　)。
A. 研究阶段发生的支出应全部费用化
B. 研究阶段发生的符合资本化条件的支出应计入无形资产成本
C. 开发阶段发生的符合资本化条件的支出应计入无形资产成本
D. 开发阶段发生的未满足资本化条件的支出应计入当期损益

🔍 解析　企业内部研究开发项目发生的支出，按下列规定处理：（1）企业研究阶段的支出全部费用化，计入当期损益（管理费用），选项B错误。（2）开发阶段的支出符合资本化条件的，才能确认为无形资产；不符合资本化条件的计入当期损益（管理费用）。（3）无法区分研究阶段支出和开发阶段支出，应当将其所发生的研发支出全部费用化，计入当期损益（管理费用）。

💡 提示　无形资产摊销

	当月增加的无形资产，当月开始摊销；当月减少的无形资产，当月不再摊销
使用寿命有限	（1）来源于合同性权利或其他法定权利的无形资产，其使用寿命不应超过合同性权利或其他法定权利的期限；
	（2）如果合同性权利或其他法定权利能够在到期时因续约等延续，且有证据表明企业续约不需要付出大额成本，续约期应当计入使用寿命
不确定	使用寿命不确定的无形资产不应摊销
分录	借：管理费用/其他业务成本/制造费用等 　　贷：累计摊销

【答案】 B

23. 下列关于无形资产初始计量的表述中错误的是(　　)。
A. 通过政府补助取得的无形资产，应当按照公允价值入账，公允价值不能可靠取得的，按照名义金额入账
B. 外购无形资产超过正常信用条件延期支付价款，实质上具有融资性质的，应按支付

购买总价款入账
C. 投资者投入的无形资产，应当按照投资合同或协议约定的价值入账，但投资合同或协议约定价值不公允的，应按无形资产的公允价值入账
D. 通过债务重组取得的无形资产，应当以其放弃债权的公允价值为基础入账

解析 购买无形资产的价款超过正常信用条件延期支付，实质上具有融资性质的，无形资产的成本以购买价款的现值为基础确定。

【答案】 B

24. 下列关于内部开发无形资产所发生支出的会计处理中，正确的有( )。
    A. 将研究阶段的支出计入当期管理费用
    B. 若无法区分研究阶段和开发阶段支出，应将发生的全部研发支出费用化
    C. 研究阶段的支出，其资本化的条件是能够单独核算
    D. 开发阶段的支出在满足一定条件时，允许确认为无形资产
    E. 进入开发阶段并已开始资本化的研发项目，若因缺乏资金支持无法继续，将其已经资本化的金额全部转入营业外支出

解析 选项C，研究阶段的支出应予以费用化，不能资本化。

【答案】 ABDE

25. 甲公司自2016年初自行研发一项非专利技术，2017年7月该项目达到预定用途形成无形资产并交付管理部门使用。2016年在研发过程中发生材料费220万元、人工工资60万元以及其他费用20万元，其中符合资本化条件的支出为240万元。2017年发生材料费110万元、人工工资40万元以及其他费用30万元，其中符合资本化条件的支出为120万元。该项无形资产的摊销期限为5年，预计净残值为零，按照直线法摊销。该事项对甲公司2017年度损益的影响金额为( )万元。
    A. 156　　　　B. 132　　　　C. 192　　　　D. 96

解析 该项无形资产的入账价值 = 240 + 120 = 360万元，2017年该项无形资产的摊销金额 = 360/5 × 6/12 = 36万元，费用化金额为60万元（110 + 40 + 30 - 120），期末应转入当期损益（管理费用），所以该事项减少甲公司2017年度损益的金额 = 36 + 60 = 96万元。

【答案】 D

26. 2015年6月30日，甲公司自行研发一项管理用无形资产，满足资本化条件的研发支出80万元，不满足资本化条件的研发支出20万元。2015年7月1日该项无形资产投入使用，预计使用寿命为10年，采用直线法按月摊销。2015年末甲公司预计该项无形资产的可收回金额为70万元。假定不考虑其他因素，则2015年度甲公司研发、使用该项无形资产对当期利润总额的影响金额是( )万元。
    A. 28　　　　B. 26　　　　C. 30　　　　D. 10

解析 不满足资本化条件的研发支出20万元计入管理费用；2015年满足资本化条件的研发支出摊销 = 80/10 × 6/12 = 4万元。2015年末无形资产计提的减值 = 80 - 4 - 70 = 6万

元，影响当期利润总额 = 20 + 4 + 6 = 30 万元。

【答案】C

27. 下列关于无形资产摊销的表述中，正确的有(　　)。
A. 不能为企业带来经济利益的无形资产，应将其账面价值全部摊销计入管理费用
B. 企业无形资产摊销应当自无形资产可供使用时起至不再作为无形资产确认时止
C. 使用寿命不确定的无形资产不应摊销
D. 企业内部研究开发项目研究阶段的支出应当资本化，并在使用寿命内摊销
E. 只要能为企业带来经济利益的无形资产就应当摊销

解析 选项A，不能为企业带来经济利益的无形资产，应按照其账面价值予以报废，将账面价值转入"营业外支出"；选项D，研究阶段支出应当全部费用化，计入当期损益（管理费用）；选项E，使用寿命不确定的无形资产不能进行摊销。

【答案】BC

28. 下列关于土地使用权会计处理的表述中，正确的有(　　)。
A. 按规定单独估价入账的土地应作为固定资产管理，并计提折旧
B. 随同地上建筑物一起用于出租的土地使用权应一并确认为投资性房地产
C. 企业取得土地使用权并在地上自行开发建造厂房等建筑物并自用时，土地使用权与建筑物应当分别进行摊销和计提折旧
D. 企业取得土地使用权通常应确认为无形资产，应视为使用寿命不确定，不进行摊销
E. 企业为自用外购不动产支付的价款应当在地上建筑物与土地使用权之间进行分配，难以分配的，应当全部作为固定资产核算

解析 按规定单独估价入账的土地应作为固定资产管理，不计提折旧，选项A错误；企业取得土地使用权通常应确认为无形资产，并估计其使用期限，按期进行摊销，选项D错误。

【答案】BCE

29. 下列关于无形资产的表述中，正确的有(　　)。
A. 企业为引进新技术、新产品进行宣传的广告费应计入无形资产的初始成本
B. 无法预见为企业带来经济利益期限的无形资产，应当视为其使用寿命不确定，按最高摊销期限摊销
C. 使用寿命有限的无形资产，其应摊销金额为成本扣除预计净残值和已计提的减值准备后的金额
D. 企业选择的无形资产摊销方法，应当反映与该项无形资产有关的经济利益的预期实现方式，无法可靠确定预期实现方式的，应当采用直线法摊销
E. 无形资产的摊销金额均应计入当期损益

解析 选项A，外购无形资产成本不包括为引入新产品进行宣传发生的广告费、管理费用及其他间接费用；选项B，无法预见为企业带来经济利益期限的为无形资产，应当视为其

使用寿命不确定的无形资产，不进行摊销；选项 E，无形资产的摊销金额一般应计入当期损益，计入管理费用。但如果某项无形资产包含的经济利益通过所生产的产品或其他资产实现的，无形资产的摊销金额可以计入产品或者其他资产成本。

【答案】CD

30. 乙公司拥有一项账面原价为 90 万元、已使用 2 年、累计已摊销 32 万元、累计已确认减值损失 16 万元的专利权。现乙公司将其对外转让，取得转让价款 74.2 万元（含增值税），适用增值税税率为 6%，不考虑其他相关税费，则乙公司转让该项专利权能使其利润总额增加（　　）万元。

A. -7.5　　　　　　B. 24.5　　　　　　C. 23.5　　　　　　D. 28.0

🔍 解析　乙公司转让该项专利权能使其利润总额增加的金额 = 74.2/（1+6%）-（90-32-16）= 28 万元

【答案】D

31. 甲公司于 2008 年 1 月 2 日购入一项专利权，成本为 90000 元。该专利权的剩余有效期为 15 年，但根据对产品市场技术发展的分析，该专利权的使用寿命为 10 年。2011 年 12 月 31 日，由于政府新法规的出台使得使用该技术生产的产品无法再销售，并且该专利权无其他任何用途。则 2011 年因该专利权的摊销和报废对公司利润总额的影响为（　　）元。

A. 9000　　　　　B. 54000　　　　　C. 63000　　　　　D. 72000

🔍 解析　对利润总额的影响 = 90000/10×11/12 +（90000-90000/10×3-90000/10×11/12）= 63000 元

（1）摊销（简化核算，没有按月摊销）
借：管理费用　　　　　　　　　　　　　　　　　　　　8250
　　贷：累计摊销　　　　　　　　　　　　　　　　　　8250（90000/10×11/12）
（2）报废
借：营业外支出　　　　　　　　　　　　　　　　　　54750
　　累计摊销　　　　　　　　　　　　　　　　　　　35250（9000×3+8250）
　　贷：无形资产　　　　　　　　　　　　　　　　　　　　90000
速算技巧：90000-90000/10×3=63000 元

【答案】C

32. 下列各项资产中，即使没有出现减值迹象，也应当至少每年进行减值测试的有（　　）。

A. 使用寿命不确定的非专利技术　　　　B. 企业合并形成的商誉
C. 在建工程　　　　　　　　　　　　　D. 持有待售的处置组
E. 土地使用权

🔍 解析　因企业合并所形成的商誉、使用寿命不确定的无形资产以及尚未研发完成的无形资产，无论是否存在减值迹象，至少每年末都应当进行减值测试。

【答案】AB

33. 2019 年 12 月 31 日，甲公司对一项账面价值为 70 万元、已计提减值准备 10 万元的固定资产进行减值测试，确定其公允价值为 60 万元、处置费用 3 万元；预计其未来现金流量的现值为 55 万元。不考虑其他因素，则 2019 年 12 月 31 日，甲公司对该固定资产应计提资产减值准备为（　　）万元。

  A. 3   B. 5   C. 13   D. 15

🔍 **解析**　固定资产公允价值减去处置费用后的净额 = 60 - 3 = 57 万元，预计未来现金流量的现值为 55 万元，可收回金额为两者孰高者，即 57 万元。因此固定资产应计提的减值额 = 70 - 57 = 13 万元。注意：70 万元是固定资产的账面价值，是扣除减值准备 10 之后的金额。

【答案】C

34. 甲公司 2019 年 1 月 1 日以银行存款 600 万元从乙公司购入一项无形资产，摊销年限为 10 年，预计净残值为 0，采用直线法摊销。2019 年 6 月 30 日和 2019 年 12 月 31 日该项无形资产的可收回金额分别为 513 万元和 432 万元。假设不考虑其他因素，该无形资产 2020 年 1 月应计提的摊销额为（　　）万元。

  A. 5.0   B. 4.0   C. 4.8   D. 4.5

🔍 **解析**　2019 年 6 月 30 日计提减值前的账面价值 = 600 - 600/10 × 6/12 = 570 万元，可收回金额为 513 万元，发生减值，计提减值后的账面价值 = 513 万元；2019 年 12 月 31 日计提减值前的账面价值 = 513 - 513/（10 × 12 - 6）× 6 = 486 万元，可收回金额为 432 万元，发生减值，计提减值后的账面价值 = 432 万元；2020 年 1 月应计提的摊销额 = 432/9 × 1/12 = 4 万元。

【答案】B

35. 甲公司 2018 年 1 月 1 日以银行存款 400 万元从乙公司购入一项特许权，并作为无形资产核算。合同规定该特许权的使用年限为 8 年，合同期满甲公司支付少量续约成本后，可以再使用 2 年。甲公司预计合同期满时将支付续约成本。甲公司 2018 年末预计该项无形资产的可收回金额为 340 万元。假设不考虑其他因素，该项无形资产 2018 年末应计提减值准备为（　　）万元。

  A. 20   B. 0   C. 10   D. 30

🔍 **解析**　2018 年年末计提减值测试前无形资产的账面价值 = 400 - 400/（8 + 2）= 360 万元，则该项无形资产应计提的减值准备 = 360 - 340 = 20 万元。

【答案】A

36. 2017—2021 年，甲公司发生的与 A 非专利技术相关的交易或事项如下：

（1）2017 年 7 月 1 日，甲公司开始自行研发 A 非专利技术以生产用设备改良。2017 年 7 月 1 日至 8 月 31 日为研究阶段，耗用原材料 150 万元、应付研发人员薪酬 400 万元、计提研发专用设备折旧 250 万元。

（2）2017 年 9 月 1 日，A 非专利技术研发活动进入开发阶段，至 2017 年 12 月 31 日，耗用原材料 700 万元、应付研发人员薪酬 800 万元、计提研发专用设备折旧 500 万元，上述研发支出均满足资本化条件。2018年1月1日，该非专利技术研发成功并达到预定用途。甲公司无法合理估计该非专利技术的使用寿命。

（3）2018年12月31日，经减值测试，该非专利技术的资产的公允价值减去处置费用后的净额为1900万元，资产预计未来现金流量的现值为2050万元。2019年1月1日，重新复核无形资产使用寿命为10年，预计净残值为0，采用直线法摊销。2020年12月31日，经减值测试，该非专利技术的可收回金额为1500万元，预计剩余使用寿命和净残值不变。

（4）2021年7月1日，甲公司以含税价款1378万元将A非专利技术对外出售，款项已收存银行，增值税税率为6%，不考虑其他相关税费及其他因素。

根据上述资料，回答下列问题。

（1）甲公司2018年1月1日A非专利技术达到预定用途时，无形资产的入账价值为（　　）万元。

A. 800 B. 2000 C. 2800 D. 0

解析　无形资产的入账价值＝700＋800＋500＝2000万元

【答案】B

（2）2018年12月31日，无形资产减值损失为（　　）万元。

A. 50 B. 150 C. 0 D. 750

解析　2018年12月31日A非专利技术计提减值前的账面价值是2000万元，可收回金额是2050万元，计提减值准备的金额0。

【答案】C

（3）2020年12月31日，无形资产的账面价值为（　　）万元。

A. 2000 B. 1800 C. 1600 D. 1500

解析　2019—2020年的每年摊销额＝2000/10＝200万元；2020年末计提准备前无形资产账面价值2000－400＝1600万元，资产减值损失100万元，账面价值为减值后的可收回金额1500万元。

【答案】D

（4）该项无形资产从开发到出售累计影响营业利润的金额为（　　）万元。

A. 800 B. 100 C. 1006.25 D. 106.25

解析　费用化研发支出800万元、摊销支出计入固定资产成本不影响利润、2020年末减值损失100万元、出售损失106.25万元，累计影响金额为1006.25万元。

出售损失＝（出售前账面价值1500－1500/8/2）－出售不含税价款1378/（1＋6%）＝106.25万元

【答案】C

37. 下列关于资产的可收回金额的表述中正确的是（　　）。

A. 当资产的可收回金额大于该项资产的账面价值时，原计提的资产减值准备应当转回

B. 资产的可收回金额应当根据资产的公允价值减去处置费用后的净额与资产预计未来现金流量现值两者之间较高者确定

C. 资产的可收回金额估计时无须遵循重要性原则

D. 对资产未来现金流量的预计应以经企业管理层批准的最近财务预算或者预测数据为基础，时间至少 5 年

解析 选项 A，固定资产、无形资产等资产一旦计提减值，已计提的减值金额不可以转回；选项 C，在估计资产可收回金额时，应当遵循重要性原则；选项 D，建立在预算或者预测基础上的预计现金流量最多涵盖 5 年，企业管理层如能证明更长的期间是合理的，可以涵盖更长的时间。

【答案】B

38. 甲公司 2014 年 12 月 1 日购入一台设备，原值为 200 万元，预计可使用 5 年，预计净残值率为 4%，采用年数总和法计提折旧。2016 年 12 月 31 日，甲公司在对该设备账面价值进行检查时，发现存在减值迹象。根据当日市场情况判断，如果将该设备予以出售，预计市场价格为 85 万元，清理费用为 3 万元；如果继续使用该固定资产，预计未来 3 年现金流量现值为 80 万元。假设不考虑相关税费，则 2016 年末该设备应计提减值准备为（　　）万元。

　　A. 35.6　　　　B. 4.8　　　　C. 2.8　　　　D. 0

解析 可收回金额按照预计售价减去处置费用后的净额与未来现金流量现值两者中较高者确定，即可收回金额为 82 万元（85－3）；计提减值准备前的账面价值 = 200－200 ×（1－4%）×（5＋4）/15 = 84.8 万元，应计提减值准备 = 84.8－82 = 2.8 万元。

【答案】C

39. 下列关于资产可收回金额的表述中，正确的有（　　）。

A. 对单项资产的可收回金额难以估计的，应当以该资产所属的资产组为基础确定资产组的可回收金额

B. 预计资产的未来现金流量时，应考虑筹资活动产生的现金净流量

C. 估计资产未来现金流量现值时通常应当使用单一的折现率

D. 当资产的可收回金额大于该资产的账面价值时，原计提的资产减值准备应当转回

E. 资产的可收回金额应当根据资产的公允价值减去处置费用后的净额与资产预计未来现金流量的现值两者之间较高者确认

解析 选项 B，企业预计资产未来现金流量，应当以资产的当前状况为基础，不应当包括筹资活动和所得税收付产生的现金流量；选项 D，固定资产和无形资产等属于资产减值准则所规范的资产，其减值一经计提，在以后持有期间不得转回。

【答案】ACE

40. 受新冠疫情影响，甲公司 2020 年 1 月 31 日决定将账面原值为 70 万元，已计提累计折旧 20 万元（采用年限平均法计提折旧、每月计提折旧额 1 万元）的乙设备对外出售，划分为持有待售的非流动资产。随着国内疫情形势好转，甲公司 2020 年 5 月 31 日决定不再出售该设备，此时该设备的可收回金额为 50 万元。假设该设备一直没有计提减值准备，则

2020年5月31日该设备作为固定资产的入账价值是( )万元。

A. 44　　　　　　B. 46　　　　　　C. 48　　　　　　D. 50

解析 乙设备假设不划分为持有待售类别情况下本应确认的折旧、摊销或减值等进行调整后的金额＝70－20－1×4＝46万元，小于此时的可收回金额50万元，因此固定资产的入账价值为46万元。

【答案】B

41. 企业将非流动资产或处置组划分为持有待售时，应满足的条件有( )。

A. 非流动资产或处置组拟结束使用

B. 出售极可能发生，预计将在一年内完成

C. 根据类似交易出售此类资产或处置组的惯例，在当前状况下即可立即出售

D. 非流动资产或处置组已发生减值

E. 出售该资产应具有商业实质

解析 同时满足下列条件的非流动资产应当划分为持有待售：（1）企业已经就处置该非流动资产作出决议；（2）企业已经与受让方签订了不可撤销的转让协议；（3）该项转让将在一年内完成。

【答案】BC

第十一章 非流动资产（二）

■ **考情分析**

本章介绍非流动金融资产、长期股权投资、投资性房地产的核算，难度较大，考试各种题型均会出现，长期股权投资权益法和长期股权投资核算方法转换的内容经常在主观题中出现，属于非常重要的章节。

1. 甲企业于2021年1月1日以680万元的价格购进当日发行的面值为600万元的公司债券。其中债券的买价为675万元，相关税费为5万元。该公司债券票面利率为8%，实际利率为6%，期限为5年，一次还本付息。甲企业将其分类为以摊余成本计量的金融资产核算。2021年12月31日，甲企业该债权投资的账面价值为( )万元。
   A. 680.00　　　　B. 720.80　　　　C. 672.80　　　　D. 715.80

解析 因为是一次还本付息，所以票面利息计入"债权投资——应计利息"。2021年12月31日，债权投资的账面价值＝（675＋5）＋（675＋5）×6%＝720.8万元。

■ **提示** 债权投资的核算

（一）债权投资的初始计量
入账成本＝买价－到期未收到的利息＋交易费用
借：债权投资——成本【面值】
　　　　　　——利息调整【差额，也可能在贷方】
　　应收利息【实际支付的款项中包含的利息】
　　贷：银行存款等

（二）债权投资的后续计量
借：应收利息【分期付息债券按票面利率计算的利息】
　　债权投资——应计利息【到期一次还本付息债券按票面利率计算的利息】
　　贷：投资收益【期初账面余额或期初摊余成本乘以实际利率】
　　　　债权投资——利息调整【倒挤差额，也可能在借方】

（三）债权投资的减值
借：信用减值损失
　　贷：债权投资减值准备

（四）出售债权投资
借：银行存款等
　　债权投资减值准备
　　贷：债权投资【成本、利息调整、应计利息】
　　　　投资收益【差额，也可能在借方】

【答案】B

2. 2021年1月1日，甲公司支付1050万元从二级市场购入乙公司当日发行的到期一次还本付息的债券10万张，另支付相关税费12万元。该债券每张面值为100元，期限为3年，票面利率为6%，甲公司根据其管理该债券的业务模式和该债券的合同现金流量特征，将该债券分类为以摊余成本计量的金融资产。甲公司持有乙公司债券至到期累计应确认的投资收益为（　　）万元。

A. 118　　　　　　B. 242　　　　　　C. 236　　　　　　D. 148

解析
算法一：
购买时：
借：债权投资——成本　　　　　　　　　　　　　　（10×100）1000
　　　　　　——利息调整　　　　　　　　　　　　　　　　　62
　　贷：银行存款　　　　　　　　　　　　　　　（1050+12）1062
每年年末计提利息的分录为：
借：应收利息　　　　　　　　　　　　　　　（10×100×6%）60
　　贷：投资收益　　　　　　　　　　　　当年的摊余成本×实际利率
　　　　债权投资——利息调整　　　　　　应收利息与投资收益的差额

债券到期后，"债权投资——利息调整"的科目余额为0，因此持有期间债权投资——利息调整的贷方发生额累计为62万元。因此，累计投资收益的金额 = 票面利息 – 利息调整 = 60×3 – 62 = 118万元。

算法二：累计投资收益的金额 = 现金流入 – 现金流出 = 1000 + 60×3 – 1050 – 12 = 118万元。

【答案】 A

3. 甲公司2015年1月1日购入乙公司发行的3年期公司债券作为以摊余成本计量的金融资产核算。该债券公允价值520万元（不考虑交易费用），面值为500万元，每半年付息一次，到期还本，票面利率6%，实际利率4%，采用实际利率法摊销，则甲公司2015年6月30日"债权投资——利息调整"科目的余额为（　　）万元。

A. 10.4　　　　　B. 15.4　　　　　C. 4.6　　　　　D. 20.0

解析
借：债权投资——成本　　　　　　　　　　　　　　　　　500
　　　　　　——利息调整　　　　　　　　　　　　　　　　20
　　贷：银行存款　　　　　　　　　　　　　　　　　　　　520
借：应收利息　　　　　　　　　　　　　　（500×6%×6/12）15
　　贷：投资收益　　　　　　　　　　　（520×4%×6/12）10.4
　　　　债权投资——利息调整　　　　　　　　　　　　　　4.6
甲公司2015年6月30日"债权投资——利息调整"科目的余额 = 20 – 4.6 = 15.4万元。

【答案】 B

4. 乙公司 2015 年 1 月 3 日按每张 1049 元的价格溢价购入丁公司于 2015 年 1 月 1 日发行的期限为 5 年、面值为 1000 元、票面年利率为 6% 的普通债券 8000 张，发生交易费用 8000 元，款项以银行存款支付。该债券每年付息一次，最后一年归还本金和最后一次利息。假设实际年利率为 5.33%，该公司将其作为债权投资核算。则 2015 年年末该公司持有的该批债券的摊余成本为( )元。

    A. 8000000   B. 8384000   C. 8367720   D. 8392000

【解析】 2015 年年末，乙公司账务处理如下：

借：应收利息   480000

    贷：投资收益   447720

       债权投资——利息调整   32280

期初摊余成本 = 1049 × 8000 + 8000 = 8400000 元，本年实际利息收入（投资收益）= 8400000 × 5.33% = 447720 元，应收利息（现金流入）= 1000 × 8000 × 6% = 480000 元。

2015 年年末，乙公司持有的该债券摊余成本 = 8400000 − 32280 = 8367720 元。

或 = 8400000 + 8400000 × 5.33% − 1000 × 8000 × 6% = 8367720 元。

【答案】 C

5. 影响以摊余成本计量的金融资产的摊余成本的有( )。

    A. 债券投资的票面利率   B. 债券投资时发生的溢（折）价额

    C. 债券投资持有的剩余期限   D. 债券投资发生的减值损失

    E. 债券投资收到利息的时间

【解析】 以摊余成本计量的金融资产的期末摊余成本 = 期初摊余成本 + 按实际利率计算的投资收益 − 当期的现金流入（即计入应收利息的金额）− 已收回的本金 − 已发生的减值损失，根据摊余成本的定义，以摊余成本计量的金融资产的摊余成本实际就是其账面价值，故期初摊余成本中包括该金融资产总账账户下成本、应计利息、利息调整各个明细科目的金额及计提的减值准备金额。

【答案】 ABDE

6. 资产负债表日，以预期信用损失为基础，对以公允价值计量且其变动计入其他综合收益的金融资产进行减值会计处理，确认的减值损失借方应计入的会计科目是( )。

    A. 营业外支出   B. 资产减值损失   C. 其他综合收益   D. 信用减值损失

【解析】 资产负债表日，企业应当按照准则的规定，以预期信用损失为基础，对分类为以公允价值计量且其变动计入其他综合收益的金融资产进行减值会计处理并在其他综合收益中确认减值准备，同时将减值损失或减值利得计入当期损益（信用减值损失），且不应减少该金融资产在资产负债表中列示的账面价值。

【答案】 D

7. A 公司于 2021 年 1 月 5 日从二级市场购入 B 公司于 2019 年 1 月 1 日发行的面值为 2000 万元、票面利率为 6%、3 年期、每半年付息一次、到期还本的债券。A 公司根据其管理该债券的业务模式和该债券的合同现金流量特征,将该债券分类为以公允价值计量且其变动计入其他综合收益的金融资产。A 公司实际支付价款 2200 万元,另支付交易费用 5 万元。B 公司 2020 年度下半年的债券利息推迟至 2021 年 1 月 10 日发放。则该项债券投资的初始入账金额为(　　)万元。

A. 2205　　　　　B. 1590　　　　　C. 2145　　　　　D. 2134

解析　债券投资的初始入账金额 = 2200 + 5 - 2000 × 6%/2 = 2145 万元

提示　**其他债权投资的核算**

(一) 取得

初始入账成本 = 买价 - 到期未收利息 + 交易费用

借:其他债权投资——成本【面值】
　　　　　　——利息调整【倒挤差额,或贷记】
　　应收利息【已到付息期但尚未领取的债券利息】
　贷:银行存款

(二) 确认当年利息收入

借:应收利息/其他债权投资——应计利息【债券面值×票面利率】
　贷:投资收益【期初摊余成本×实际利率】
　　其他债权投资——利息调整【差额,或借记】

(三) 期末公允价值变动

借:其他债权投资——公允价值变动
　贷:其他综合收益

【或相反分录】

(四) 计提减值

发生减值时计提减值损失(可以减值恢复),计提减值不影响该资产的账面价值,其分录是:

借:信用减值损失
　贷:其他综合收益

减值恢复做相反分录。

(五) 处置

将售价与账面价值的差额计入投资收益,同时将持有期间累计确认的其他综合收益结转入投资收益。

借:银行存款
　贷:其他债权投资——成本
　　　　　　——利息调整【或借记】
　　　　　　——应计利息
　　　　　　——公允价值变动【或借记】
　　投资收益【倒挤差额,或借记】

借:其他综合收益
　贷:投资收益【或相反分录】

【答案】C

8. 2020年1月1日，甲公司购入乙公司当日发行的债券，债券总面值500万元，票面利率8%，期限3年，分期付息到期还本。甲公司支付价款520万元，另支付交易费用6万元，取得债券后将其作为以公允价值计量且其变动计入其他综合收益的金融资产核算，实际利率为5%。2020年12月31日，该债券的公允价值为550万元。不考虑其他因素的影响，甲公司2020年末应确认其他综合收益的金额为（　　）万元。

  A. 37.7   B. 24   C. 10.3   D. 2.3

解析 该金融资产的初始入账金额＝520＋6＝526万元，年末其摊余成本＝526×（1＋5%）－500×8%＝512.3万元；应确认其他综合收益的金额＝550－512.3＝37.7万元。

1月1日
借：其他债权投资——成本   500
　　　　　　　　——利息调整   26
  贷：银行存款   （520＋6）526
12月31日
借：应收利息   （500×8%）40
  贷：投资收益   （526×5%）26.3
    其他债权投资——利息调整   13.7
此时该债券的摊余成本＝526－13.7＝512.3万元
借：其他债权投资——公允价值变动   （550－512.3）37.7
  贷：其他综合收益   37.7

【答案】 A

9. 下列关于其他债权投资的表述中，错误的是（　　）。

A. 其他债权投资应当按照取得时的公允价值和相关交易费用之和作为初始确认金额
B. 其他债权投资持有期间取得的利息，应当计入投资收益
C. 资产负债表日，其他债权投资应当以公允价值计量，且公允价值变动计入其他综合收益
D. 其他债权投资终止确认时，之前计入其他综合收益的累计利得或损失应当从其他综合收益中转出计入留存收益

解析 其他债权投资终止确认时，之前计入其他综合收益的累计利得或损失应当从其他综合收益中转出计入当期损益。

【答案】 D

10. 甲公司从二级市场购入乙公司发行在外的普通股股票15万股，指定为以公允价值计量且其变动计入其他综合收益的金融资产，支付的价款为235万元（其中包括已宣告但尚未发放的现金股利1元/股），另支付交易税费5万元。则甲公司该金融资产的入账价值为（　　）万元。

  A. 225   B. 220   C. 240   D. 215

解析 该金融资产的入账价值＝235－1×15＋5＝225万元。

【答案】 A

11. 下列关于金融资产重分类的表述中，错误的是(　　)。
 A. 以摊余成本计量的金融资产可以重分类为以公允价值计量且其变动计入其他综合收益的金融资产
 B. 以公允价值计量且其变动计入其他综合收益的金融资产可以重分类为以摊余成本计量的金融资产
 C. 以公允价值计量且其变动计入当期损益的金融资产不可以重分类为以摊余成本计量的金融资产
 D. 以摊余成本计量的金融资产可以重分类为以公允价值计量且其变动计入当期损益的金融资产

解析 企业改变其管理金融资产的业务模式时，应当按照规定对所有受影响的相关金融资产进行重分类。除指定为以公允价值计量且其变动计入其他综合收益的权益工具投资外，金融资产可以在以摊余成本计量的金融资产、以公允价值计量且其变动计入其他综合收益的金融资产和以公允价值计量且其变动计入当期损益的金融资产之间进行重分类。

提示 金融资产的重分类

类型	会计处理
以摊余成本计量→以公允价值计量且其变动计入当期损益	按该资产在重分类日的公允价值进行计量，原账面价值与公允价值之间的差额计入当期损益。一般会计分录为 借：交易性金融资产【公允价值】 　　债权投资减值准备【余额结平】 　贷：债权投资【余额结平】 　　　公允价值变动损益【倒挤差额，或借记】
以公允价值计量且其变动计入当期损益→以摊余成本计量	应以其在重分类日的公允价值作为新的账面余额。一般会计分录为 借：债权投资【重分类日的公允价值】 　贷：交易性金融资产 　　　公允价值变动损益【倒挤差额，或借记】
以摊余成本计量→以公允价值计量且其变动计入其他综合收益	按该金融资产在重分类日的公允价值进行计量，原账面价值与公允价值之间的差额计入其他综合收益。该金融资产重分类不影响其实际利率和预期信用损失的计量。一般会计分录为 借：其他债权投资 　贷：债权投资【余额结平】 　　　其他综合收益【倒挤差额，或借记】

续表

类型	会计处理
以公允价值计量且其变动计入其他综合收益→以摊余成本计量	应将之前计入其他综合收益的累计利得或损失转出，调整该金融资产在重分类日的公允价值，并以调整后的金额作为新的账面价值，即视同该金融资产一直以摊余成本计量。该金融资产重分类不影响其实际利率和预期信用损失的计量。一般分录为： （1）成本、利息调整等明细科目对应结转： 借：债权投资——成本 　　　　　——利息调整 　　贷：其他债权投资——成本 　　　　　　　　——利息调整 （2）将重分类前确认的公允价值变动冲回： 借：其他综合收益 　　贷：其他债权投资——公允价值变动 或相反
以公允价值计量且其变动计入其他综合收益→以公允价值计量且其变动计入当期损益	应继续以公允价值计量该金融资产，同时应将之前计入其他综合收益的累计利得或损失从其他综合收益转入当期损益。一般会计分录为： 借：交易性金融资产 　　贷：其他债权投资 其他综合收益转入当期损益 借：其他综合收益 　　贷：公允价值变动损益 或相反
以公允价值计量且其变动计入当期损益→以公允价值计量且其变动计入其他综合收益	应继续以公允价值计量该金融资产。 一般会计分录为： 借：其他债权投资 　　贷：交易性金融资产

【答案】C

12. 甲公司拥有乙公司60%的有表决权股份；乙公司拥有丙公司52%的有表决权股份，拥有丁公司31%的有表决权股份；甲公司直接拥有丁公司22%的有表决权股份；假定上述公司均以其所持表决权股份参与被投资企业的财务和经营决策。同时，甲公司接受戊公司的委托，对戊公司的子公司己公司提供经营管理服务，甲公司与戊公司和己公司之间没有直接或间接的投资关系。上述公司中，甲公司拥有控制权的有(　　)。

A. 乙公司　　　　　　B. 丙公司　　　　　　C. 丁公司
D. 己公司　　　　　　E. 戊公司

解析 选项 A，甲公司拥有乙公司 60% 的有表决权股份，超过了 50%，能够实现控制，因此乙公司应纳入甲公司的合并范围；选项 B，甲公司控制乙公司，乙公司拥有丙公司 52% 的股份，甲公司间接持有丙公司 52% 的股份，能够达到控制，丙公司应纳入合并范围；选项 C，乙公司拥有丁公司 31% 的股份，甲公司直接拥有丁公司 22% 的股份，因此甲公司共持有丁公司（31%＋22%）53% 的股份，能够达到控制，需要纳入甲公司的合并范围；选项 D 和 E，甲公司不持有己公司和戊公司任何表决权股份，只是接受戊公司委托对己公司提供经营管理服务，也不是主要责任人，不拥有权力，不能将己公司和戊公司纳入甲公司的合并范围。

【答案】 ABC

13. 甲公司拥有一项专利权，该专利权账面原价 630 万元，已累计摊销 410 万元，乙公司拥有一项长期股权投资，账面价值 190 万元，两项资产均未计提减值准备，甲公司决定以其专利权交换乙公司的长期股权投资，由于该专利权和长期股权投资的公允价值均不能可靠计量，经双方商定，乙公司需支付 20 万元补价给甲公司。假定交易不考虑相关税费，则甲公司换入的长期股权投资的入账价值是(　　)万元。

　　A. 170　　　　　　B. 190　　　　　　C. 200　　　　　　D. 220

解析 长期股权投资的入账价值 =（630－410）－20＝200 万元。

【答案】 C

14. 2021 年 2 月 1 日，甲公司以增发 1000 万股普通股和一台设备为对价，取得乙公司 25% 股权。普通股面值为每股 1 元，公允价值为每股 10 元。为发行股份支付佣金和手续费 400 万元。设备账面价值为 1000 万元，公允价值为 1200 万元。投资后甲公司能够对乙公司施加重大影响，不考虑其他因素，甲公司该项长期股权投资初始投资成本是(　　)万元。

　　A. 10000　　　　　B. 10400　　　　　C. 11600　　　　　D. 11200

解析 甲公司该项长期股权投资的初始投资成本 =1000×10＋1200＝11200 万元。
账务处理如下：
借：长期股权投资　　　　　　　　　　　　　　　　11200
　　贷：固定资产清理　　　　　　　　　　　　　　　1000
　　　　资产处置损益　　　　　　　　　　　　　　　 200
　　　　股本　　　　　　　　　　　　　　　　　　　1000
　　　　资本公积——股本溢价　　　　　　　　　　　8600
　　　　银行存款　　　　　　　　　　　　　　　　　 400

【答案】 D

15. 非同一控制下的企业合并，购买方作为合并对价发行的权益工具发生的佣金、手续费等交易费用，应计入(　　)。

　　A. 其他综合收益　　　　　　　　B. 当期损益

C. 长期股权投资的初始确认成本　　　　D. 权益工具的初始确认金额

🔍 **解析** 购买方作为合并对价发行的权益性工具或债务性工具的交易费用（如手续费、佣金等），应当计入权益性工具或债务性工具的初始确认金额。

【答案】D

16. 关于取得长期股权投资，下列说法正确的有（　　）。

A. 企业合并时，与发行债券相关的交易费用，计入债券初始确认金额

B. 非同一控制下一次交易实现的企业合并，长期股权投资初始投资成本以付出合并对价的公允价值为基础确定

C. 同一控制下企业合并，合并方的评估咨询费计入管理费用

D. 企业合并时与发行权益性证券相关的交易费用，在权益性证券发行溢价不足以抵减的，应冲减合并方资本公积

E. 以发行权益性证券直接取得联营企业的长期股权投资，按发行的权益性证券公允价值作为初始投资成本

🔍 **解析** 选项D，发行权益性证券的交易费用应先冲减"资本公积——股本溢价"，溢价不足时需依次冲减盈余公积和未分配利润，而非仅冲减"资本公积"（资本公积包含其他项目，此处应特指"股本溢价"）。选项D表述不严谨，该选项错误。

选项E，若为同一控制下企业合并，长期股权投资初始成本需按被合并方所有者权益账面价值的份额确定，而非发行证券的公允价值（仅非同一控制或非企业合并情形适用公允价值）。选项E未区分控制类型，表述不全面，该选项错误。

【答案】ABC

17. 2021年6月1日，甲公司以银行存款150万元投资乙公司，持有乙公司有表决权股份的40%，能够对乙公司经营和财务施加重大影响。乙公司2021年6月1日经确认可辨认净资产的账面价值360万元、公允价值400万元。则甲公司的下列会计处理中正确的是（　　）。

A. 确认投资收益10万元

B. 确认长期股权投资初始投资成本160万元

C. 确认其他综合收益10万元

D. 确认营业外收入10万元

🔍 **解析** 甲公司取得该股权投资的初始投资成本为150万元，应享有净资产公允价值的份额160万元（400×40%），因此应确认长期股权投资入账价值160万元，确认营业外收入10（160－150）万元，选项D正确。

会计分录如下：

借：长期股权投资——投资成本　　　　　　　　　　150
　　贷：银行存款　　　　　　　　　　　　　　　　　　　150
借：长期股权投资——投资成本　　　　　　　　　　10（400×40%－150）
　　贷：营业外收入　　　　　　　　　　　　　　　　　　10

▶ 提示 （一）长期股权投资的初始计量

1. 同一控制下企业合并取得的长期股权投资

初始投资成本＝合并日取得被合并方相对于最终控制方而言的所有者权益账面价值×持股比例

2. 非同一控制下的企业合并取得的长期股权投资

合并成本＝支付价款或付出资产的公允价值，或发生或承担负债的公允价值，或发行权益性证券的公允价值等

3. 非企业合并方式取得的长期股权投资

初始投资成本＝付出资产或承担负债的公允价值＋支付的手续费等必要支出

4. 取得股权时涉及相关税费的处理

（1）发行债券和权益性证券作为合并对价的手续费、佣金的处理

① 与发行债券相关的佣金、手续费等，应计入负债的初始确认金额，即借记"应付债券——利息调整"科目。

② 与所发行权益性证券相关的佣金、手续费等，计入权益性工具的初始确认金额，即应冲减"资本公积——股本溢价"，若股本溢价不足冲减，则依次冲减盈余公积和未分配利润。

（2）取得股权投资时发生的直接相关费用和中介费

① 企业合并发生的相关费用计入当期损益（管理费用）。

② 企业合并以外的其他方式下发生的相关费用（或者说是手续费等必要支出）计入长期股权投资的投资成本。

（二）权益法下对被投资方净利润的调整

情形	存货	固定资产、无形资产
投资时点公允价值调整	调整金额：评估增值金额乘以当期出售比例	调整金额：评估增值金额在当期补提折旧、补提摊销额
内部交易调整	（1）交易发生当年 调整后的净利润＝被投资方当期实现净利润－（存货内部交易售价－存货账面价值）×（1－当期出售比例） （2）后续期间 调整后的净利润＝被投资方当期实现净利润＋（内部交易存货售价－存货账面价值）×当期出售比例	（1）交易发生当年 调整后的净利润＝被投资方当期实现净利润－（资产售价－资产账面价值）＋（资产售价－资产账面价值）/预计尚可使用年限×（当年折旧、摊销月数/12） （2）后续期间 调整后的净利润＝被投资方当期实现净利润＋（资产售价－资产账面价值）/预计尚可使用年限×（当期折旧、摊销月数/12）

【答案】D

18. A、B两家公司属于非同一控制下的独立公司。A公司于2021年9月1日以本公司的无形资产对B公司投资，取得B公司60%的股份。该无形资产原值2000万元，已摊销

600万元，已提取减值准备80万元，9月1日该无形资产公允价值为1550万元。B公司2021年9月1日所有者权益为3000万元，购买当日该60%股份含有已经宣告但尚未发放的现金股利50万元，A公司该项长期股权投资的成本为（　　）万元。

　　A. 1500　　　　　B. 1550　　　　　C. 1320　　　　　D. 1800

解析　长期股权投资的成本 = 1550 - 50 = 1500万元

【答案】 A

19. 甲公司于2021年1月1日以银行存款18000万元购入乙公司有表决权股份的40%，能够对乙公司施加重大影响。取得该项投资时，乙公司各项可辨认资产、负债的公允价值等于账面价值，双方采用的会计政策、会计期间相同。2021年6月1日，乙公司出售一批商品给甲公司，成本为800万元，售价为1000万元，甲公司购入后作为存货管理。至2021年末，甲公司已将从乙公司购入商品的50%出售给外部独立的第三方。乙公司2021年实现净利润1600万元。甲公司2021年末因对乙公司的长期股权投资应确认投资收益为（　　）万元。

　　A. 600　　　　　B. 660　　　　　C. 700　　　　　D. 720

解析　甲公司2021年末应确认投资收益 = ［1600 - （1000 - 800）× 50%］× 40% = 600万元

甲公司应当进行的会计处理为

借：长期股权投资——损益调整　　　　　　　　　　6000000
　　贷：投资收益　　　　　　　　　　　　　　　　　　　　6000000

提示　合营方向合营企业投出非货币性资产产生损益的处理

（1）不允许确认损益的情形

符合下列情况之一的，合营方不应确认该类交易的损益：

① 与投出非货币性资产所有权有关的重大风险和报酬没有转移给合营企业；

② 投出非货币性资产的损益无法可靠计量；

③ 投出非货币性资产交易不具有商业实质。

（2）允许确认损益的情形

合营方转移了与投出非货币性资产所有权有关的重大风险和报酬并且投出资产留给合营企业使用的，应在该项交易中确认归属于合营企业其他合营方的利得和损失。

【答案】 A

20. A公司于2011年1月1日取得B公司30%的股权，对B公司具有重大影响。取得投资时B公司其他资产、负债的账面价值与公允价值相等。2011年7月1日，B公司向A公司销售一批存货，售价总额为600万元，成本总额为400万元，该批存货在2011年已对外销售80%，剩余部分在2012年全部对外出售。B公司2012年度利润表中净利润为1500万元。不考虑其他因素，则A公司2012年应确认的投资收益为（　　）万元。

　　A. 462　　　　　B. 438　　　　　C. 450　　　　　D. 403

解析　2012年度调整后的净利润 = 1500 + （600 - 400）×（1 - 80%） = 1540万元

A 公司 2012 年应确认的投资收益 = 1540 × 30% = 462 万元

【答案】A

21. 甲公司持有乙公司 30% 的股权，采用权益法核算。2017 年 12 月 31 日该项长期股权投资的账面价值为 1600 万元。此外，甲公司还有一笔应收乙公司的长期债权 500 万元，该项债权没有明确的清收计划，且在可预见的未来期间不准备收回。乙公司 2018 年发生净亏损 6000 万元。假设取得投资时被投资单位各项资产和负债的公允价值等于账面价值，双方采用的会计政策、会计期间相同，且投资双方未发生任何内部交易，乙公司无其他所有者权益变动的事项。则甲公司 2018 年末因该项长期股权投资应确认投资损失(　　)万元。

　A. 2040　　　　B. 2100　　　　C. 1600　　　　D. 1800

解析 乙公司 2018 年发生净亏损 6000 万元，则甲公司应承担的部分 = 6000 × 30% = 1800 万元，首先将甲公司持有乙公司的长期股权投资 1600 万元冲减至 0，剩余的 200 万元部分冲减甲公司应收乙公司的长期债权，则甲公司因该项长期股权投资应确认的投资损失为 1800 万元。会计分录如下：

　借：投资收益　　　　　　　　　　　　　　　　1800
　　　贷：长期股权投资　　　　　　　　　　　　　　　1600
　　　　　长期应收款　　　　　　　　　　　　　　　　 200

【答案】D

22. 甲公司持有乙公司 70% 有表决权股份，可以实施控制并采用成本法核算。2019 年 6 月 3 日，甲公司出售该项投资的 90% 并取得价款 6000 万元，相关手续已于当日办妥；甲公司将持有的剩余股份转为以公允价值计量且其变动计入当期损益的金融资产核算。出售时该项长期股权投资账面价值为 3000 万元，剩余股权投资的公允价值为 1000 万元。假设不考虑相关税费，甲公司当月应确认的投资收益为(　　)万元。

　A. 4000　　　　B. 3300　　　　C. 3000　　　　D. 6000

解析 投资收益 = (6000 + 1000) − 3000 = 4000 万元

提示 成本法转权益法

(一)处置部分
借：银行存款
　　贷：长期股权投资
　　　　投资收益【倒挤差额，或借记】

(二)剩余股权按照权益法追溯调整

1. 剩余投资初始投资成本 < 享有被投资单位可辨认净资产公允价值份额

借：长期股权投资——投资成本
　　贷：盈余公积
　　　　利润分配——未分配利润

2. 对实现净利润追溯
借：长期股权投资——损益调整

贷：盈余公积、利润分配——未分配利润【以前年度】
    投资收益【当年】

3. 对发生其他综合收益、其他所有者权益变动追溯

借：长期股权投资——其他综合收益
                ——其他权益变动

贷：其他综合收益
    资本公积——其他资本公积

或相反。长期股权投资与金融资产的转换中，只有这一种情况需要追溯调整。

【答案】 A

23. 2012年1月1日，甲公司以3200万元取得A公司60%的股权，款项以银行存款支付，A公司2012年1月1日可辨认净资产公允价值总额为5000万元（假定其公允价值等于账面价值），假设合并前甲公司与A公司不存在任何关联方关系。甲公司对该项投资采用成本法核算。2012年A公司实现净利润800万元，其他债权投资因公允价值变动计入其他综合收益200万元，A公司当年未分派现金股利。2013年1月3日，甲公司出售A公司30%的股权，取得出售价款2600万元，当日A公司可辨认净资产公允价值总额为8000万元。则处置30%股权之后，剩余股权调整之后的账面价值为（　　）万元。

　　A. 1600　　　　B. 1840　　　　C. 1900　　　　D. 2400

🔍 **解析**　处置之后要进行权益法调整，调整之后的金额 = 3200 × 30%/60% + 800 × 30% + 200 × 30% = 1900 万元。

账务处理如下：

借：银行存款　　　　　　　　　　　　　　　　　　　　　2600
　　贷：长期股权投资　　　　　　　　　（3200 × 30%/60%）1600
　　　　投资收益　　　　　　　　　　　　　　　　　　　　1000

借：长期股权投资　　　　　　　　　　　　　　　　　　　 300
　　贷：留存收益　　　　　　　　　　　（800 × 30%）240
　　　　其他综合收益　　　　　　　　　（200 × 30%）60

【答案】 C

24. 2016年1月1日，甲公司出售乙公司50%的股权，取得价款3000万元存入银行，剩余30%的股权对乙公司不再具有控制，甲公司改按权益法核算剩余股权，处置股权当日剩余股权的公允价值为1800万元。甲公司原持有乙公司80%的股权系2014年7月1日自非关联方A公司购入，初始投资成本为2400万元。2014年7月1日乙公司可辨认净资产公允价值（与账面价值相同）为2500万元。乙公司2014年实现净利润800万元，2015年实现净利润1500万元，分配现金股利500万元，因发行分离交易可转换公司债券确认权益成分600万元，无其他所有者权益变动。假设利润均匀发生，不考虑其他因素，甲公司因处置乙公司股权应确认投资收益的金额为（　　）万元。

A. 1920 B. 1280 C. 1500 D. 2400

解析 处置股权应确认投资收益额 = 3000 - 2400/80%×50% = 1500 万元

2016 年 1 月 1 日

借：银行存款　　　　　　　　　　　　　　　　　　　　　　3000
　　贷：长期股权投资　　　　　　　　　　（2400/80%×50%）1500
　　　　投资收益　　　　　　　　　　　　　　　　　　　　　1500
借：长期股权投资——损益调整［(800×6/12＋1500－500)×30%］420
　　　　　　　　　——其他权益变动　　　　　　　（600×30%）180
　　贷：盈余公积　　　　　　　　　　　　　　　　　　　　　　42
　　　　利润分配——未分配利润　　　　　　　　　　　　　　　378
　　　　资本公积——其他资本公积　　　　　　　　　　　　　　180

【答案】C

25. A 公司为上市公司，2016—2017 年度发生如下业务：

（1）2016 年 1 月 1 日，A 公司以发行股份的方式取得非关联公司——B 公司 40% 的股权。发行的普通股数量为 200 万股，面值为 1 元，发行价为 12 元/股，另发生发行费用 40 万元。取得股权当日，B 公司所有者权益账面价值为 4800 万元，与其公允价值相等。

（2）B 公司 2016 年度实现净利润 3200 万元，提取盈余公积 320 万元，当年分配现金股利 80 万元，因以公允价值计量且其变动计入其他综合收益的金融资产公允价值变动增加其他综合收益 240 万元。

（3）2017 年 1 月 1 日，A 公司以一批账面价值为 1400 万元，公允价值为 1520 万元的库存商品对 B 公司进行增资，进一步取得 B 公司 20% 的股权，实现了对 B 公司的控制。取得控制权当日，A 公司原持有的 40% 股权的公允价值为 3800 万元，B 公司所有者权益账面价值为 8160 万元，公允价值为 8800 万元，差额为一项存货评估增值引起。

（4）B 公司 2017 年度实现净利润 3800 万元，提取盈余公积 380 万元，当年分配现金股利 120 万元；除此之外，未发生其他引起所有者权益变动的事项，至年末，评估增值的存货对外出售 50%。不考虑增值税等相关税费影响。

根据上述资料，回答下列问题。

（1）2016 年 1 月 1 日，A 公司取得 B 公司 40% 股权的入账价值为(　　)万元。

A. 800 B. 2360 C. 2400 D. 1920

解析 长期股权投资的初始投资成本 = 12×200 = 2400 万元，应享有投资日被投资方可辨认净资产公允价值的份额 = 4800×40% = 1920 万元，前者大，不调整。入账价值等于初始投资成本为 2400 万元。

借：长期股权投资——投资成本　　　　　　　　　　　　　　2400
　　贷：股本　　　　　　　　　　　　　　　　　　　　　　　200
　　　　资本公积——股本溢价　　　　　　　　　　　　　　　2200
借：资本公积——股本溢价　　　　　　　　　　　　　　　　　40
　　贷：银行存款　　　　　　　　　　　　　　　　　　　　　　40

【答案】C

(2) 2016年1月1日，A公司发行股份对其所有者权益的影响金额为(　　)万元。
　　A. 40　　　　　　B. 2360　　　　　　C. 2400　　　　　　D. 800

解析 对所有者权益的影响额＝12×200－40＝2360万元，其分录是：
　　借：长期股权投资——投资成本　　　　　　　　　　　　2400
　　　　贷：股本　　　　　　　　　　　　　　　　　　　　　　200
　　　　　　资本公积——股本溢价　　　　　　　　　　　　　2200
　　借：资本公积——股本溢价　　　　　　　　　　　　　　　　40
　　　　贷：银行存款　　　　　　　　　　　　　　　　　　　　　40

【答案】B

(3) 2016年12月31日，A公司所持有的B公司40%股权的账面价值为(　　)万元。
　　A. 2144　　　　　B. 3704　　　　　　C. 3744　　　　　　D. 3264

解析 2016年年末，长期股权投资的账面价值＝2400＋(3200－80＋240)×40%＝3744万元。
　　借：长期股权投资——损益调整　　　　　　(3200×40%) 1280
　　　　贷：投资收益　　　　　　　　　　　　　　　　　　　1280
　　借：应收股利　　　　　　　　　　　　　　　(80×40%) 32
　　　　贷：长期股权投资——损益调整　　　　　　　　　　　　32
　　借：长期股权投资——其他综合收益　　　　　(240×40%) 96
　　　　贷：其他综合收益　　　　　　　　　　　　　　　　　　96

【答案】C

(4) A公司取得对B公司的控制权之日，其对B公司的长期股权投资的初始投资成本为(　　)万元。
　　A. 4784　　　　　B. 5264　　　　　　C. 5440　　　　　　D. 5224

解析 取得对B公司的控制权之日，长期股权投资的初始投资成本＝3744＋1520＝5264万元。在购买方的个别报表中，应当按照原持有的股权投资的账面价值加上新增投资公允价值之和，作为改按成本法核算的初始投资成本。

【答案】B

(5) A公司取得对B公司的控制权之日，应确认的当期损益为(　　)万元。
　　A. 56　　　　　　B. 120　　　　　　　C. 640　　　　　　D. 760

解析 库存商品增资确认损益＝1520－1400＝120万元

【答案】B

(6) 2017年度A公司财务报表中因对B公司的股权投资应确认的投资收益为(　　)万元。
　　A. 72　　　　　　B. 2088　　　　　　C. 2280　　　　　　D. 1896

解析 2017年年初形成企业合并，之后长期股权投资用成本法核算，2017年应确认投

资收益额 = 120 × 60% = 72 万元。

【答案】A

26. A公司和B公司均系增值税一般纳税人，适用的增值税税率为13%，A公司2018—2020年对B公司投资业务相关资料如下：

(1) 2018年10月10日，A公司向B公司销售商品一批，应收B公司款项为1000万元，2018年12月15日，B公司无力支付全部货款，与A公司债务重组，双方约定，A公司将该债权转为对B公司的股权，2019年1月1日办妥股权变更登记手续，A公司承担了相关税费5万元，应收账款公允价值890万元，已计提坏账准备100万元，债务重组完成后A公司持有B公司25%股权，能够对其施加重大影响，采用权益法核算。

B公司2019年1月1日可辨认净资产公允价值为3600万元，资产、负债的账面价值等于公允价值。

(2) 2019年6月21日，A公司将账面价值450万元的商品以850万元出售给B公司，B公司将取得的商品作为管理用固定资产，并于当月投入使用，预计可使用10年，预计净残值为零，采用年限平均法计提折旧。

(3) 2019年B公司实现净利润2180万元，2019年末B公司其他综合收益增加100万元（60万为B公司持有的以公允价值计量且变动计入其他综合收益的金融资产的公允价值变动，40万元为B公司持有指定为以公允价值计量且变动计入其他综合收益非交易性权益工具投资的公允价值变动），因接受股东捐赠资本公积60万元，无其他所有者权益变动。

(4) 2020年3月8日，A公司以银行存款2300万元从非关联方受让B公司30%股权，对B公司实施控制，另A公司通过债务重组取得B公司25%股权和后续取得的30%股权的交易不构成"一揽子交易"。

(5) 2020年10月14日，A公司将其持有B公司股权的80%出售给非关联方，取得银行存款3222万元。处置股权后A公司将剩余股权分类为以公允价值计量且其变动计入当期损益的金融资产，当日剩余股权公允价值为750万元。

假定A公司与B公司会计政策、会计期间相同，不考虑其他因素的影响。

根据上述资料，回答下列问题。

(1) A公司2019年1月1日对B公司长期股权投资初始投资成本为(　　)万元。
A. 890　　　　B. 905　　　　C. 900　　　　D. 895

解析　长期股权投资的初始投资成本 = 890 + 5 = 895万元
借：长期股权投资——投资成本　　　　　　　　　　895
　　坏账准备　　　　　　　　　　　　　　　　　　100
　　投资收益　　　　　　　　　　　　　　　　　　 10
　　贷：应收账款　　　　　　　　　　　　　　　　　　1000
　　　　银行存款　　　　　　　　　　　　　　　　　　　 5

【答案】D

(2) A公司2019年12月31日应根据B公司当期实现净利润调整后的投资收益(　　)万元。

A. 450   B. 545   C. 445   D. 540

解析 B 公司调整后的净利润 = 2180 –（850 – 450）+（850 – 450）/10 × 6/12 = 1800 万元，A 公司应确认投资收益额 = 1800 × 25% = 450 万元。

【答案】A

（3）2019 年 12 月 31 日，A 公司持有 B 公司股权的账面余额为（　　）万元。
A. 1380   B. 1395   C. 1390   D. 1385

解析 长期股权投资的账面余额 = 900 + 450 + 100 × 25% + 60 × 25% = 1390 万元
① 长期股权投资的初始投资成本为 895 万元，应享有 B 公司可辨认净资产公允价值的份额 = 3600 × 25% = 900 万元，应调整：
借：长期股权投资——投资成本　　　　　　　　　　　　　　5
　　贷：营业外收入　　　　　　　　　　　　　　（900 – 895）5
② 根据 B 公司当年实现的净利润，应作分录：
借：长期股权投资——损益调整　　　　　　　　　　　　　450
　　贷：投资收益　　　　　　　　　　　　　　　　　　　450
③ 根据 B 公司其他综合收益增加、资本公积增加，应作分录：
借：长期股权投资——其他综合收益　　　　　　　　　　　25
　　贷：其他综合收益　　　　　　　　　　　　　（100 × 25%）25
借：长期股权投资——其他权益变动　　　　　　　　　　　15
　　贷：资本公积——其他资本公积　　　　　　　（60 × 25%）15

【答案】C

（4）针对事项 4，A 公司增持 B 公司股权的表述，下列表述正确的有（　　）。
A. 长期股权投资的账面余额 3685 万元　　B. 长期股权投资的账面余额 3370 万元
C. 核算方法由权益法转为成本法　　　　　D. 长期股权投资的账面余额 3690 万元

解析 本题是多次交易形成非同一控制下的企业合并，长期股权投资的初始投资成本 = 原权益法核算的账面价值 1390 + 新增投资成本 2300 = 3690 万元。
借：长期股权投资　　　　　　　　　　　　　　　　　　2300
　　贷：银行存款　　　　　　　　　　　　　　　　　　2300
借：长期股权投资　　　　　　　　　　　　　　　　　　1390
　　贷：长期股权投资——投资成本　　　　　　　　　　　900
　　　　　　　　　　——损益调整　　　　　　　　　　　450
　　　　　　　　　　——其他综合收益　　　　　　　　　25
　　　　　　　　　　——其他权益变动　　　　　　　　　15

【答案】CD

（5）2020 年 10 月 14 日 A 公司处置 B 公司股权时，应确认投资收益为（　　）万元。
A. 337   B. 300   C. 312   D. 322

解析 确认投资收益额 =（3222 + 750）– 3690 +（60 × 25% + 15）= 312 万元
借：银行存款　　　　　　　　　　　　　　　　　　　　3222

  交易性金融资产   750
   贷：长期股权投资   3690
    投资收益   282
 借：其他综合收益   25
   贷：投资收益   （60×25%）15
    盈余公积、利润分配——未分配利润   （40×25%）10
 借：资本公积——其他资本公积   15
   贷：投资收益   15

【答案】C

  （6）上述股权业务对A公司利润总额累计影响金额为（ ）万元。
  A. 745   B. 757   C. 761   D. 752

解析 股权业务对A公司利润总额的累计影响额＝－10＋（900－895）＋450＋312＝757万元

【答案】B

27. A公司2020—2021年对B公司投资业务的有关资料如下：

（1）2020年2月1日，A公司购买了B公司10%的股权，支付价款906万元，其中包含交易费用2万元和已宣告但尚未发放的现金股利6万元。A公司将其指定为以公允价值计量且其变动计入其他综合收益的金融资产。2020年12月31日，该项股权投资的公允价值为1200万元。

（2）2021年1月1日，A公司再次以银行存款2540万元购买了B公司20%的股权，A公司取得该部分股权后，可以对B公司施加重大影响，将持有的B公司股权改为权益法核算。当日B公司可辨认净资产公允价值总额为12000万元（与账面价值相同）。假设当日原股权投资的公允价值仍为1200万元。

（3）6月25日，A公司将账面价值600万元的商品出售给B公司，售价为800万元。B公司将取得的商品作为管理用固定资产核算，并于当月投入使用，预计可使用10年，预计净残值为0，采用直线法计提折旧。2021年B公司实现净利润1000万元，其他综合收益增加100万元，因其他方增资导致资本公积增加80万元。

（4）2021年12月31日，A公司对该项长期股权投资进行减值测试，预计其公允价值减去处置费用后的净额为3580万元，预计未来现金流量的现值为3225万元。

  假定A公司按照净利润的10%提取盈余公积。不考虑其他因素，根据上述资料，回答下列问题。

  （1）2020年12月31日，A公司持有的该金融资产的账面价值为（ ）万元。
  A. 900   B. 906   C. 1200   D. 898

解析 A公司将该金融资产指定为以公允价值计量且其变动计入其他综合收益的金融资产（其他权益工具投资），所以2020年12月31日其账面价值即公允价值1200万元。

2月1日：

```
借：其他权益工具投资——成本                              900
    应收股利                                              6
  贷：银行存款                                          906
```

12月31日：
```
借：其他权益工具投资——公允价值变动       (1200-900) 300
  贷：其他综合收益                                      300
```

【答案】C

(2) 2021年1月1日，A公司持有B公司30%股权的账面价值为(　　)万元。

  A. 3350   B. 3600   C. 3740   D. 3356

解析 长期股权投资的初始投资成本＝追加投资日原股权投资的公允价值1200＋新增股权支付对价的公允价值2540＝3740万元。应享有被投资方的可辨认净资产公允价值的份额＝12000×30%＝3600万元，前者大，因此2021年1月1日A公司持有B公司30%股权的账面价值为3740万元。

```
借：长期股权投资——投资成本                          3740
  贷：银行存款                                        2540
      其他权益工具投资——成本                          900
                    ——公允价值变动                    300
借：其他综合收益                                      300
  贷：盈余公积                                          30
      利润分配——未分配利润                            270
```

【答案】C

(3) 2021年12月31日，A公司持有B公司股权的账面余额为(　　)万元。

  A. 4067   B. 3897   C. 3837   D. 4037

解析 2021年B公司调整后的净利润＝1000－（800－600）＋（800－600）/10×6/12＝810万元，A公司持有B公司股权的账面余额＝3740＋810×30%＋100×30%＋80×30%＝4037万元。

```
借：长期股权投资——损益调整               (810×30%) 243
  贷：投资收益                                        243
借：长期股权投资——其他综合收益           (100×30%) 30
  贷：其他综合收益                                     30
借：长期股权投资——其他权益变动           (80×30%) 24
  贷：资本公积——其他资本公积                          24
```

【答案】D

(4) 2021年12月31日，A公司对B公司的长期股权投资应计提减值的金额为(　　)万元。

  A. 457   B. 812   C. 317   D. 257

解析 资产可收回金额为资产的公允价值减去处置费用后的净额与资产预计未来现金流

量的现值中的较高者,故可收回金额为3580万元。长期股权投资应计提减值的金额 = 4037 - 3580 = 457万元。

【答案】 A

28. 长城股份有限公司(下称长城公司)2015年度发生与股权投资相关的交易或事项如下:

(1) 2015年2月3日,长城公司以银行存款按12.4元/股的价格购入华山公司发行在外的普通股股票10万股(其中含有已宣告但尚未发放的现金股利0.4元/股),另支付相关税费1万元,将其划分为以公允价值计量且其变动计入当期损益的金融资产,3月10日收到华山公司发放的现金股利。3月31日华山公司的股价为12元/股,6月30日华山公司的股价为15元/股。8月2日长城公司以14.12元/股的价格将其全部出售,另支付相关税费1.2万元。

(2) 2015年4月10日,长城公司以银行存款990万元(等于公允价值)购入华山公司4%发行在外的普通股股票,另支付相关税费10万元,将其指定为以公允价值计量且其变动计入其他综合收益的金融资产核算。12月31日持有的华山公司股票的公允价值为700万元。

(3) 2015年1月1日,长城公司以银行存款300万元购入华山公司40%的股权,并采用权益法对该长期股权投资进行核算。

① 2015年1月1日,华山公司可辨认净资产公允价值为800万元,账面价值为750万元,差额是一项无形资产造成的,其公允价值为530万元,账面价值为480万元,预计使用年限为5年,预计净残值为0,按直线法摊销。

② 2015年1至4季度华山公司的净利润分别为100万元、50万元、60万元、80万元。

③ 2015年12月1日,长城公司以120万元的价格(不含增值税)向华山公司购入成本为100万元的甲商品,并作为存货核算,至2015年年末,长城公司未对外出售该商品。

④ 2015年12月31日,华山公司因持有的其他债权投资公允价值上升100万元;将上年度收到的科技部门的专项拨款200万元,因工程项目完工确认为资本公积。

假定长城公司与被投资企业的会计政策、会计期间一致,不考虑其他相关税费。

根据上述资料,回答下列问题。

(1) 2015年第1季度长城公司应确认的投资收益金额是( )万元。
A. 39   B. 58   C. 38   D. -1

解析 资料1(交易性金融资产):交易费用1万元直接计入当期损益(投资收益借方),即-1万元。

资料3(权益法长期股权投资):华山公司第1季度净利润100万元,需调整无形资产公允价值与账面价值差额的摊销(50万元/5年×3/12=2.5万元),调整后净利润=100-2.5=97.5万元。长城公司按40%持股比例确认投资收益=97.5×40%=39万元

合计投资收益 = -1 + 39 = 38万元

【答案】 C

(2) 针对上述事项(3),长城公司取得华山公司长期股权投资时,下列会计处理正确的是( )。

A. 确认其他综合收益 20 万元
B. 确认长期股权投资的初始投资成本 320 万元
C. 确认营业外收入 20 万元
D. 确认投资收益 20 万元

🔍 **解析** 初始投资成本 = 300 万元（实际支付对价）。

应享有可辨认净资产公允价值份额 = 800×40% = 320 万元，初始投资成本小于份额，差额 20 万元计入营业外收入（而非其他综合收益或投资收益）。

【答案】 C

(3) 2015 年度长城公司应确认的投资收益总额是( )万元。
A. 133　　　　B. 141　　　　C. 124　　　　D. 93

🔍 **解析** 资料 1（交易性金融资产）：处置净价 = 14.12×10 − 1.2 = 140 万元，上一报表日公允价值 = 15×10 = 150 万元，处置收益 = 140 − 150 = − 10 万元。初始交易费用 − 1 万元，合计投资收益 = − 10 − 1 = − 11 万元。

资料 3（权益法长期股权投资）：全年净利润 = 100 + 50 + 60 + 80 = 290 万元，调整摊销额 = 50/5 = 10 万元，未实现内部交易损益 = 120 − 100 = 20 万元，调整后净利润 = 290 − 10 − 20 = 260 万元。确认投资收益 = 260×40% = 104 万元。

合计投资收益 = − 11 + 104 = 93 万元

【答案】 D

(4) 2015 年度长城公司确认的其他综合收益金额是( )万元。
A. 40　　　　B. 100　　　　C. 0　　　　D. − 260

🔍 **解析** 资料 2（其他权益工具投资）：初始成本 = 990 + 10 = 1000 万元，年末公允价值 700 万元，公允价值下降 300 万元计入其他综合收益（借方）。

资料 3（权益法长期股权投资）：华山公司其他债权投资公允价值上升 100 万元，长城公司按 40% 确认 40 万元（贷方）。

合计其他综合收益 = − 300 + 40 = − 260 万元

【答案】 D

(5) 上述股权投资业务对长城公司 2015 年度利润总额的影响金额是( )万元。
A. 20　　　　B. 143　　　　C. − 157　　　　D. − 177

🔍 **解析** 资料 1（交易性金融资产）：交易费用 − 1 万元（投资收益），持有期间公允价值变动损益 = (15 − 12)×10 = 30 万元（计入当期利润），处置收益 − 10 万元（投资收益）。合计影响 = 30（公允价值变动）− 11（投资收益）= 19 万元。

资料 3（权益法长期股权投资）：初始确认营业外收入 20 万元，全年确认投资收益 104 万元（均计入利润）。

合计影响 = 19 + 20 + 104 = 143 万元

【答案】 B

29. 甲公司于 2020 年 1 月 1 日购入 A 公司 40% 股权，能够对 A 公司施加重大影响。取得该项投资时，A公司一批X存货的账面价值为80万元，公允价值为120万元，除此之外其他可辨认资产、负债的公允价值等于账面价值，双方采用的会计政策、会计期间相同。2020年6月5日，A公司将成本为200万元的Y商品以300万元的价格销售给甲公司，甲公司取得后将其作为存货核算。截至2020年12月31日，A公司已将X存货对外销售30%，甲公司将Y商品对外销售40%。A公司2020年实现净利润600万元。假定不考虑所得税因素，则甲公司2020年应确认的投资收益为( )万元。

  A. 224.00   B. 216.00   C. 211.20   D. 200.00

解析 甲公司应确认的投资收益 = [600 - （120 - 80）×30% - （300 - 200）+（300 - 200）×40%]×40% = 211.2万元。

【答案】 C

30. 甲公司持有乙公司40%的股权，采用权益法核算。2019年12月31日该项长期股权投资的账面价值为560万元。此外，甲公司还有一笔金额为200万元的应收乙公司的长期债权，该项债权没有明确的清收计划，且在可预见的未来期间不准备收回，同时按照投资合同，甲公司需承担150万元的额外义务。乙公司2020年发生净亏损2500万元。假定取得投资时被投资单位各项资产和负债的公允价值等于账面价值，双方采用的会计政策、会计期间相同，且投资双方未发生任何内部交易。则甲公司2020年应确认的投资损失是( )万元。

  A. 560   B. 760   C. 910   D. 1000

解析 甲公司应负担的本年亏损额 = 2500 × 40% = 1000万元，大于长期股权投资、长期债权、预计负债的合计数910（即560 + 200 + 150）万元，因此只能确认投资损失910万元，超额的部分90万元备查登记。

  借：投资收益   910
    贷：长期股权投资——损益调整   560
      长期应收款   200
      预计负债   150

【答案】 C

31. 2015年1月1日，甲公司以现金1000万元为对价取得乙公司25%的股份，能够对乙公司施加重大影响，当日乙公司可辨认净资产账面价值与公允价值均为3000万元。2015年度乙公司实现净利润500万元，无其他所有者权益变动。2016年1月1日甲公司又以现金1500万元购买同一集团另一企业所持有的乙公司40%的股权，并于当日完成相关手续，至此可以对乙公司实施控制。当日乙公司所有者权益在最终控制方合并财务报表中的账面价值为3500万元，原股权的公允价值为900万元。假定甲公司和乙公司采用的会计政策和会计期间相同，一直受同一最终控制方控制，上述交易不属于"一揽子交易"。不考虑相关税费等其他因素影响，合并日甲公司长期股权投资的初始投资成本为( )万元。

  A. 2250   B. 2275   C. 2500   D. 3500

解析 多次交易实现的同一控制企业合并，长期股权投资的初始投资成本应按照应享有乙公司所有者权益在最终控制方合并财务报表中的账面价值的份额来确定，因此长期股权投

资的初始投资成本 =3500×（25%+40%）=2275 万元。

2015 年 1 月 1 日

  借：长期股权投资——投资成本   1000

    贷：银行存款   1000

  应享有被投资方可辨认净资产公允价值的份额 =3000×25% =750 万元，小于长期股权投资的初始投资成本，不调整。

2015 年乙公司实现净利润

  借：长期股权投资——损益调整   （500×25%）125

    贷：投资收益   125

2016 年 1 月 1 日

  借：长期股权投资   2275

    资本公积——股本溢价   350

    贷：银行存款   1500

      长期股权投资——投资成本   1000

         ——损益调整   125

【答案】B

32. 2020 年甲公司以 3600 万元的价款出售对乙公司 20% 的股权投资，处置后，剩余股权投资的持股比例为 5%，对乙公司不再具有重大影响，且将其划分为以公允价值计量且其变动计入当期损益的金融资产，剩余股权公允价值为 900 万元。甲公司对乙公司股权投资的原账面价值为 3330 万元，其中，投资成本 1200 万元，损益调整 2000 万元，其他综合收益 80 万元（可重分类进损益），其他权益变动 50 万元。不考虑其他因素，甲公司在股权处置日应确认投资收益的金额为( )万元。

  A. 1300   B. 1170   C. 1250   D. 1066

🔍 **解析** 股权处置日应确认投资收益额 =3600+900−3330+（80+50）=1300 万元。

  借：银行存款   3600

    交易性金融资产——成本   900

    贷：长期股权投资——投资成本   1200

         ——损益调整   2000

         ——其他综合收益   80

         ——其他权益变动   50

      投资收益   1170

  借：其他综合收益   80

    资本公积——其他资本公积   50

    贷：投资收益   130

【答案】A

33. 2016 年 3 月 1 日，甲公司以现金 8000 万元为对价自非关联方处取得乙公司 50% 的股权，至此持股比例达到60%，能够对乙公司施加控制。2016年3月1日乙公司可辨认净资产公允价值与账面价值均为15000万元，原10%作为其他权益工具投资核算，其在购买日的公允价值为3000万元，账面价值为2000万元（其中成本1500万元，公允价值变动500万元）。假定该交易不属于"一揽子交易"，则2016年甲公司因该交易对所有者权益的影响额为（　　）万元。

  A. -500   B. 1000   C. 1500   D. 2500

解析　该项交易对所有者权益的影响额＝3000－2000＝1000万元

借：长期股权投资　　　　　　　　　　　　　（8000＋3000）11000
　　贷：银行存款　　　　　　　　　　　　　　　　　　　8000
　　　　其他权益工具投资——成本　　　　　　　　　　　1500
　　　　　　　　　　　——公允价值变动　　　　　　　　 500
　　　　留存收益【即盈余公积、未分配利润】　（3000－2000）1000
借：其他综合收益　　　　　　　　　　　　　　　　　　　 500
　　贷：留存收益【即盈余公积、未分配利润】　　　　　　 500

【答案】 B

34. 下列各项资产可划分为投资性房地产核算的有（　　）。

  A. 已出租的生产厂房
  B. 按国家有关规定认定的闲置土地
  C. 出租和自用共存的办公楼，能够单独计量的出租部分
  D. 持有并准备增值后转让的土地使用权
  E. 作为存货管理的商品房

解析　选项B，按照国家有关规定认定的闲置土地，不属于持有并准备增值后转让的土地使用权，不作为投资性房地产核算；选项E，作为存货管理的商品房属于企业的存货，不作为投资性房地产核算。

【答案】 ACD

35. 下列关于投资性房地产后续计量的表述中，错误的是（　　）。

  A. 已采用公允价值模式进行后续计量的投资性房地产不允许再转为成本模式计量
  B. 已经计提减值准备的投资性房地产的价值又得以恢复的，应当在原计提范围内转回
  C. 采用公允价值模式进行后续计量的投资性房地产，不应计提折旧或摊销
  D. 采用成本模式进行后续计量的投资性房地产，应当按月计提折旧或摊销

解析　投资性房地产计提的减值损失，一经计提，以后期间不得转回，选项B错误。

【答案】 B

36. 投资性房地产采用成本模式进行后续计量，下列表述正确的有（　　）。

  A. 当月增加的投资性房地产（建筑物）当月不计提折旧
  B. 已计提的减值准备待投资性房地产价值得以恢复时可予转回

C. 后续转为公允价值模式的，应作为会计估计变更处理
D. 处置投资性房地产时，按其账面价值借记"其他业务成本"科目
E. 按期计提折旧或者进行摊销，应贷记"累计折旧（摊销）"科目

🔍 **解析** 选项B，投资性房地产的减值准备一旦计提不允许转回；选项C，成本模式转为公允价值模式，应作为会计政策变更处理；选项E，投资性房地产的折旧或摊销应使用"投资性房地产累计折旧（累计摊销）"科目。

📋 **提示** 投资性房地产核算

（一）两种计量模式的比较

	成本模式	公允价值模式
损益	其他业务收入、其他业务成本	
折摊减值	投资性房地产累计折旧/摊销 投资性房地产减值准备（不得转回）	不折旧（不摊销）、不减值
价值变动	不处理	借：投资性房地产——公允价值变动 　　贷：公允价值变动损益 【或相反分录】
处置	借：银行存款 　　贷：其他业务收入 借：其他业务成本 　投资性房地产累计折旧/摊销 　投资性房地产减值准备 　　贷：投资性房地产	借：银行存款 　　贷：其他业务收入 借：其他业务成本 　　贷：投资性房地产——成本 　　　　　　　　　——公允价值变动 借：公允价值变动损益、其他综合收益 　　贷：其他业务成本

（二）公允模式计量的投资性房地产与非投资性房地产的转换

固定资产转投资性房地产	投资性房地产转固定地产
借：投资性房地产——成本 　公允价值变动损益【转换损失】 　累计折旧 　固定资产减值准备 　　贷：固定资产 　　　　其他综合收益【转换收益】	借：固定资产 　公允价值变动损益【转换损失】 　　贷：投资性房地产——成本 　　　　投资性房地产——公允价值变动 　　　　公允价值变动损益【转换收益】

【答案】AD

37. 甲公司2021年7月1日购入一栋写字楼，实际取得成本为12500万元，并于当日将该写字楼出租给乙公司使用，租赁期为3年，每年租金为350万元。甲公司对该投资性房地

产采用公允价值模式计量。2021年12月31日,该写字楼的公允价值为12800万元。假设不考虑相关税费,该投资性房地产对甲公司2021年度利润总额的影响金额为( )万元。

A. 475　　　　　　B. 650　　　　　　C. 300　　　　　　D. 350

解析　对甲公司2021年度利润总额的影响金额＝租金收入350/2＋公允价值变动收益(12800－12500)＝475万元。

【答案】A

38. 将作为存货的房产转换为采用公允价值模式计量的投资性房地产,该项房产在转换日的公允价值与其账面价值的差额应计入的会计科目可能有( )。

A. 公允价值变动损益　　B. 投资收益　　C. 其他综合收益　　D. 资本公积

E. 其他业务成本

解析　将作为存货的房产转换为采用公允价值模式计量的投资性房地产,应按该项房产在转换日的公允价值,借记"投资性房地产——成本"科目,按其账面余额,贷记"开发产品"等科目,按其差额,贷记"其他综合收益"科目或借记"公允价值变动损益"科目。

【答案】AC

第十二章 流动负债

■ **考情分析**

本章介绍应付款项、应交税费、应付职工薪酬等流动负债的核算,考试题型通常为单选和多选,但2016年和2021年针对职工薪酬的核算考了计算题,除了现金结算股份支付形成的应付职工薪酬和金融负债的定义理解起来稍有困难外,其他内容难度不大,属于次重点章节。

1. 企业确认收入或利得的时点早于按照增值税制度确认增值税纳税义务发生时点的,应将相关销项税额计入( )。

A. 应交税费——未交增值税
B. 应交税费——简易计税
C. 应交税费——待转销项税额
D. 应交税费——应交增值税(销项税额)

🔍 **解析** 按照国家统一的会计制度确认收入或利得的时点早于按照增值税制度确认增值税纳税义务发生时点的,应将相关销项税额计入"应交税费——待转销项税额"科目,待实际发生纳税义务时再转入"应交税费——应交增值税(销项税额)"或"应交税费——简易计税"科目。

📌 **提示** 一般纳税人的账务处理的科目设置

(一)"应交税费——应交增值税"明细账:下设若干专栏

借方专栏	贷方专栏
进项税额:购进商品支付的准予抵扣的增值税额	销项税额:销售商品收到增值税
销项税额抵减:扣减销售额而减少的销项税额	进项税额转出:发生非正常损失等原因,不允许抵扣而转出的进项税额
已交税金:当月缴纳当月的增值税	出口退税:未实行"免、抵、退"办法的应收出口退税额和实行"免、抵、退"办法应确认的金额
减免税款:按规定准予减免的增值税额	
出口抵减内销产品应纳税额:实行"免、抵、退"办法按规定的退税率计算的出口货物进项税抵减内销产品应纳税额的数额	转出多交增值税:月末转出当月多缴的增值税
转出未交增值税:月末转出当月应缴未缴的增值税	

(二)"应交税费"的其他明细账

二级科目	核算内容
未交增值税	一般纳税人月度终了从"应交增值税"或"预交增值税"明细科目转入当月应缴未缴、多缴或预缴的增值税额,以及当月交纳以前期间未缴的增值税税额
预交增值税	一般纳税人转让不动产、提供不动产经营租赁服务、提供建筑服务、采用预收款方式销售自行开发的房地产项目等,以及其他按现行增值税制度规定应预缴的增值税税额
待抵扣进项税额	一般纳税人已取得增值税扣税凭证并经税务机关认证,按照现行增值税制度规定准予以后期间从销项税额中抵扣的进项税额。如实行纳税辅导期管理的一般纳税人取得的尚未交叉稽核比对的增值税扣税凭证上注明或计算的进项税额
待认证进项税额	一般纳税人由于未经税务机关认证而不得从当期销项税额中抵扣的进项税额
待转销项税额	一般纳税人销售货物、加工修理修配劳务、服务、无形资产或不动产,已确认相关收入(或利得)但尚未发生增值税纳税义务而需于以后期间确认为销项税额的增值税额
增值税留抵税额	兼有销售服务、无形资产或者不动产的原增值税一般纳税人,截至纳入营改增试点之日前的增值税期末留抵税额按规定不得从销售服务、无形资产或不动产的销项税额中抵扣的增值税留抵税额
简易计税	一般纳税人采用简易计税方法发生的增值税计提、扣减、预缴、缴纳等业务
转让金融商品应交增值税	转让金融商品发生的增值税额
代扣代交增值税	纳税人购进在境内未设经营机构的境外单位或个人在境内的应税行为代扣代缴的增值税
增值税检查调整	增值税一般纳税人在对其增值税纳税情况进行检查后,凡涉及应缴增值税账务调整的,应设立本账户。凡检查后应调减账面进项税额或调增销项税额和进项税额转出的,借记有关科目,贷记本科目;凡检查后应调增账面进项税额或调减销项税额和进项税额转出的,借记本科目,贷记有关科目;全部调整入账后,应对该账户的余额进行处理,处理后,该账户无余额

【答案】C

2. 一般纳税人核算的应缴增值税，应在"应交税费"的会计科目下设置的明细科目有(　　)。

　　A. 简易计税　　　　B. 出口退税　　　　C. 预交增值税　　　　D. 待转销项税额
　　E. 转出未交增值税

解析　一般纳税人的应缴增值税，应在"应交税费"的会计科目下设置"应交增值税""未交增值税""预交增值税""待抵扣进项税额""待认证进项税额""待转销项税额""增值税留抵税额""简易计税""转让金融商品应交增值税""代扣代交增值税"10个明细科目进行核算。所以选项ACD是正确的。

【答案】 ACD

3. 甲食品加工厂系增值税一般纳税人，从乙农业开发基地购进一批玉米全部用于加工生产增值税税率为13%的食品，适用的扣除率为10%，支付货款为11000元，并支付不含税运费1300元（已取得增值税专用发票，税率为9%），该批玉米已验收入库。不考虑其他因素，则该批玉米的入账金额为(　　)元。

　　A. 11200　　　　　B. 12417　　　　　C. 9900　　　　　D. 12300

解析　该批玉米的入账金额＝11000×（1－10%）＋1300＝11200元

【答案】 A

4. 下列一般纳税人应通过"应交税费——应交增值税（减免税款）"科目核算的有(　　)。

　　A. 当期收到的出口退税额
　　B. 当期直接减免的增值税额
　　C. 用加计抵减额抵减的应纳增值税额
　　D. 取得退还的增量增值税留抵税额
　　E. 初次购买增值税税控发票专用设备支付的费用，按规定抵减的应纳增值税额

解析　选项B，对于当期直接减免的增值税，借记"应交税费——应交增值税（减免税款）"科目，贷记损益类相关科目；选项E，企业初次购买增值税税控系统专用设备支付的费用以及缴纳的技术维护费允许在增值税应纳税额中全额抵减的，按规定抵减的增值税应纳税额，借记"应交税费——应交增值税（减免税款）"科目，贷记"管理费用"等科目。选项A，收到出口退税款时，借记"银行存款"科目，贷记"应收出口退税款"科目；选项C，符合规定可以用加计抵减额抵减应纳税额的，实际缴纳增值税时，借记"应交税费——未交增值税"或"应交税费——应交增值税（已交税金）"科目，贷记"银行存款""其他收益"科目；选项D，纳税人取得退还的增量留抵税额，应相应调减当期留抵税额，即可贷记"应交税费——应交增值税（进项税额转出）"科目。

【答案】 BE

5. 下列关于增值税会计核算的表述中，正确的有( )。

A. "应交税费——应交增值税（转出未交增值税）"记录企业月终转出当月应缴未缴的增值税额

B. "应交税费——应交增值税（减免税款）"记录企业按规定准予减免的增值税额

C. "应交税费——预交增值税"核算企业转让不动产，提供不动产经营租赁服务、提供建筑服务、采用预收款方式销售自行开发的房地产项目等，以及其他按规定应预缴的增值税额

D. "应交税费——应交增值税（已交税金）"记录企业当月已缴纳的增值税额

E. "应交税费——未交增值税"期末借方余额反映未缴的增值税额，贷方余额反映多缴的增值税额

解析 选项 E，"应交税费——未交增值税"期末借方余额反映多缴增值税，贷方余额反映未缴增值税。

【答案】 ABCD

6. 委托方将委托加工应税消费品收回后用于非消费税项目，则委托方应将受托方代收代缴的消费税计入( )。

A. 管理费用　　　　　　　　B. 收回的委托加工物资的成本

C. 其他业务成本　　　　　　D. 应交税费——应交消费税

解析 委托方将委托加工应税消费品收回后用于非消费税项目，则委托方应将受托方代收代缴的消费税计入"委托加工物资成本"，如果用于继续生产应税消费品，应计入"应交税费——应交消费税"。

【答案】 B

7. 企业购置的免税车辆改制后用途发生变化的，按规定应补缴的车辆购置税应计入( )。

A. 管理费用　　　B. 其他收益　　　C. 固定资产　　　D. 税金及附加

解析 企业购置应税车辆，按规定缴纳的车辆购置税；购置的减税、免税车辆改制后用途发生变化的，按规定应补缴的车辆购置税，借记"固定资产"科目，贷记"银行存款"科目。

【答案】 C

8. 企业缴纳的下列税金中，不需要通过"应交税费"科目核算的有( )。

A. 车辆购置税　　　B. 耕地占用税　　　C. 房产税

D. 车船税　　　　　E. 城市维护建设税

解析 不通过"应交税费"科目核算的税金有印花税、耕地占用税、契税、车辆购置税。

【答案】 AB

9. 下列不属于职工薪酬核算范围的是( )。
   A. 支付给外聘大学教授因提供培训而发生的讲课费
   B. 支付给退休职工的养老金
   C. 支付给未与企业签订劳动合同的董事相应薪酬
   D. 支付给与劳务中介公司签订用工合同为企业提供劳务的人员相应福利

   解析 支付外部人员的劳务费不属于职工薪酬。
   【答案】A

10. 下列会计事项中，应在"应付职工薪酬"科目核算的有( )。
    A. 外商投资企业从净利润中提取的职工奖励及福利基金
    B. 缴纳代扣的职工个人所得税
    C. 为职工缴纳的养老保险金
    D. 应由在建工程负担的在建工程人员薪酬
    E. 因解除与职工的劳动关系给予的补偿

    解析 选项A，外商投资企业按规定从净利润中提取的职工奖励及福利基金，借记"利润分配——提取的职工奖励及福利基金"科目，贷记"应付职工薪酬"科目；选项B，缴纳代扣的个人所得税，借记"应缴税费——应交个人所得税"科目，贷记"银行存款"科目；选项C，为职工缴纳的养老保险金，通过应付职工薪酬科目核算；选项D，应由在建工程负担的在建工程人员薪酬，借记"在建工程"科目，贷记"应付职工薪酬"科目；选项E，因解除与职工的劳动关系给予的补偿，借记"管理费用"科目，贷记"应付职工薪酬"科目。
    【答案】ACDE

11. 甲公司为增值税一般纳税人，适用的增值税税率为13%。2020年6月1日，甲公司为50名员工每人发放一台自产的商品和一件礼品作为福利。自产的商品每台成本为800元、市场售价为1000元（不含增值税），外购礼品的每件价格为500元、增值税税额为65元，已取得增值税专用发票。不考虑其他因素，则甲公司发放该福利时，应计入"应付职工薪酬"科目的金额为( )元。
    A. 78250　　　　B. 81500　　　　C. 75000　　　　D. 84750

    解析 企业以自产产品作为福利发放给职工，应当按照该产品的公允价值和相关税费计入职工薪酬和相应的成本费用中，并确认主营业务收入，同时结转成本。企业以外购商品作为福利发放给职工，应当按照该商品的公允价值和相关税费，计量应计入成本费用的职工薪酬金额。因此应计入职工薪酬的金额 = 50 × 1000 ×（1 + 13%）+ 50 ×（500 + 65）= 84750元。

    会计分录如下：
    借：应付职工薪酬　　　　　　　　　　　　　　　　　　56500
    　　贷：主营业务收入　　　　　　　　　　　　　　　　　　50000
    　　　　应交税费——应交增值税（销项税额）　　　　　　　6500
    借：主营业务成本　　　　　　　　　　　　　(50×800) 40000

　　　　贷：库存商品　　　　　　　　　　　　　　　　　　　　　　　40000
　　借：应付职工薪酬　　　　　　　　　　　　　　　　　　　　　　28250
　　　　贷：库存商品　　　　　　　　　　　　　　　　　（50×500）25000
　　　　　　应交税费——应交增值税（进项税额转出）　　（50×65）3250

【答案】 D

12. A公司于2017年年初为公司管理层制定和实施了一项短期利润分享计划，公司全年的净利润指标为7000万元。如果完成的净利润超过7000万元，公司管理层可以获得超过7000万元净利润部分的10%作为额外报酬。假定A公司2017年度实现净利润8000万元。不考虑其他因素，A公司2017年度实施该项短期利润分享计划时应作的会计处理是(　　)。

　　A. 借：本年利润　　　　　　　　　　　　　　100
　　　　　贷：应付职工薪酬　　　　　　　　　　　　　　　100
　　B. 借：利润分配　　　　　　　　　　　　　　100
　　　　　贷：应付职工薪酬　　　　　　　　　　　　　　　100
　　C. 借：管理费用　　　　　　　　　　　　　　100
　　　　　贷：应付职工薪酬　　　　　　　　　　　　　　　100
　　D. 借：营业外支出　　　　　　　　　　　　　100
　　　　　贷：应付职工薪酬　　　　　　　　　　　　　　　100

解析　企业应当将短期利润分享计划作为费用处理，不能作为净利润的分配。
会计处理如下：
借：管理费用 100 [（8000-7000）×10%]
　　贷：应付职工薪酬　　　　100

【答案】 C

13. A公司2016年年初制订并实施一项短期利润分享计划，以激励公司管理层更好地提供服务。该计划规定，A公司全年净利润指标为3000万元。如果在公司管理层努力下完成的净利润超过3000万元，公司管理层可以分享超过3000万元净利润部分的20%作为额外报酬。A公司2016年度实现净利润3500万元。假定不考虑离职等其他情形。则A公司2016年12月31日因该项短期利润分享计划应计入管理费用的金额是(　　)万元。

　　A. 100　　　　　　B. 0　　　　　　C. 600　　　　　　D. 700

解析　A公司2016年12月31日因该项短期利润分享计划应计入管理费用的金额=（3500-3000）×20%=100万元

【答案】 A

14. 以现金结算的股份支付在可行权日之后，相关负债的公允价值在资产负债表日的变动应计入(　　)。

　　A. 资本公积　　　　　　　　　　　　B. 管理费用
　　C. 公允价值变动损益　　　　　　　　D. 其他综合收益

🔍 **解析** 根据准则的规定，现金结算的股份支付在可行权日后其相应的公允价值变动计入公允价值变动损益核算。

📋 **提示** 现金结算的股份支付

发生时点	账务处理	
授予日	授予后可立即行权的股份支付	借：管理费用等 贷：应付职工薪酬
	有等待期的股份支付	授予日不做账务处理
等待期内的每个资产负债表日	借：管理费用等 贷：应付职工薪酬	
行权日之后	期末确认负债的公允价值变动	借：公允价值变动损益 贷：应付职工薪酬 或编制相反分录
	职工实际行权时	借：应付职工薪酬 贷：银行存款

【答案】C

15. 经股东大会批准，A 公司 2015 年 1 月 1 日实施股权激励计划，具体内容为：A 公司为其 100 名中层以上管理人员每人授予 1000 份现金股票增值权。可行权日为 2018 年 12 月 31 日。该增值权应在 2020 年 12 月 31 日之前行使完毕。A 公司授予日股票市价为每股 5 元，截至 2018 年累计确认负债 600000 元，2015—2018 年共有 10 人离职，2019 年没有人离职但有 8 人行权，共支付现金 88000 元，2019 年年末增值权公允价值为 12 元，预计 2020 年没有人离职。A 公司针对该项股份支付 2019 年应确认的公允价值变动损益的金额为（　　）元。

  A. 384000   B. 472000   C. -102000   D. 10200

🔍 **解析** 可行权日之后负债公允价值的变动：负债的公允价值变动额=按照预计未来会行权人数确认的负债－累计至前期已经确认的负债＋当期行权减少的负债额，该项股份支付应确认的公允价值变动损益的金额＝12×（100－10－8）×1000－600000＋88000＝472000 元。

【答案】B

16. 2017 年 1 月 1 日，B 公司为其 100 名中层以上管理人员每人授予 100 份现金股票增值权，这些人员从 2017 年 1 月 1 日起必须在该公司连续服务 4 年，即可自 2020 年 12 月 31 日起根据股价的增长幅度获得现金，该增值权应在 2021 年 12 月 31 日之前行使完毕。2017 年 12 月 31 日，"应付职工薪酬"科目期末余额为 100000 元。2018 年 12 月 31 日，每份现金股票增值权的公允价值为 50 元，至 2018 年年末有 20 名管理人员离开 B 公司，B 公司估计未来两年中将有 9 名管理人员离开。不考虑其他因素，则 2018 年 12 月 31 日"应付职工薪酬"科目贷方发生额为（　　）元。

  A. 177500   B. 100000   C. 150000   D. 77500

🔍 **解析** "应付职工薪酬"科目贷方发生额=（100-20-9）×100×50×2/4-100000=77500元。

等待期内：累计应付职工薪酬=预计可行权股数×资产负债表日现金股票增值权的公允价值×已过等待期/等待期间

当期确认的应付职工薪酬=累计应付职工薪酬-以前累计确认的应付职工薪酬

因此本题2018年12月31日"应付职工薪酬"科目余额=（100-20-9）×100×50×2/4=177500元。

【答案】D

17. 甲公司系增值税一般纳税人，适用的增值税税率为13%，2021年发生与职工薪酬相关的部分事项如下：

（1）2020年12月28日，股东大会批准一项股份支付协议，协议规定：自2021年1月1日起，公司为其120名管理人员每人授予5000份现金股票增值权，这些管理人员必须为公司连续服务满3年方可行权，可行权日为2023年12月31日。在等待期内，2021年有15名管理人员离开公司，预计未来2年还将有20名管理人员离开。2021年12月31日每份现金股票增值权的公允价值为9元。

（2）5月应发工资总额为200万元，其中生产部门直接生产人员工资为70万元，生产部门管理人员工资为35万元，管理部门人员工资为40万元，销售部门（非独立机构）人员工资为55万元。甲公司分别按职工工资总额的14%、10%、9%和1%计提职工福利费、医疗保险费（含生育保险费）、住房公积金、工伤保险费。另外，甲公司代扣代缴职工个人应负担的医疗保险费4万元，住房公积金18万元，个人所得税2万元，次月初以银行存款支付职工薪酬。

（3）8月15日，将自产的250件丁产品作为福利发放给职工。该批产品的单位成本为280元/件，同类产品的不含税销售价格为400元/件。

（4）12月31日，董事会作出决议，因公司决定关闭一条生产线而制定了一项辞退福利计划，拟辞退生产部门直接生产人员35名，生产部门管理人员5名，销售部门人员3名。从2022年开始连续5年每年年初支付90万元补偿43名辞退职工。假设折现率为6%，已知（P/A，6%，5）=4.2124，（P/A，6%，4）=3.4651。

假设不考虑甲公司发生的其他经济业务以及除增值税以外的其他相关税费。

根据上述资料，回答下列问题。

（1）针对事项（1），甲公司2021年12月31日，应确认的股份支付金额为（　　）万元。

A. 157.5　　　　B. 52.5　　　　C. 127.5　　　　D. 382.5

🔍 **解析** 2021年确认的股份支付金额=（120-15-20）×5000×9×1/3=1275000元=127.5万元

借：管理费用　　　　　　　　　　　　　　　　127.5
　　贷：应付职工薪酬　　　　　　　　　　　　　　127.5

【答案】C

（2）针对事项（2），甲公司2021年5月应确认的期间费用为( )万元。

A. 95　　　　　　B. 174.2　　　　　　C. 130　　　　　　D. 127.3

解析　应确认的期间费用 = 53.6 + 73.7 = 127.3 万元

借：生产成本	[70 × (1 + 14% + 10% + 9% + 1%)] 93.8
制造费用	[35 × (1 + 14% + 10% + 9% + 1%)] 46.9
管理费用	[40 × (1 + 14% + 10% + 9% + 1%)] 53.6
销售费用	[55 × (1 + 14% + 10% + 9% + 1%)] 73.7
贷：应付职工薪酬——工资	200
——职工福利费	(200 × 14%) 28
——医疗保险费	(200 × 10%) 20
——住房公积金	(200 × 9%) 18
——工伤保险费	(200 × 1%) 2
借：应付职工薪酬——工资	24
贷：其他应付款——医疗保险费	4
——住房公积金	18
应交税费——应交个人所得税	2

次月初支付职工薪酬：

借：应付职工薪酬——工资	(200 − 24) 176
贷：银行存款	176

【答案】D

（3）针对事项（4），甲公司2021年12月31日因辞退福利应计入"管理费用"科目的金额为( )万元。

A. 311.86　　　　B. 450　　　　　　C. 379.116　　　　D. 401.86

解析　计入"管理费用"科目的金额 = 90 × 4.2124 × (1 + 6%) = 401.86 万元

借：管理费用	401.86
未确认融资费用	48.141
贷：应付职工薪酬	450 (90 × 5)

【答案】D

（4）上述业务对甲公司2021年"应付职工薪酬"科目贷方发生额的影响金额为( )万元。

A. 856.8　　　　　B. 718　　　　　　C. 853.4　　　　　D. 1111.8

解析　"应付职工薪酬"科目贷方发生额 = 127.5 [事项（1）] + (200 + 28 + 20 + 18 + 2) [事项（2）] + [250 × 0.04 × (1 + 13%)] [事项（3）] + 450 [事项（4）] = 856.8 万元

事项（3）会计处理：

借：生产成本等	(250 × 0.04 × 1.13) 11.3
贷：应付职工薪酬	11.3
借：应付职工薪酬	11.3

　　　　贷：主营业务收入　　　　　　　　　　　　　　（250×0.04）10
　　　　　　应交税费——应交增值税（销项税额）　　　　　　　1.3
　　借：主营业务成本　　　　　　　　　　　　　　（250×0.028）7
　　　　贷：库存商品　　　　　　　　　　　　　　　　　　　　7
【答案】A

18. 下列关于金融负债的表述中，错误的是(　　)。
A. 企业对所有金融负债均不得进行重分类
B. 金融负债主要包括短期借款、应付账款、预收账款、应付债券等
C. 金融负债终止确认时，其账面价值与支付对价之间的差额，应计入当期损益
D. 企业应当在成为金融工具合同的一方并承担相应义务时确认金融负债
【解析】　选项B，预收账款不属于金融负债。
【答案】B

19. 下列关于金融负债的表述正确的是(　　)。
A. 预计负债、递延所得税负债均属于金融负债
B. 将来以固定数量的自身权益工具交换固定金额的现金的合同应确认为金融负债
C. 将来须用或可用企业自身权益工具进行结算的非衍生工具合同，且企业根据该合同将交付可变数量的自身权益工具的负债为金融负债
D. 在满足特定条件时，企业可以对金融负债进行重分类
【解析】　选项A，预计负债、递延所得税负债均属于非金融负债；选项B，是以固定换固定，属于权益工具；选项D，企业对所有金融负债均不得进行重分类。
【答案】C

20. 下列交易或事项，不通过"其他应付款"科目核算的是(　　)。
A. 预付租入包装物的租金　　　　B. 出租固定资产收取的押金
C. 存出保证金　　　　　　　　　D. 应付短期租赁租入的固定资产租金
【解析】　其他应付款核算的内容包括应付短期租入固定资产和租入包装物租金（含预付的租金）；存入保证金（如收取的包装物押金等）；应付、暂收所属单位、个人的款项。选项C，通过"其他应收款"科目核算。
【答案】C

21. 采用售后回购方式销售商品时，回购价格大于原销售价格之间的差额，在售后回购期间内按期计提利息费用时，应贷记"(　　)"科目。
A. 未确认融资费用　　B. 其他业务收入　　C. 其他应付款　　D. 财务费用
【解析】　售后回购方式销售下，回购价格大于原售价的差额，企业应在回购期间按期计提利息，借方计入"财务费用"科目，贷方计入"其他应付款"科目。
【答案】C

22. B 公司系上市公司，为增值税一般纳税人，适用增值税税率13%，B 公司共有职工520人，其中生产工人380人，车间管理人员60人，行政管理人员50人，销售机构人员30人，2015年12月发生与职工薪酬有关的事项如下：

（1）本月应付职工工资总额500万元，其中：生产工人工资为350万元，车间管理人员工资60万元，行政管理人员工资60万元，销售机构人员工资30万元。

（2）分别按照当月工资总额的2%和8%计提工会经费和职工教育经费，根据当地政府规定，按照工资总额的10%计提并缴存"五险一金"。

（3）公司为10名高级管理人员每人租赁住房一套并提供轿车一辆，免费使用；每套住房年租金为6万元（年初已支付），每辆轿车年折旧额为4.8万元。

（4）公司为每名职工发放一台自产产品作为福利，每台产品成本0.4万元，市场售价0.5万元（不含增值税）。

（5）2014年1月1日，公司向100名核心管理人员每人授予1万份现金股票增值权，根据股份支付协议规定，这些人员从2014年1月1日起必须在公司连续服务满4年，即可按照当时股价的增长幅度获得现金，该现金股票增值权应在2018年12月31日前行使完毕。2014年12月31日，该股份支付确认的"应付职工薪酬"科目贷方余额为200万元。2015年12月31日每份现金股票增值权的公允价值为10元，至2015年末有20名核心管理人员离开该公司，估计未来两年还将有10名核心管理人员离开。

假设不考虑其他业务和相关税费。

根据上述资料，回答下列问题：

（1）针对上述事项（4），2015年12月 B 公司应确认"主营业务收入"是( )万元。

A. 260.0　　　　B. 252.2　　　　C. 304.2　　　　D. 0

🔍 **解析**　企业以自产产品作为非货币性福利发放给职工的，应视同销售该自产产品，按照市场售价确认"主营业务收入"金额 = 520 × 0.5 = 260万元。

【答案】A

（2）针对上述事项（5），2015年12月31日 B 公司因该项股份支付确认的"应付职工薪酬"贷方发生额是( )万元。

A. 280　　　　B. 200　　　　C. 350　　　　D. 150

🔍 **解析**　以现金结算的股份支付，2015年应确认的"应付职工薪酬"贷方发生额 = (100 − 20 − 10) × 1 × 10 × 2/4 − 200 = 150万元。

【答案】D

（3）根据职工提供服务的受益对象，B 公司2015年12月发生的应付职工薪酬应计入"管理费用"科目的金额是( )万元。

A. 248.25　　　　B. 138.25　　　　C. 259.25　　　　D. 98.25

🔍 **解析**　2015年12月发生的应付职工薪酬应计入"管理费用"科目的金额 = 60 + 60 × (2% + 8% + 10%) + 6 × 10/12 + 4.8 × 10/12 + 50 × 0.5 × (1 + 13%) + 150 = 259.25万元。

【答案】C

（4）B公司2015年12月"应付职工薪酬"账户的贷方发生额为（　　）万元。

A. 1061.6　　　　　B. 1053.6　　　　　C. 1052.8　　　　　D. 910.6

解析　2015年12月"应付职工薪酬"贷方发生额＝500＋500×（2%＋8%＋10%）＋6×10/12＋4.8×10/12＋520×0.5×（1＋13%）＋150＝1052.8万元

【答案】C

第十三章 非流动负债

◆ 考情分析

本章介绍了借款费用、应付债券、租赁负债、预计负债,以及债务重组等非流动负债业务的核算,计算量较大,考试各种题型均会出现,尤其债务重组、借款费用、可转换公司债券的核算,经常在主观题中出现,属于非常重要的章节。

1. 下列关于借款费用暂停或停止资本化的表述中,正确的是(   )。
A. 购建的固定资产各部分分别完工,虽该部分必须等到整体完工后才能使用,但这部分资产发生的借款费用应停止资本化
B. 购建的固定资产部分已达到预定可使用状态,且该部分可独立提供使用,应待整体完工后方可停止借款费用资本化
C. 购建固定资产过程中发生非正常中断,且中断时间连续超过3个月,应当暂停借款费用资本化
D. 购建固定资产过程中发生正常中断,且中断时间连续超过3个月,应当暂停借款费用资本化

🔍 **解析** 选项A,购建或者生产的资产的各部分分别完工,但必须等到整体完工后才可使用或者才可对外销售的,应当在该资产整体完工时停止借款费用的资本化;选项B,购建或者生产的符合资本化条件的资产的各部分分别完工,且每部分在其他部分继续建造过程中可供使用或者可对外销售,且为使该部分资产达到预定可使用或可销售状态所必要的购建或者生产活动实质上已经完成的,应当停止与该部分资产相关的借款费用的资本化;选项D,发生正常中断,借款费用应继续资本化,不暂停资本化。

【答案】C

2. 2018年1月1日,甲企业取得专门借款2000万元直接用于当日开工建造的厂房,2018年累计发生建造支出1700万元。2019年1月1日,该企业又取得一般借款800万元,年利率为6%,当日发生建造支出500万元。至2019年年末该工程尚未完工。假设甲企业无其他一般借款,按季计算利息费用资本化金额。不考虑其他因素,则该企业2019年第一季度应予资本化的一般借款利息为(   )万元。
A. 1.50   B. 3.00   C. 4.50   D. 7.50

🔍 **解析** 2019年第一季度应予资本化的一般借款利息=(1700+500−2000)×3/3×6%×3/12=3万元

💡 **提示** 借款费用资本化金额的计算

(一)专门借款

专门借款利息费用的资本化金额=资本化期间专门借款当期实际发生的利息费用−资本

化期间闲置资金收益

（二）一般借款

一般借款应予资本化的利息金额＝累计资产支出超过专门借款部分的资产支出加权平均数×所占用一般借款的资本化率

其中，所占用一般借款的资本化率＝所占用一般借款当期实际发生的利息之和／所占用一般借款本金加权平均数。

所占用一般借款本金加权平均数＝∑（所占用每笔一般借款本金×每笔一般借款在当期所占用的天数／当期天数）

【答案】B

3. 甲公司为建造固定资产于 2018 年 1 月 1 日借入 3 年期、年利率为 7% 的专门借款 4000 万元。此外，甲公司在 2017 年 11 月 1 日还借入了年利率为 6% 的一般借款 1800 万元。甲公司无其他借款。该工程于 2018 年 1 月 1 日开始建造，至 10 月末累计发生工程支出 3500 万元，11 月 1 日发生工程支出 1800 万元，12 月 1 日发生工程支出 700 万元，年末工程尚未完工。甲公司 2018 年一般借款利息资本化的金额为(　　)万元。

  A. 16.50   B. 21.50   C. 15.50   D. 2.50

解析 10 月累计支出 3500 万元，专门借款闲置额＝4000－3500＝500 万元；

11 月 1 日支出 1800 万元，使用专门借款 500 万元，使用一般借款额＝1800－500＝1300 万元；

12 月 1 日支出 700 万元，使用一般借款额＝1800－1300＝500 万元，剩余 200 万元使用的是企业自有资金。

因此，占用一般借款的累计支出加权平均数＝1300×2/12＋500×1/12＝258.33 万元；一般借款利息资本化金额＝258.33×6%＝15.5 万元。

【答案】C

4. 某公司于 2019 年 1 月 1 日动工兴建一幢办公楼，工期为 1 年，公司为建造办公楼发生有关借款业务如下：（1）专门借款有两笔，分别为：①2019 年 1 月 1 日，借入专门借款 2000 万元，借款期限为 3 年，年利率为 6%，利息按年支付；②2019 年 7 月 1 日，借入专门借款 2000 万元，借款期限为 3 年，年利率为 8%，利息按年支付。专门借款闲置资金均存入银行，假定存款年利率为 4%。（2）工程采用出包方式，2019 年支出如下：①1 月 1 日支付工程进度款 1500 万元；②7 月 1 日支付工程进度款 4000 万元。至 2019 年年底工程尚未完工。则 2019 年借款利息资本化金额为(　　)万元。

  A. 190   B. 200   C. 180   D. 270

解析 2019 年全年均属于资本化期间，在该期间专门借款的利息均可以资本化，不需要考虑其支出情况。因此 2019 年专门借款利息资本化金额＝2000×6%＋2000×8%×6/12－(2000－1500)×4%×6/12＝190 万元。

【答案】A

5. 甲公司建造生产线，预计工期为 2 年，从 2019 年 7 月 1 日开始，当日预付承包商建设工程款为 3000 万元。9 月 30 日，追加支付工程进度款为 2000 万元。甲公司生产线建造工程占用借款包括：2019 年 6 月 1 日借入的 3 年期专门借款 4000 万元，年利率为 6%；2019 年 1 月 1 日借入的 2 年期一般借款 3000 万元，年利率为 7%。甲公司将部分闲置专门借款投资于货币市场基金，月收益率为 0.6%。不考虑其他因素，2019 年甲公司建造该生产线应予以资本化的借款利息是(　　)万元。

  A. 119.50   B. 122.50   C. 139.50   D. 137.50

解析　该题借款费用资本化开始时点是 2019 年 7 月 1 日，因此 7 月初至 12 月末是资本化期间。

只要处于资本化期间，专门借款的利息可全部资本化，因此专门借款其资本化利息额 = 资本化期间的专门借款利息 − 资本化期间的闲置资金收益 = 4000 × 6% × 6/12 − （4000 − 3000）× 0.6% × 3 = 102 万元。

一般借款的利息资本化金额 = （3000 + 2000 − 4000）× 3/12 × 7% = 17.5 万元

因此，2019 年甲公司建造该生产线应予以资本化的利息费用 = 102 + 17.5 = 119.5 万元。

【答案】 A

6. 下列关于借款费用的表述中，正确的有(　　)。

A. 购建固定资产过程中发生非正常中断，且中断时间连续超过 3 个月，应当暂停借款费用资本化

B. 购建固定资产过程中发生正常中断，且中断时间连续超过 3 个月，应当暂停借款费用资本化

C. 某项固定资产部分已达到预定可使用状态，且该部分可独立提供使用，则该部分资产发生的借款费用应停止资本化

D. 某项固定资产部分已达到预定可使用状态，且该部分可独立提供使用，仍需待整体完工后方可停止借款费用资本化

E. 专门借款和一般借款发生的借款费用，在资本化期间应当全部予以资本化

解析　选项 B，借款费用暂停资本化需要满足的条件之一是"非正常中断"；选项 D，购建或者生产的资产的各部分分别完工，但必须等到整体完工后才可使用或者才可对外销售的，应当在该资产整体完工时停止借款费用的资本化；选项 E，一般借款的借款费用即使在资本化期间也不一定可以资本化。

【答案】 AC

7. 某公司于 2020 年 7 月 1 日从银行取得专门借款 5000 万元用于新建一座厂房，年利率为 5%，利息分季支付，借款期限 2 年。2020 年 10 月 1 日正式开始建设厂房，预计工期 15 个月，采用出包方式建设。该公司于开始建设日、2020 年 12 月 31 日和 2021 年 5 月 1 日分别向承包方付款 1200 万元、1000 万元和 1500 万元。由于可预见的冰冻气候，工程在 2021 年 1 月 12 日到 3 月 12 日期间暂停。2021 年 12 月 31 日工程达到预定可使用状态，并向承包方支付了剩余工程款 800 万元，该公司从取得专门借款开始，将闲置的借款资金投资于月收

益率为0.4%的固定收益债券。若不考虑其他因素，该公司在2021年应予资本化的上述专门借款费用为（　　）万元。

A. 121.93　　　　　　B. 163.60　　　　　　C. 205.20　　　　　　D. 250.00

解析　该公司在2021年应予资本化的专门借款费用 = 5000 × 5% − 2800 × 0.4% × 4 − 1300 × 0.4% × 8 = 163.6万元

【答案】 B

8. 甲公司2019年1月1日开始建造一栋办公楼，工期预计为2年，工程采用出包方式。该工程占用的两笔一般借款：一是2019年1月1日，向乙银行取得的长期借款500万元，期限2年，年利率为6%，分期付息到期还本；二是2019年7月1日，向丙银行取得的长期借款1000万元，期限3年，年利率为8%，分期付息到期还本。假设不考虑其他因素，则甲公司2019年该工程占用一般借款的资本化率是（　　）。

A. 7.0%　　　　　　B. 7.3%　　　　　　C. 7.5%　　　　　　D. 7.8%

解析　2019年一般借款的资本化率 = （500 × 6% + 1000 × 8% × 6/12）/（500 + 1000 × 6/12）= 7.0%

【答案】 A

9. 根据《企业会计准则第17号——借款费用》规定，下列借款费用在资本化时需要与资产支出额相挂钩的是（　　）。

A. 专门借款的溢折价摊销　　　　　　B. 一般借款的利息
C. 专门借款的利息　　　　　　　　　D. 外币专门借款汇兑差额

解析　一般借款，在借款费用资本化期间内，为购建或者生产符合资本化条件的资产而占用了一般借款的，应当根据累计资产支出超过专门借款部分的资产支出加权平均数乘以所占用一般借款的资本化率，计算确定一般借款应予资本化的利息金额。

【答案】 B

10. 下列关于借款费用中辅助费用的表述中，正确的有（　　）。
A. 在所购建的资产尚未开始实体建造前，发生的一般借款的辅助费用应予以资本化
B. 在所购建的符合资本化条件的资产达到预定可使用状态后，发生的专门借款的辅助费用应计入当期损益
C. 在所购建的符合资本化条件的资产达到预定可使用状态前，发生的一般借款的辅助费用应计入当期损益
D. 在所购建的符合资本化条件的资产达到预定可使用状态前，发生的专门借款的辅助费用应予以资本化
E. 在所购建的符合资本化条件的资产达到预定可使用状态后，发生的一般借款的辅助费用应计入当期损益

解析　选项A，所购建的资产尚未开始实体建造前，发生的一般借款的辅助费用应予以费用化计入当期损益；选项C，所购建的符合资本化条件的资产达到预定可使用状态前，发

149

生的一般借款的辅助费用应资本化计入相关资产成本。

【答案】BDE

11. 下列关于借款费用的表述中，正确的有(　　)。
   A. 当所购建或生产符合资本化条件的资产已经投入使用或被用于销售时，才应停止其借款费用的资本化
   B. 符合资本化条件的资产在购建或生产过程中发生正常中断的，发生的借款费用应当继续资本化
   C. 符合资本化条件的资产在购建或生产过程中发生非正常中断，且中断时间累计超过3个月的，应当暂停借款费用资本化
   D. 筹建期间不应资本化的借款费用应计入管理费用
   E. 资本化期间，每一个会计期间的利息资本化金额，不应当超过当期相关借款实际发生的利息金额

【解析】所购建或生产的符合资本化条件的资产达到预定可使用或可销售状态时，借款费用应当停止资本化，选项A不正确；符合资本化条件的资产在购建或生产过程中发生非正常中断，且中断时间连续超过3个月的，应当暂停借款费用资本化，选项C不正确。

【答案】BDE

12. 2018年1月1日甲公司正式动工兴建一栋办公楼，工期预计为1.5年，工程采用出包方式，甲公司为建造办公楼占用了专门借款和一般借款，有关资料如下：

（1）2018年1月1日，甲公司取得专门借款800万元用于该办公楼的建造，期限为2年，年利率为6%，按年支付利息、到期还本。

（2）占用的一般借款有两笔：一是2017年7月1日，向乙银行取得的长期借款500万元，期限5年，年利率为5%，按年支付利息、到期还本。二是2018年7月1日，向丙银行取得的长期借款1000万元，期限3年，年利率为8%，按年支付利息、到期还本。

（3）甲公司为建造该办公楼的支出金额如下：2018年1月1日支出500万元；2018年7月1日支出600万元；2019年1月1日支出500万元；2019年7月1日支出400万元。

（4）2018年10月20日，因经济纠纷导致该办公楼停工1个月，2019年6月30日，该办公楼如期完工，并达到预定可使用状态。

（5）闲置专门借款资金用于固定收益债券短期投资，该短期投资月收益率为0.4%。占用的两笔一般借款除用于办公楼的建造外，没有用于其他符合资本化条件的资产的购建或者生产活动。全年按360天计算。

根据上述资料，回答下列问题。

（1）甲公司2018年度专门借款利息费用的资本化金额是(　　)万元。
   A. 40.8　　　B. 48.0　　　C. 33.6　　　D. 46.8

【解析】专门借款资本化金额=资本化期间的实际利息费用−资本化期间闲置资金的投资收益=800×6%−(800−500)×0.4%×6=40.8万元

【答案】A

(2) 甲公司2018年度占用一般借款的资本化率是( )。
A. 6.5%　　　　　B. 7.0%　　　　　C. 5.0%　　　　　D. 7.5%

解析 2018年度占用一般借款的资本化率=（500×5%+1000×8%×6/12）/（500+1000×6/12）=6.5%

【答案】A

(3) 甲公司2018年度的借款利息费用的资本化金额是( )万元。
A. 52.60　　　　B. 49.80　　　　C. 50.55　　　　D. 48.25

解析 2018年度一般借款利息费用资本化金额=资产支出加权平均数（500+600-800）×6/12×资本化率6.5%=9.75万元

2018年度的借款费用的资本化金额=40.8+9.75=50.55万元

【答案】C

(4) 甲公司2019年度的借款利息费用的资本化金额是( )万元。
A. 74　　　　　B. 52　　　　　C. 82　　　　　D. 50

解析 2019年度专门借款费用的资本化金额=800×6%×6/12=24万元

2019年度一般借款费用资本化率=（500×5%×6/12+1000×8%×6/12）/（500×6/12+1000×6/12）=7%

2019年度一般借款费用资本化金额=资产支出加权平均数[（300+500）×6/12]×资本化率7%=28万元

2019年度的借款费用资本化金额=24+28=52万元

【答案】B

13. 2021年1月1日，甲公司开始建造厂房，工期预计两年，该工程没有专门借款，占用两笔一般借款，一笔是2020年1月1日发行的总额为5000万元的一般公司债券，期限为5年，年利率为8%；另一笔是2020年10月20日取得的五年期长期借款1000万元，年利率为6.5%，甲公司分别于2021年1月1日、9月1日支付工程款900万元和1200万元，假定这两笔一般借款除用于厂房建设外，没有其他符合资本化条件的资产购建或生产活动，则甲公司2021年这两笔一般借款发生的利息应予以资本化的金额为( )万元。
A. 85　　　　　B. 93　　　　　C. 133　　　　　D. 100.75

解析
一般借款资本化率=（5000×8%+1000×6.5%）/（5000+1000）=7.75%
所占用一般借款资产支出加权平均数=900+1200×4/12=1300万元
一般借款费用的资本化金额=1300×7.75%=100.75万元

【答案】D

14. 2021年1月1日，甲公司从银行取得年利率为8%的专门借款2000万元用于当日开工建设的厂房，2021年累计发生建造支出1800万元；2022年1月1日，甲公司又从银行取得年利率为6%的一般借款800万元，当天支付工程建造款600万元。甲公司无其他一般借款,若不考虑其他因素,则甲公司2022年第一季度一般借款利息费用应予以资本化的金额是(   )万元。

A. 2　　　　　　B. 3　　　　　　C. 6　　　　　　D. 9

🔍 **解析**　甲公司2022年第一季度一般借款资产支出加权平均数＝（1800＋600－2000）×3/3＝400万元

资本化率＝（800×6%×3/12）/（800×3/3）＝1.5%

甲公司2022年第一季度一般借款利息费用应予以资本化的金额＝400×1.5%＝6万元

【答案】C

15. 下列关于借款费用的表述中,正确的是(   )。
   A. 为简化核算,在资本化期间内,外币借款本金及利息的汇兑差额均应予以资本化
   B. 资产购建过程中发生安全事故而导致的中断,属于非正常中断,应按中断连续时间长短界定借款费用是否暂停资本化
   C. 符合资本化条件的资产,在购建或生产过程中发生正常中断,且中断的时间连续超过3个月的,应当暂停借款费用的资本化
   D. 在资本化期间内,尚未动用的借款进行暂时性投资取得的投资收益,应冲减资本化金额

🔍 **解析**　选项A,在资本化期间内,外币专门借款本金及利息的汇兑差额,应当予以资本化,一般借款汇兑差额不能资本化,都应予以费用化；选项C,发生正常中断,借款费用的资本化应当继续进行；选项D,在资本化期间内,尚未动用的专门借款进行暂时性投资取得的投资收益,应冲减专门借款利息费用的资本化金额。

【答案】B

16. 下列关于暂停借款费用资本化的表述中,正确的有(   )。
   A. 在资产购建中断期间发生的借款费用应先通过"在建工程——待摊支出"账户归集,待重新开始建造时再资本化
   B. 在资产购建过程中发生非正常中断,且中断时间连续超过3个月的,应当暂停借款费用资本化
   C. 在资产购建过程中发生正常中断,且中断时间连续超过3个月的,应当暂停借款费用资本化
   D. 如果资产购建中断过程是资产达到预定可使用状态的必要程序,借款费用应继续资本化
   E. 在资产购建过程中因可预见的不可抗力因素导致中断,借款费用应继续资本化

🔍 **解析**　在中断期间所发生的借款费用,应区分正常中断和非正常中断,正常中断期间发生的借款费用应继续资本化,非正常中断连续超过3个月,中断期借款费用应当计入当期损益,直至购建或者生产活动重新开始,非正常中断连续不超过3个月的应继续资本化,选项AC错误。

【答案】BDE

17. 下列关于债券发行的表述中，正确的有(　　)。
   A. 债券面值与实际收到的款项之间的差额，应计入"应付债券——应计利息"科目
   B. 溢价或折价是债券发行企业在债券存续期间内对利息费用的一种调整
   C. 溢价是企业以后各期少付利息而预先给予投资者的补偿
   D. 折价是企业以后各期多付利息而事先得到的补偿
   E. 债券无论按何种价格发行，均应按其面值计入"应付债券——面值"科目

🔍 **解析**　选项 A，债券面值与实际收到的款项之间的差额计入"应付债券——利息调整"科目；选项 C，溢价是企业以后各期多付利息而事先得到的补偿；选项 D，折价是企业以后各期少付利息而预先给投资者的补偿。

【答案】BE

18. 对于发行债券（分期付息，到期还本，固定利率）企业来说，采用实际利率法摊销债券溢折价时（不考虑相关交易费用），下列表述正确的有(　　)。
   A. 随着各期债券溢价的摊销，债券的摊余成本逐期减少，利息费用则逐期增加
   B. 随着各期债券溢价的摊销，债券的摊余成本逐期接近其面值
   C. 随着各期债券溢价的摊销，债券的应付利息和利息费用都逐期减少
   D. 随着各期债券折价的摊销，债券的摊余成本和利息费用都逐期增加
   E. 随着各期债券折价的摊销，债券的应付利息和利息费用各期都保持不变

🔍 **解析**　债券溢价的情况下，随着各期债券溢价的摊销，摊余成本逐期接近面值，摊余成本逐期减少，利息费用逐期减少，但是应付利息保持不变，所以选项 AC 错误。债券折价的情况下，随着各期债券折价的摊销，摊余成本也是逐期接近面值，摊余成本逐期增加，利息费用逐期增加，应付利息保持不变，选项 E 错误。

【答案】BD

19. 企业发行债券采用实际利率法计算确定的利息费用，可能借记的科目有(　　)。
   A. 财务费用　　　　B. 制造费用　　　　C. 管理费用
   D. 在建工程　　　　E. 研发支出

🔍 **解析**　企业发行债券应于资产负债表日按照摊余成本和实际利率计算确定债券利息，借记"在建工程""制造费用""财务费用""研发支出"等科目。

▎**提示**　**一般公司债券核算**

（一）债券的发行方式

1. 平价发行
债券票面利率等于市场利率时，债券按照票面金额发行。

2. 溢价发行
当票面利率高于市场利率时，债券的发行价格高于票面金额。

3. 折价发行
当票面利率低于市场利率时，债券的发行价格低于票面金额。

（二）一般债券发行的账务处理

1. 债券发行

借：银行存款【发行收款净额】
　　贷：应付债券——面值【债券面值】
　　　　　　　　——利息调整【倒挤差额，或借记】

2. 期末确认利息费用（实际利率法）

借：在建工程、研发支出、制造费用、财务费用等【实际利息＝期初摊余成本×实际利率】
　　应付债券——利息调整【倒挤差额，或贷记】
　　贷：应付利息【分期付息债券利息＝面值×票面利率】
　　　　应付债券——应计利息【到期一次还本付息债券利息】

3. 到期归还本金和利息

借：应付债券——面值
　　　　　　——应计利息【到期一次还本付息债券利息】
　　应付利息【分期付息债券的最后一次利息】
　　贷：银行存款

【答案】ABDE

20. 甲公司 2018 年 1 月 1 日，发行三年期可转换的公司债券，面值总额为 10000 万元，每年 12 月 31 日付息，到期一次还本，实际收款是 10200 万元，债券票面年利率为 4%，债券发行时二级市场与之类似的没有附带转换权的债券的市场利率为 6%，债券发行 1 年后可按照债券的账面价值转换为普通股股票。则 2018 年 12 月 31 日该可转换公司债券确认的利息费用为（　　）万元。已知（P/A, 4%, 3）＝2.7751，（P/A, 6%, 3）＝2.6730，（P/F, 4%, 3）＝0.8890，（P/F, 6%, 3）＝0.8396。

A. 550.67　　　　B. 450.00　　　　C. 567.91　　　　D. 400.00

解析　负债成分公允价值＝10000×4%×（P/A, 6%, 3）＋10000×（P/F, 6%, 3）＝400×2.6730＋10000×0.8396＝9465.20 万元

2018 年的利息费用＝9465.20×6%＝567.912 万元

发行时：

借：银行存款　　　　　　　　　　　　　　　　　　　　10200
　　应付债券——可转换公司债券（利息调整）
　　　　　　　　　　　　　　　　　　（10000－9465.20）534.80
　　贷：应付债券——可转换公司债券（面值）　　　　　　10000
　　　　其他权益工具　　　　　　　　　（10200－9465.20）734.80

2018 年 12 月 31 日：

借：财务费用等　　　　　　　　　　　　　　　　　　　567.91
　　贷：应付利息　　　　　　　　　　　　　　　　　　　　400
　　　　应付债券——可转换公司债券（利息调整）　　　　167.91

【答案】C

21. 甲公司2018年1月1日发行三年期可转换债券，每年1月1日支付上年利息，面值总额为10000万元，实际收款10200万元（不考虑发行费用），票面年利率4%，实际年利率6%。则甲公司发行的可转换公司债券权益成分的金额为（　　）万元。已知（P/A，6%，3）=2.6730，（P/F，6%，3）=0.8396。

  A. 9465.20   B. 11069.20   C. 734.80   D. 1069.20

【解析】 可转换公司债券的负债成分的金额=10000×4%×（P/A，6%，3）+10000×（P/F，6%，3）=9465.2万元

权益成分的金额=10200-9465.2=734.8万元

借：银行存款　　　　　　　　　　　　　　　　　　　　　　　10200
　　应付债券——可转换公司债券（利息调整）（10000-9465.2）534.8
　　贷：应付债券——可转换公司债券（面值）　　　　　　　　　　10000
　　　　其他权益工具　　　　　　　　　　　　　（10200-9465.2）734.8

【答案】 C

22. 下列关于可转换公司债券的表述中，错误的是（　　）。

  A. 初始计量时应先确定负债成分的公允价值
  B. 转换时，应终止确认其负债成分，并将其确认为权益
  C. 初始计量时其权益成分的公允价值应计入资本公积
  D. 发行时发生的交易费用，应在负债成分和权益成分之间进行分摊

【解析】 选项C，初始计量时权益成分的公允价值应计入其他权益工具。

【答案】 C

23. A公司2017年1月1日发行了800万份、每份面值为100元的可转换公司债券，发行价格为80000万元，无发行费用。该债券期限为3年，票面年利率为5%，利息于每年12月31日支付。债券发行一年后可转换为普通股。债券持有人若在当期付息前转换股票的，应按照债券面值和应付利息之和除以转股价，计算转换的股数。该公司发行债券时，二级市场上与之类似但没有转股权的债券的市场年利率为9%。A公司发行可转换公司债券初始确认时对所有者权益的影响金额为（　　）万元。已知（P/A，9%，3）=2.5313，（P/F，9%，3）=0.7722。

  A. 8098.8   B. 71901.2   C. 80000.0   D. 0

【解析】 负债成分的公允价值=800×100×5%×（P/A，9%，3）+800×100×（P/F，9%，3）=71901.2万元

权益成分的公允价值=80000-71901.2=8098.8万元，因此发行时影响所有者权益的金额为8098.8万元。

借：银行存款　　　　　　　　　　　　　　　　　　　　　　　80000
　　应付债券——可转换公司债券——利息调整　　　　　　　　8098.8
　　贷：应付债券——可转换公司债券——面值　　　　　　　　　80000
　　　　其他权益工具　　　　　　　　　　　　　　　　　　　8098.8

提示　可转换公司债券核算

（一）负债成分和权益成分的拆分

算负债成分公允价值	将债券未来现金流量按一定利率（如不附转换权的债券利率）折现
算权益成分公允价值	发行价格－负债成分公允价值
分摊交易费用	交易费用在负债成分和权益成分之间按相对公允价值比例分摊

（二）账务处理

1. 发行可转换公司债券

借：银行存款
　　应付债券——可转换公司债券（利息调整）【倒挤差额，或贷记】
　贷：应付债券——可转换公司债券（面值）
　　　其他权益工具【权益成分的公允价值】

2. 转换股份前

可转换公司债券的负债成分，在转换为股份前，其会计处理与一般公司债券相同。

3. 转股时

借：应付债券——可转换公司债券（面值）
　　　　　　——可转换公司债券（利息调整）【或贷记】
　　其他权益工具
　贷：股本
　　　资本公积——股本溢价【倒挤】
　　　银行存款等【不足1股的补差价】

【答案】A

24. 甲公司2022年1月1日发行1000万份可转换公司债券，每份面值100元，每份发行价100.5元，可转债发行2年后，每份可转债可以转换为4股甲公司普通股（每股面值1元），甲公司发行可转换公司债券确认负债的初始计量金额为100150万元，2023年12月31日，与该可转换公司债券相关负债的账面价值为100050万元。2024年1月2日，该可转换公司债券全部转为甲公司股份，甲公司因该可转换公司债券的转换应确认资本公积（股本溢价）的金额是(　　)万元。

A. 400　　　　　　B. 350　　　　　　C. 96050　　　　　　D. 96400

解析　发行债券初始确认的权益成分公允价值＝（100.5×1000）－100150＝350万元，甲公司因该可转换公司债券的转换应确认资本公积（股本溢价）的金额＝350＋100050－1000×4＝96400万元。会计分录如下：

借：应付债券　　　　　　　　　　　　　　　　100050
　　其他权益工具　　　　　　　　　　　　　　350（1000×100.5－100150）
　贷：股本　　　　　　　　　　　　　　　　　4000（4×1000）
　　　资本公积——股本溢价　　　　　　　　　96400（倒挤）

【答案】D

25. 甲公司2021年1月1日发行三年期可转换公司债券,每年1月1日付息、到期一次还本,面值总额为10000万元,实际收款10200万元,票面年利率为4%,实际年利率为6%。债券包含负债成分的公允价值为9465.40万元,2022年1月1日,该项债券被全部转股,转股数共计200万股(每股面值1元)。不考虑其他因素,则2022年1月1日债券转股对甲公司所有者权益的影响额为( )万元。

  A. 9633.32   B. 1069.20   C. 9433.32   D. 10167.92

解析 转股对甲公司所有者权益的影响额 = 转销的应付债券的摊余成本(账面价值) = 9465.40 + (9465.40×6% - 10000×4%) = 9633.32万元

【答案】 A

26. 下列关于可转换公司债券的表述中,正确的有( )。

 A. 负债和权益成分分拆时应采用未来现金流量折现法

 B. 发行时发生的交易费用应当在负债成分和权益成分之间按照各自的相对公允价值比例进行分摊

 C. 附有赎回选择权的可转换公司债券在赎回日若需支付的利息补偿金,应在债券发行日至约定赎回届满日期间计提

 D. 可转换公司债券属混合金融工具,在初始确认时需将负债和权益成分进行分拆

 E. 企业应在"应付债券"科目下设"可转换公司债券(面值、利息调整、其他综合收益)"明细科目核算

解析 选项E,企业应在"应付债券"科目下设"可转换公司债券(面值、利息调整)"明细科目核算,不涉及"其他综合收益"明细科目。

【答案】 ABCD

27. 下列关于可转换公司债券(不考虑发行费用)的会计处理中,正确的有( )。

 A. 发行时,按实际收到的款项计入"应付债券"科目

 B. 发行时,按实际收到金额与该项可转换公司债券包含的负债成分的公允价值差额计入"其他权益工具"科目

 C. 未转换为股票之前,按债券摊余成本和市场实际利率确认利息费用

 D. 存续期间,按债券面值和票面利率计算的应付利息计入"应付利息"科目

 E. 转换为股票时,按应付债券的账面价值与可转换的股票面值的差额计入"资本公积——股本溢价"科目

解析 选项A,按负债成分的公允价值计入"应付债券"科目,实际收到的款项扣除负债成分的公允价值后计入其他权益工具;选项D,计提的利息可能计入应付利息,也可能计入应付债券——应计利息科目;选项E,转股时,应结转应付债券的账面价值和其他权益工具,扣除可转换的股票面值的差额计入资本公积——股本溢价。

【答案】 BC

28. 在资产负债表日，企业根据长期借款的摊余成本和实际利率计算确定的当期利息费用，可能借记的会计科目有（　　）。

A. 研发支出　　　　　　B. 制造费用　　　　　　C. 财务费用

D. 长期借款　　　　　　E. 应付利息

解析　长期借款和应付利息在偿还时计入借方。

【答案】 ABC

29. 在租赁期开始日，下列项目不属于租赁付款额范围的是（　　）。

A. 行使终止租赁选择权需支付的款项

B. 根据出租人提供的担保余值预计应付的款项

C. 取决于指数或比率的可变租赁付款额

D. 固定付款额及实质固定付款额

解析　选项 B，应该是根据承租人提供的担保余值预计应支付的款项。

提示　承租人对租赁的初始计量

（一）租赁负债的初始计量

租赁负债应当按照租赁期开始日尚未支付的租赁付款额的现值进行初始计量。

1. 租赁付款额，是指承租人向出租人支付的与在租赁期内使用租赁资产的权利相关的款项，包括如下5项内容：

（1）固定付款额及实质固定付款额，存在租赁激励的，扣除租赁激励相关金额。

（2）取决于指数或比率的可变租赁付款额。

（3）购买选择权的行权价格，前提是承租人合理确定将行使该选择权。

（4）行使终止租赁选择权需支付的款项，前提是租赁期反映出承租人将行使终止租赁选择权。

（5）根据承租人提供的担保余值预计应支付的款项。

2. 折现率

在计算租赁付款额的现值时，承租人应当采用租赁内含利率作为折现率；无法确定租赁内含利率的，应当采用承租人增量借款利率作为折现率。

（二）使用权资产的初始计量

使用权资产应当按照历史成本进行初始计量。该成本包括：

（1）租赁负债的初始计量金额。

（2）在租赁期开始日或之前支付的租赁付款额，存在租赁激励的，扣除已享受的租赁激励相关金额。

（3）承租人发生的初始直接费用。

（4）承租人为拆卸及移除租赁资产、复原租赁资产所在场地或将租赁资产恢复至租赁条款约定状态预计将发生的成本。

会计分录如下：

借：使用权资产【倒挤】

　　租赁负债——未确认融资费用【尚未支付的租赁付款额与其现值的差额】

贷：租赁负债——租赁付款额【尚未支付的租赁付款额】
　　银行存款【初始直接费用、先付租金】
　　预计负债【期满拆除复原费用的现值】

【答案】B

30. 2020年1月1日甲公司与乙公司签订租赁合同，甲公司租入一栋写字楼，租期为三年，年租金300万元，于每年年末支付。甲公司无法确定租赁内含利率，其增量借款利率为10%。假定不考虑其他因素，2020年12月31日，租赁负债的账面价值为（　　）万元。已知（P/A，10%，3）=2.4869；（P/F，10%，3）=0.7513。

　　A. 371.46　　　　B. 446.07　　　　C. 520.68　　　　D. 600

【解析】 租赁期开始日，承租人确认的租赁负债金额=300×2.4869=746.07万元；2020年应确认的利息费用=746.07×10%=74.61万元，因此2020年12月31日，租赁负债的账面价值=746.07+74.61-300=520.68万元。

租赁期开始日：
借：使用权资产　　　　　　　　　　　　　　　　　　　　746.07
　　租赁负债——未确认融资费用　　　　　　　　　　　　153.93
　　贷：租赁负债——租赁付款额　　　　　　　　（300×3）900

2020年年末
借：财务费用　　　　　　　　　　　　　　　　　　　　　74.61
　　贷：租赁负债——未确认融资费用　　　　　　　　　　　74.61
借：租赁负债——租赁付款额　　　　　　　　　　　　　　300
　　贷：银行存款　　　　　　　　　　　　　　　　　　　　300

【答案】C

31. 在租赁期开始日后发生下列情形，不需要承租人重新计量租赁负债的是（　　）。

A. 实质固定付款额发生变动
B. 用于确定租赁付款额的指数或比率发生变动
C. 购买选择权、续租选择权或终止租赁选择权的评估结果或实际行使情况发生变化
D. 担保余值下的最大敞口发生变动

【解析】 承租人提供了对余值的担保，则租赁付款额应包含该担保下预计应支付的款项，它反映了承租人预计将支付的金额，而不是承租人担保余值下的最大敞口。因此后期担保余值下的最大敞口发生变化，不需要重新计量租赁负债。在租赁期开始日后，当发生下列四种情形时，承租人应当按照变动后的租赁付款额的现值重新计量租赁负债，并相应调整使用权资产的账面价值：（1）实质固定付款额发生变动；（2）担保余值预计的应付金额发生变动；（3）用于确定租赁付款额的指数或比率发生变动；（4）购买选择权、续租选择权或终止租赁选择权的评估结果或实际行使情况发生变化。

【答案】D

32. 在租赁期开始日后，承租人按变动后的租赁付款额的现值重新计量租赁负债，应根据租赁负债现值的增加额借记(　　)。

　　A. 使用权资产　　　　　　　　　　B. 租赁负债——租赁付款额
　　C. 租赁负债——未确认融资费用　　　D. 财务费用

解析　在租赁期开始日后，承租人按变动后的租赁付款额的现值重新计量租赁负债的，当租赁负债增加时，应当按租赁付款额现值的增加额，借记"使用权资产"科目，按租赁付款额的增加额，贷记"租赁负债——租赁付款额"科目，按其差额，借记"租赁负债——未确认融资费用"科目。

【答案】 A

33. 甲公司从乙公司租入设备一台。租赁合同主要内容：该设备租赁期为10年，每年年末支付固定租金10万元，甲公司（即承租人）担保的资产余值为2万元，担保公司担保的金额为5万元。甲公司预计应支付的担保额为1万元。不考虑其他因素，则甲公司租入该设备的租赁付款额为(　　)万元。

　　A. 102　　　　　B. 101　　　　　C. 107　　　　　D. 106

解析　承租人租赁付款额 = 10 × 10 + 1 = 101 万元

【答案】 B

34. 甲公司向乙公司租赁一间临街商铺，租期五年，自2021年1月1日至2025年12月31日，租金总额为200万元。租赁当日，甲公司预付了100万元的租金，剩余租金于每年年末支付20万元。合同中并未说明相关的租赁内含利率，银行同期增量借款利率为8%，已知（P/A,8%,5）=3.9927,（P/F,8%,5）=0.6806。不考虑其他因素，甲公司在租赁期开始日对该项租赁应确认的租赁负债的金额为(　　)万元。

　　A. 79.854　　　B. 179.854　　　C. 200　　　　　D. 100

解析　租赁负债应当按照租赁期开始日尚未支付的租赁付款额的现值进行初始计量，因此甲公司应确认的租赁负债 = 20 × 3.9927 = 79.854 万元。

注意：甲公司预付的租金100万元不属于尚未支付的款项，不计入租赁负债初始计量金额。

【答案】 A

35. 根据《企业会计准则第21号——租赁》规定，下列影响使用权资产的成本的有(　　)。

　　A. 租赁负债的初始计量金额
　　B. 承租资产的公允价值
　　C. 承租人发生的初始直接费用
　　D. 在租赁期开始日或之前支付的租赁付款额
　　E. 租赁激励

解析　使用权资产的成本包括：（1）租赁负债的初始计量金额；（2）在租赁期开始日

或之前支付的租赁付款额，存在租赁激励的，应扣除已享受的租赁激励相关金额；(3) 承租人发生的初始直接费用；(4) 承租人为拆卸及移除租赁资产、复原租赁资产所在场地或将租赁资产恢复至租赁条款约定状态预计将发生的成本。

【答案】ACDE

36. 2016 年 12 月 31 日，A 公司向 B 公司租入一台不需要安装的设备，自 2017 年开始，在 10 年内于每年年末支付租金 100000 元。A 公司估计该设备的预计使用年限为 15 年，净残值为零，采用年限平均法计提折旧。假设租赁期满该设备的所有权归 A 公司，根据出租人租赁内含利率 8% 确定的 10 年租金的现值为 671008 元。则 2017 年度 A 公司应确认( )。

　　A. 财务费用 45681 元，折旧 46667 元　　　　B. 财务费用 53681 元，折旧 44734 元
　　C. 财务费用 45681 元，折旧 67101 元　　　　D. 管理费用 100000 元

解析　在租赁期开始日，承租人应当将租赁付款额现值加上初始直接费用作为租入资产的入账价值，因此使用权资产入账价值为 671008 元。2017 年应计提折旧额 = 671008/15 = 44733.87 ≈ 44734 元，分摊未确认融资费用计入财务费用额 = 671008 × 8% = 53680.64 ≈ 53681 元。

【答案】B

37. 在租赁期开始日，企业租入的资产可以选择不确认使用权资产和租赁负债的是( )。

　　A. 经营租赁　　　　　　　　　　　　　　　B. 转租资产租赁
　　C. 融资租赁　　　　　　　　　　　　　　　D. 租赁期不足 12 个月的短期租赁

解析　对于在租赁期开始日，租赁期不超过 12 个月的短期租赁以及单项租赁资产为全新资产时价值较低的低价值资产租赁，承租人可以选择不确认使用权资产和租赁负债。

【答案】D

38. 下列关于出租人对经营租赁的会计处理表述中，正确的有( )。
　　A. 为承租人承担某些费用的激励措施时，应将该费用自租金收入总额中扣除
　　B. 应采用类似资产的折旧政策对租赁的固定资产计提折旧
　　C. 租赁期内只能采用直线法将租赁收款额确认为租金收入
　　D. 对已识别的减值损失应计提资产减值准备
　　E. 发生的与经营租赁有关的初始直接费用直接计入损益

解析　选项 C，在租赁期内各个期间，出租人应采用直线法或其他系统合理的方式将经营租赁收款额确认为收入；选项 E，出租人发生的与经营租赁有关的初始直接费用应当资本化至租赁标的资产的成本。

【答案】ABD

39. 租赁变更作为一项单独租赁处理，应同时满足的条件有( )。
　　A. 通过增加一项或多项租赁资产的使用权而扩大租赁范围

B. 通过增加一项或多项租赁资产的使用权而延长租赁期限

C. 增加的对价与租赁范围扩大部分或租赁期限延长部分的单独价格按合同情况调整后的金额相当

D. 担保余值预计的应付金额发生变动

E. 购买选择权、续租选择权的评估结果或实际行使情况发生变化

解析 选项DE，属于租赁负债应重新计量的情形。

【答案】 ABC

40. 甲公司将一台固定资产以经营租赁方式租赁给乙公司，租赁期为12个月，租金总额为65200元，最后两个月免交租金，此外，甲公司还承担了乙公司的费用2800元。不考虑其他因素，则甲公司最后一个月的租金收入为（　　）元。

　　A. 0　　　　　　B. 5200　　　　　　C. 6240　　　　　　D. 5433.33

解析 甲公司最后一个月的租金收入＝每月的租金收入＝（65200－2800）÷12＝5200元。

提示 出租人提供免租期的，出租人应将租金总额在不扣除免租期的整个租赁期内，按直线法或其他合理的方法进行分配，免租期内应当确认租金收入。出租人承担了承租人某些费用的，出租人应将该费用自租金收入总额中扣除，按扣除后的租金收入余额在租赁期内进行分配。

【答案】 B

41. 售后租回交易中的资产转让属于销售的，销售对价低于市场价格的款项，卖方兼承租人应作为（　　）。

　　A. 销售损失　　　B. 金融负债　　　C. 租赁支出　　　D. 预付租金

解析 销售对价低于市场价格的款项，卖方兼承租人应作为预付租金进行会计处理；销售对价高于市场价格的款项作为买方兼出租人向卖方兼承租人提供的额外融资进行会计处理。

【答案】 D

42. 下列关于卖方兼承租人对售后租回认定为销售情形的会计处理中，正确的有（　　）。

A. 应按实际收到价款全额确认为收入

B. 应全额终止确认原资产账面价值

C. 应当按原资产账面价值中与租回获得的使用权有关的部分，计量售后租回所形成的使用权资产

D. 应将出售资产的账面价值与取得对价现值之间的差额确认为当期利得与损失

E. 销售对价低于市场价格的款项作为预付租金进行会计处理

解析 售后租回交易中的资产转让属于销售的：卖方兼承租人应当按原资产账面价值中与租回获得的使用权有关的部分，计量售后租回所形成的使用权资产，并仅就转让至买方兼

出租人的权利确认相关利得或损失。

【答案】BCE

43. 甲公司是乙公司的母公司，2018 年 12 月乙公司经营状况严重恶化难以偿还银行借款，商业银行向法院起诉要求甲公司代为偿还贷款本息 260 万元，该借款系 2016 年 5 月乙公司向商业银行借入 200 万元，当时甲公司担保了贷款本息的 80%，至 2018 年年末法院尚未做出判决，则甲公司在 2018 年应确认预计负债的金额为（ ）万元。

A. 208　　　　　B. 260　　　　　C. 200　　　　　D. 160

解析　应确认预计负债的金额 = 260 × 80% = 208 万元

【答案】A

44. 甲公司本期销售收入为 2000 万元。甲公司的产品质量保证条款规定：产品售出后一年内，如发生正常质量问题，甲公司将免费负责修理。根据以往的经验，如果出现较小的质量问题，则需发生的修理费为销售收入的 2%；而如果出现较大的质量问题，则需发生的修理费为销售收入的 3%。据预测，本年度已售产品中，估计有 80% 不会发生质量问题，有 10% 将发生较小质量问题，有 10% 将发生较大质量问题。据此，甲公司本期应确认的预计负债金额为（ ）万元。

A. 6　　　　　B. 8　　　　　C. 9　　　　　D. 10

解析　甲公司应确认的预计负债金额 =（10% × 2% + 10% × 3%）× 2000 = 10 万元

提示　附有销售退回条款的销售业务处理

（一）销售时

确认收入	借：银行存款等【全部价税】 　　贷：主营业务收入【总售价 × 预计不会退货的比率】 　　　　预计负债【总售价 × 预计退货率】 　　　　应交税费——应交增值税（销项税额）
结转成本	借：主营业务成本【总成本 × 预计不会退货的比率】 　　应收退货成本【总成本 × 预计退货率】 　　贷：库存商品【总成本】

（二）月末调整预计退货率时

如果调低退货率	借：预计负债 　　贷：主营业务收入 借：主营业务成本 　　贷：应收退货成本
如果调高退货率	上述相反分录

（三）退货期满时

如果退货率与预计相同	借：库存商品 　　预计负债 　　应交税费——应交增值税（销项税额） 　贷：银行存款 　　　应收退货成本
如果退货率低于预计标准	借：库存商品 　　预计负债 　　应交税费——应交增值税（销项税额） 　贷：银行存款 　　　应收退货成本 　　　主营业务收入 同时： 借：主营业务成本 　贷：应收退货成本
如果退货率高于预计标准	借：库存商品 　　预计负债 　　应交税费——应交增值税（销项税额） 　　主营业务收入 　贷：银行存款 　　　应收退货成本 　　　主营业务成本

【答案】D

45. 下列各项中，应通过"长期应付款"科目核算的经济业务是( )。

A. 以分期付款方式购买固定资产发生的应付款项

B. 以分期付款方式购买无形资产的购买价款现值

C. 企业从金融机构借入的期限在1年以上的借款

D. 账龄为三年的商品应付款

解析 选项B，计入"无形资产"科目，作为无形资产的入账价值；选项C，计入"长期借款"科目；选项D，计入"应付账款"科目。

【答案】A

46. 甲公司2017年年初从乙公司购买一项商标权，由于甲公司资金比较紧张，经与乙公司协议采用分期付款方式支付款项。合同规定，该项商标权总计1000万元，每年年末付款200万元，5年付清。假定银行同期贷款利率为5%。假定不考虑增值税等因素，采用实际利率法摊销未确认融资费用，则甲公司 2017 年度应摊销未确认融资费用的金额为( )万元。已知（P/A，5%，5）= 4.3295，（P/F，5%，5）= 0.7835。

  A. 43.295   B. 86.59   C. 80   D. 78.35

【解析】 长期应付款的现值 = 200×4.3295 = 865.9 万元，故"无形资产——商标权"的入账价值为 865.9 万元。2017 年度未确认融资费用的摊销额 = 865.9×5% = 43.295 万元。

购入无形资产时

借：无形资产   865.9

  未确认融资费用   134.1

  贷：长期应付款   1000

2017 年年末

借：财务费用   43.295

  贷：未确认融资费用   43.295

借：长期应付款   200

  贷：银行存款   200

【答案】 A

47. 企业在确认预计负债时，其中的条件之一是"该义务的履行很可能导致经济利益流出企业"，其很可能是指发生的可能性为( )。

  A. 大于 5% 但小于或等于 50%   B. 大于 50% 但小于或等于 95%

  C. 大于 95% 但小于 100%   D. 大于 0 但小于或等于 5%

【解析】 选项 A 属于"可能"；选项 B 属于"很可能"；选项 C 属于"基本确定"；选项 D 属于"极小可能"。

【答案】 B

48. 下列各项业务中，不通过"长期应付款"科目核算的有( )。

  A. 政府对企业投入的具有特定用途的款项

  B. 向银行借入的三年期借款

  C. 承租人按长期租赁合同约定应付的租赁款

  D. 以分期付款方式购入固定资产发生的应付款

  E. 出租包装物收到的押金

【解析】 选项 A，计入专项应付款；选项 B，计入长期借款；选项 C，计入租赁负债；选项 E，计入其他应付款。

【答案】 ABCE

49. 企业将收到国家指定为资本性投入具有专项用途的款项用于工程项目，待项目完工，款项对应形成固定资产的部分，在核销专项应付款时应贷记的会计科目为( )。

  A. 其他综合收益   B. 营业外收入

  C. 递延收益   D. 资本公积——资本溢价

165

解析 企业将收到国家指定为资本性投入具有专项用途的款项用于工程项目，待项目完工，款项对应形成固定资产的部分，在核销专项应付款时应贷记"资本公积——资本溢价"科目。

【答案】 D

50. 下列交易事项中，不属于或有事项的是（　　）。
A. 企业销售产品时提供的"三包"质量保证服务
B. 已贴现的商业承兑汇票
C. 企业向存在较大财务风险的企业销售产品
D. 企业存在环境污染整治的义务

解析 或有事项是指过去的交易或者事项形成的，其结果须由某些未来事项的发生或不发生才能决定的不确定事项。选项C，因为存在较大财务风险，所以销售时确定不能确认收入，不属于或有事项。

【答案】 C

51. 根据或有事项准则的规定，或有事项确认为预计负债应同时满足的条件有（　　）。
A. 该义务是企业承担的现时义务
B. 履行该义务基本确定导致经济利益流出企业
C. 流出的经济利益预期基本确定从第三方得到补偿
D. 履行该义务很可能导致经济利益流出企业
E. 履行该义务的金额能够可靠计量

解析 与或有事项相关的义务同时满足以下条件的，应当确认为预计负债：（1）该义务是企业承担的现时义务；（2）履行该义务很可能导致经济利益流出企业；（3）该义务的金额能够可靠地计量。

【答案】 ADE

52. 2017年12月1日B公司对A公司提起诉讼，认为A公司侵犯公司知识产权，要求A公司赔偿损失，至2017年12月31日法院尚未对案件进行审理。A公司经咨询律师意见，认为胜诉的可能性为40%，败诉的可能性为60%。如果败诉需要赔偿50万元，则2017年12月31日A公司应确认预计负债的金额是（　　）万元。
A. 15　　　　　B. 30　　　　　C. 50　　　　　D. 0

解析 或有事项涉及单个项目的，按照最可能发生金额确定。因此应确认预计负债50万元。

【答案】 C

53. 甲公司生产并销售乙产品，2017年5月实现销售收入1000万元，根据产品质量保障条款，该产品售出后6个月内，如果出现质量问题可以免费进行维修，根据以往的经验估计，出现较大问题时的维修费用为销售收入的2%；出现较小问题时的维修费用为销售收入的 1%。甲公司估计售出的产品中有 90% 不会出现质量问题，8% 可能发生较小的质量问题，2% 可能发生较大质量问题。则甲公司当月应确认的预计负债金额为(　　)万元。

A. 1.20　　　　　　B. 2.40　　　　　　C. 3.60　　　　　　D. 4.80

解析　当月应确认预计负债的金额 = 1000 ×（2% × 2% + 1% × 8%）= 1.2 万元

【答案】 A

54. 2019 年 12 月 1 日，甲公司为乙公司提供债务担保，因乙公司违约，乙公司和甲公司共同被提起诉讼，要求偿还债务 100 万元，至年末，法院尚未做出判决。甲公司预计该诉讼很可能败诉，需承担担保连带责任，估计代偿金额为 80 万元，甲公司若履行担保连带责任，确定可以从第三方获得补偿 50 万元，并取得了相关证明。甲公司 2019 年 12 月 31 日对该或有事项的会计处理中，正确的是(　　)。

A. 确认预计负债 100 万元、确认资产 50 万元
B. 确认预计负债 80 万元、确认资产 50 万元
C. 确认预计负债 80 万元、确认资产 0 元
D. 确认预计负债 30 万元、确认资产 0 元

解析　预计负债应当按照履行相关现时义务所需支出的最佳估计数进行初始计量。当企业清偿预计负债所需支出全部或部分预期由第三方补偿的，补偿金额只有在基本确定能够收到时才能作为资产单独确认，而且确认的补偿金额不应当超过预计负债的账面价值，并且不能作为预计负债的扣减进行处理。

因此甲公司的会计分录是：

借：营业外支出　　　　　　　　　　　　　　　　　　　80
　　贷：预计负债　　　　　　　　　　　　　　　　　　　　80
借：其他应收款　　　　　　　　　　　　　　　　　　　50
　　贷：营业外支出　　　　　　　　　　　　　　　　　　　50

【答案】 B

55. 2015 年度 A 公司销售甲产品和乙产品分别为 1 万件和 2 万件，销售单价分别为每件 200 元和 50 元，A 公司向购买者承诺提供产品售后 2 年内免费保修服务，预计保修期内将发生的保修费在销售额的 1% ~ 5% 之间。2015 年度实际发生产品保修费 4 万元。假设无其他或有事项，则 A 公司"预计负债"账户 2015 年期末余额为(　　)万元。

A. 5.0　　　　　　B. 3.5　　　　　　C. 2.0　　　　　　D. 9.0

解析　预计负债期末余额 =（200 × 1 + 50 × 2）×（1% + 5%）/2 - 4 = 5.0 万元

【答案】 A

56. 企业当期实际发生的担保诉讼损失金额与前期资产负债表已合理计提的预计负债的差额可能计入的会计科目有(　　)。

A. 营业外收入　　　　B. 营业外支出　　　　C. 其他收益
D. 管理费用　　　　　E. 预计负债

解析 企业当期实际发生的担保诉讼损失金额与前期资产负债表已合理计提的预计负债的差额，直接计入或冲减当期营业外支出。

借：营业外支出
　　贷：预计负债

【答案】BE

57. 下列企业因担保事项涉及诉讼情况的表述，正确的是(　　)。
A. 法院尚未判决，而且企业败诉可能性大于胜诉可能性，但如果损失金额不能合理估计，则不应确认预计负债
B. 企业已被判决败诉，但正在上诉的，不应确认预计负债
C. 法院尚未判决，但企业估计败诉的可能性大于胜诉可能性，应将对外担保额确认为预计负债
D. 因法院尚未判决，企业没有必要确认负债

解析 选项B，应根据企业已判决的金额确认预计负债；选项C，企业应根据合理估计的损失金额确认预计负债，而不是担保额；选项D，企业要根据合理估计损失金额确认预计负债。

【答案】A

58. 2014年12月1日，甲公司与乙公司签订不可撤销的合同：甲公司应于2015年4月底前向乙公司交付一批不含税价格为500万元的产品，若甲公司违约需向乙公司支付违约金80万元。合同签订后甲公司立即组织生产，至2014年12月31日发生成本40万元，因材料价格持续上涨，预计产品成本为550万元。假定不考虑其他因素，甲公司2014年12月31日因该份合同需确认的预计负债为(　　)万元。

A. 40　　　　　　B. 10　　　　　　C. 50　　　　　　D. 80

解析 执行合同损失＝550－500＝50万元；不执行合同损失＝违约金80万元，因此企业会选择执行合同，因为产品只有成本40万元，因此计提40万元的存货跌价准备，超额部分50－40＝10万元确认预计负债。

【答案】B

59. 将企业承担的重组义务确认为预计负债的条件有(　　)。
A. 该重组义务是现时义务
B. 履行该重组义务可能导致经济利益流出企业
C. 履行该重组义务的金额能够可靠计量
D. 有详细、正式的重组计划，包括重组涉及的业务、主要地点、需要补偿的职工人数等
E. 重组计划已对外公告，尚未开始实施

解析 选项B，应该是履行该重组义务很可能导致经济利益流出企业；选项DE，根据或有事项准则的规定，同时存在下列情况时，表明企业承担了重组义务：(1) 有详细、正

式的重组计划，包括重组涉及的业务、主要地点、需要补偿的职工人数以及其岗位性质、预计重组支出、计划实施时间等；(2)该重组计划已对外公告，重组计划已开始实施，或已向受其影响的各方通告了该计划的主要内容，从而使各方形成了对企业将实施重组的合理预期。

【答案】AC

60. 下列关于预计负债的会计处理中，正确的有( )。
A. 针对特定批次产品确认的预计负债，在保修期结束时应将"预计负债——产品质量保证"账户余额冲销
B. 企业当期实际发生的担保诉讼损失金额与上期合理预计的相关预计负债之间的差额，直接计入当期营业外收入或营业外支出
C. 企业承担的重组义务满足预计负债确认条件的，应将留用职工岗前培训、市场推广等与重组相关的支出确认为预计负债
D. 因某产品质量保证而确认的预计负债，当企业不再生产该产品时，应在产品质量保证期内将"预计负债——产品质量保证"账户余额予以冲销
E. 待执行合同变成了亏损合同，产生的义务满足预计负债确认条件的，应按履行该合同的成本与未能履行该合同而产生的处罚，两者较高者计量预计负债

解析　选项C，留用职工岗前培训、市场推广不属于与重组义务直接相关的支出，不确认预计负债；选项D，已确认预计负债的产品，如企业不再生产，则应在相应的产品质量保证期满后，将"预计负债——产品质量保证"余额冲销，不留余额；选项E，应在履行该合同的成本与未能履行该合同而发生的补偿或处罚两者之中的较低者计量预计负债。

【答案】AB

61. 下列属于债务人以组合方式清偿债务的债务重组方式有( )。
A. 以现金偿还部分债务，同时将剩余债务展期
B. 以一项同时包含金融负债成分和权益工具成分的复合金融工具替换原债务
C. 以机器设备偿还部分债务，剩余债务转为资本
D. 破产清算期间以其厂房偿还部分债务，剩余债务于破产清算终结日豁免
E. 修改债务本金、利息及还款期限条款

解析　选项BD，不适用债务重组准则；选项E，属于修改其他条款方式的债务重组。

【答案】AC

62. 甲公司、乙公司于2020年12月1日进行债务重组。重组日，甲公司应收乙公司账面余额为216万元，已提坏账准备28万元，应收账款公允价值为182万元，乙公司用库存商品抵偿债务，库存商品公允价值为200万元，增值税税额为26万元。甲公司为取得库存商品发生运输费用3万元。不考虑其他因素，则甲公司因该债务重组确认投资收益为( )万元。

A. 20　　　　　B. -6　　　　　C. 12　　　　　D. -9

解析 甲公司应确认投资收益额 = 182 -（216 - 28）= -6 万元

甲公司账务处理：

借：库存商品	（182 - 26 + 3）159
应交税费——应交增值税（进项税额）	26
坏账准备	28
投资收益	［（216 - 28）- 182］6
贷：应收账款	216
银行存款	3

提示 债务重组

（一）债务人以包括现金在内的金融资产清偿债务的会计处理

债务人	债权人
借：应付账款等 　贷：银行存款/金融资产等 　　　投资收益	受让现金： 借：银行存款 　　坏账准备 　　投资收益【差额】 　贷：应收账款等 受让现金以外的金融资产： 借：金融资产科目 　　坏账准备 　　投资收益【差额】 　贷：应收账款等 在相关资产符合其定义和确认条件时予以确认

（二）以金融资产以外的资产清偿债务的会计处理

债务人	债权人
借：应付账款等 　贷：资产类科目 　　　其他收益——债务重组收益【清偿债务账面价值与清偿资产账面价值的差额】	借：相关资产科目 　　坏账准备 　　投资收益【放弃债权的公允价值与账面价值的差额】 　贷：应收账款等

【答案】B

63. 债务重组中债务人以存货清偿债务的，所清偿债务的账面价值与存货账面价值之间的差额应计入的会计科目是(　　)。

A. 其他收益　　　　B. 投资收益　　　　C. 主营业务收入　　　　D. 其他业务收入

解析 债务人以单项非金融资产清偿债务，应将所清偿债务账面价值与转让资产账面价值之间的差额，计入"其他收益——债务重组收益"科目。

【答案】A

64. 2021年2月10日甲公司赊销一批材料给乙公司，应收价税合计金额为150000元。当年5月10日，乙公司发生财务困难，无法按合同规定偿还债务，经双方协议，甲公司同意减免乙公司10000元债务，余额用银行存款立即清偿。已知甲公司已对该债权计提了3000元坏账准备，则甲公司确认的债务重组损失为( )元。

A. 7000　　　　　B. 10000　　　　　C. 140000　　　　　D. 150000

解析　甲公司确认的债务重组损益＝（150000－10000）－（150000－3000）＝－7000元
会计分录如下：

借：银行存款　　　　　　　　　　　　　　　　　　140000
　　坏账准备　　　　　　　　　　　　　　　　　　　3000
　　投资收益　　　　　　　　　　　　　　　　　　　7000
　　贷：应收账款　　　　　　　　　　　　　　　　150000

【答案】A

65. 2018年2月10日甲公司赊销一批材料给乙公司，应收价税合计金额为58500元，当年5月10日，乙公司发生财务困难，无法按合同规定偿还债务，经双方协议，甲公司同意减免乙公司10000元债务，余额用银行存款立即支付，甲公司已对该债权计提了1000元坏账准备，则下列关于该债务重组的会计处理表述中正确的有( )。

A. 乙公司应确认投资收益10000元　　　B. 甲公司应确认投资损失10000元
C. 甲公司应确认投资损失9000元　　　　D. 乙公司应确认投资收益11000元
E. 乙公司应确认投资收益9000元

解析　乙公司投资收益＝减免的债务＝10000元
甲公司投资损失＝（58500－1000－48500）＝9000元
账务处理如下：
甲公司：
借：银行存款　　　　　　　　　　　　48500（58500－10000）
　　坏账准备　　　　　　　　　　　　　1000
　　投资收益　　　　　　　　　　　　　9000
　　贷：应收账款　　　　　　　　　　　　　　　　58500
乙公司：
借：应付账款　　　　　　　　　　　　58500
　　贷：银行存款　　　　　　　　　　　　　　　　48500
　　　　投资收益　　　　　　　　　　　　　　　　10000

【答案】AC

66. A公司与振兴公司均为增值税一般纳税人，2019—2020年发生的经济业务如下：

(1) 2019年9月1日，A公司向振兴公司销售一批商品，总价款为60万元。振兴公司以一张面值60万元、票面年利率为6%、期限3个月的商业承兑汇票支付货款。

(2) 2019年12月1日，振兴公司发生资金周转困难，不能按期向A公司承兑其商业汇票。2019年12月31日，A公司对该应收款项计提坏账准备5万元。

(3) 2020年1月1日，经双方协商，进行债务重组。A公司同意将债务本金减至50万元，免除2019年12月31日前所欠的全部利息，并将债务到期日延长到2020年6月30日，年利率提高到8%，按季度支付利息、到期还本。

2020年4月1日，振兴公司向A公司支付债务利息1万元。

(4) 2020年7月1日，振兴公司仍不能按期向A公司支付所欠款项，双方再次达成债务重组协议，振兴公司以一项无形资产偿还欠款。该无形资产账面余额为70万元、累计摊销额为20万元、已计提减值准备5万元。

(5) 2020年7月1日，双方办理完成无形资产转让手续，A公司以银行存款支付评估费3万元。当日，A公司应收款项的公允价值为42万元，已计提坏账准备2万元。

不考虑增值税等相关税费。根据上述资料，回答以下问题：

(1) 针对事项（1），A公司持有的应收票据的到期值是(　　)万元。
A. 60.0　　　　B. 60.9　　　　C. 61.8　　　　D. 63.6

解析　应收票据到期值 = 60 + 60 × 6% × 3/12 = 60.9万元

【答案】B

(2) 按照《企业会计准则第12号——债务重组》，下列关于债务重组的表述中，正确的有(　　)。

A. 债务重组必须是在债务人发生财务困难的情况下进行的
B. 债务重组协议中债权人必须对债务人做出让步
C. 债务重组过程中不改变债务方和债权方
D. 债务重组中债务人可以将债务转为权益工具
E. 债务人用于清偿债务的资产可以是金融资产或非金融资产

解析　债务重组是指在不改变交易对手方的情况下，经债权人和债务人协定或法院裁定，就清偿债务的时间、金额或方式等重新达成协议的交易。与原准则相比，新准则不再强调在债务人发生财务困难的背景下进行，也不论债权人是否作出让步。

【答案】CDE

(3) 2020年1月1日，A公司进行债务重组时应确认的投资收益是(　　)万元。
A. -5.0　　　　B. -10.9　　　　C. -10.0　　　　D. -5.9

解析　应确认的投资收益 = 50 - (60.9 - 5) = -5.9万元

借：应收账款　　　　　　　　　　　　　　　　　　　　50
　　坏账准备　　　　　　　　　　　　　　　　　　　　5
　　投资收益　　　　　　　　　　　　　　　　　　　　5.9
　　贷：应收票据　　　　　　　　　　　　　　　　　　60.9

【答案】D

(4) 2020年1月1日,振兴公司进行债务重组时应确认的投资收益是( )万元。
A. 5.0　　　　　　　B. 5.9　　　　　　　C. 10.0　　　　　　D. 10.9

解析　应确认的投资收益 = 60.9 - 50 = 10.9 万元
借:应付票据　　　　　　　　　　　　　　　　　　　60.9
　　贷:应付账款　　　　　　　　　　　　　　　　　　50
　　　　投资收益　　　　　　　　　　　　　　　　　　10.9

【答案】D

(5) 2020年7月1日,A公司进行债务重组时应确认的投资收益是( )万元。
A. -9　　　　　　　B. -7　　　　　　　C. -12　　　　　　D. -10

解析　A公司应确认的投资收益 = 42 - (50 + 50×8%×3/12 - 2) = -7 万元
借:无形资产　　　　　　　　　　　　　　　(42+3) 45
　　坏账准备　　　　　　　　　　　　　　　　　　　　2
　　投资收益　　　　　　　　　　　　　　　　　　　　7
　　贷:应收账款　　　　　　　　　　　(50+50×8%×3/12) 51
　　　　银行存款　　　　　　　　　　　　　　　　　　3

【答案】B

(6) 2020年7月1日,振兴公司进行债务重组时应确认的其他收益是( )万元。
A. 11　　　　　　　B. 9　　　　　　　　C. 6　　　　　　　　D. 0

解析　振兴公司应确认的其他收益 = (50 + 50×8%×3/12) - (70 - 20 - 5) = 6 万元
借:应付账款　　　　　　　　　　51 (50+50×8%×3/12)
　　累计摊销　　　　　　　　　　　　　　　　　　　　20
　　无形资产减值准备　　　　　　　　　　　　　　　　5
　　贷:无形资产　　　　　　　　　　　　　　　　　　70
　　　　其他收益　　　　　　　　　　　　　　　　　　6

【答案】C

67. 甲、乙、丙、丁、戊公司均为增值税一般纳税人。债权方将该应收款项分类为以摊余成本计量的金融资产,债务方将该应付款项分类为以摊余成本计量的金融负债。甲公司2020年发生债务重组业务如下:

(1) 2020年1月10日,戊公司无法按合同规定偿还甲公司的债务23.4万元,经双方协议,甲公司同意减免戊公司4万元债务,余额用银行存款立即偿清。甲公司已对该债权计提了0.1万元坏账准备。

(2) 2020年2月15日,丁公司因无法支付货款100万元与甲公司协商进行债务重组,双方商定甲公司将该债权转为对丁公司的股权投资。5月20日,甲公司办理完成了对丁公司的增资手续,丁公司和甲公司分别支付手续费等相关费用1.5万元和1.2万元。债转股后丁公司总股本为100万元,甲公司持有的抵债股权占丁公司总股本的25%,对丁公司具有重大影响,丁公司股权公允价值76万元,甲公司应收账款的公允价值为76万元。甲公司对该应收账款计提坏账准备 20 万元。

(3) 2019 年 12 月 31 日，丙公司应付甲公司票据的账面余额为 20.8 万元，其中 0.8 万元为累计未付的利息，票面年利率为 8%。由于丙公司连年亏损，资金困难，不能偿付应于 2019 年 12 月 31 日前支付的应付票据。经双方协商，于 2020 年 1 月 1 日进行债务重组。甲公司同意将债务本金减至 16 万元，免去丙公司 2019 年 12 月 31 日前所欠的全部利息；将利率从 8% 降低到 5%，并将债务到期日延长至 2021 年 12 月 31 日，利息按年支付。假设甲公司已对该项债权计提坏账准备 5.2 万元，债务重组后债务的公允价值为 16 万元。

(4) 2019 年 12 月 10 日，甲公司向乙公司销售一批产品，形成应收账款 1000 万元。2020 年 3 月 10 日，债务到期，乙公司经与甲公司协商进行债务重组，乙公司以其生产的产品、一项作为无形资产核算的土地使用权和一项债券投资清偿欠款。

2020 年 3 月 10 日，乙公司上述三项资产的公允价值分别为 200 万元、400 万元和 280 万元。当日，甲公司应收款项的公允价值 930 万元。甲公司对该应收款项已计提坏账准备 50 万元。

2020 年 3 月 26 日，双方办理完毕资产转让手续。甲公司为取得产品发生运输费 2 万元（不考虑运费的增值税因素），为取得债券投资发生手续费 5 万元。

2020 年 3 月 26 日，乙公司用于抵债的产品成本为 140 万元，未计提存货跌价准备，产品增值税税率为 13%；用于抵债的土地使用权原值为 300 万元，已计提摊销 60 万元，已计提减值准备 12 万元，适用的增值税税率为 6%；乙公司该债券投资原作为交易性金融资产核算，账面价值为 310 万元，公允价值为 325 万元。

经税务机关核定，上述库存商品和土地使用权的计税价格分别为 200 万元和 400 万元。甲公司受让上述资产后，分别确认为库存商品、无形资产和债权投资。不考虑其他因素，根据上述资料，回答下列问题（金额单位为万元）。

(1) 甲公司与戊公司债务重组中，甲公司会计处理正确的有(　　)。

  A. 借：银行存款　　　　　　　　　　　　　19.4
     投资收益　　　　　　　　　　　　　　4
      贷：应收账款　　　　　　　　　　　　　　23.4

  B. 借：银行存款　　　　　　　　　　　　　19.4
     投资收益　　　　　　　　　　　　　　3.9
     坏账准备　　　　　　　　　　　　　　0.1
      贷：应收账款　　　　　　　　　　　　　　23.4

  C. 借：银行存款　　　　　　　　　　　　　19.4
     资产减值损失　　　　　　　　　　　　3.9
     坏账准备　　　　　　　　　　　　　　0.1
      贷：应收账款　　　　　　　　　　　　　　23.4

  D. 借：银行存款　　　　　　　　　　　　　19.4
     营业外支出　　　　　　　　　　　　　3.9
     坏账准备　　　　　　　　　　　　　　0.1
      贷：应收账款　　　　　　　　　　　　　　23.4

解析 （1）甲公司应作如下账务处理：

借：银行存款　　　　　　　　　　　　　　　　　　　　　　19.4
　　投资收益　　　　　　　　　　　　　　　　　　　　　　 3.9
　　坏账准备　　　　　　　　　　　　　　　　　　　　　　 0.1
　　贷：应收账款　　　　　　　　　　　　　　　　　　　　23.4

（2）乙公司应作如下账务处理：

借：应付账款　　　　　　　　　　　　　　　　　　　　　　23.4
　　贷：银行存款　　　　　　　　　　　　　　　　　　　　19.4
　　　　投资收益　　　　　　　　　　　　　　　　　　　　 4

【答案】B

（2）甲公司与丁公司债务重组中，甲公司、丁公司会计处理正确的有（　　）。
A. 甲公司确认的长期股权投资为 77.2 万元
B. 甲公司确认的投资收益借方金额为 5.2 万元
C. 丁公司确认的资本公积为 51 万元
D. 丁公司确认投资收益 24 万元

解析 （1）甲公司（债权人）的会计处理

借：长期股权投资——甲公司　　　　77.2（应收公允 76 + 税费 1.2）
　　坏账准备　　　　　　　　　　　　　　　　　　　　　　20
　　投资收益　　　　　　　　　　　　　　　　　　　　　　 4
　　贷：应收账款　　　　　　　　　　　　　　　　　　　　100
　　　　银行存款　　　　　　　　　　　　　　　　　　　　 1.2

（2）丁公司（债务人）的会计处理

借：应付账款　　　　　　　　　　　　　　　　　　　　　　100
　　贷：股本　　　　　　　　　　　　　　　　　　25（100×25%）
　　　　资本公积——股本溢价　　　　　　　49.5（76 - 25 - 1.5）
　　　　银行存款　　　　　　　　　　　　　　　　　　　　 1.5
　　　　投资收益　　　　　　　　　　　　　　　　　　　　24

【答案】AD

（3）甲公司与丙公司债务重组中，双方会计处理不正确的是（　　）。
A. 甲公司确认的重组债权为 17.6 万元　　B. 甲公司确认的投资收益为 0.4 万元
C. 丙公司确认的重组债务为 16 万元　　　D. 丙公司确认的投资收益为 4.8 万元

解析

（1）甲公司（债权人）应作如下账务处理：

借：应收账款——重组债权　　　　　　　　　　　　　　　　16
　　坏账准备　　　　　　　　　　　　　　　　　　　　　　 5.2
　　贷：应收票据　　　　　　　　　　　　　　　　　　　　20.8
　　　　投资收益　　　　　　　　　　　　　　　　　　　　 0.4

(2) 丙公司（债务人）应作如下账务处理
借：应付票据 20.8
　　贷：应付账款——重组债务 16
　　　　投资收益 4.8

【答案】A

(4) 甲公司与乙公司的债务重组中，甲公司受让库存商品、债权投资的入账价值分别为（　　）万元。

A. 200、314　　　B. 217、309　　　C. 202、330　　　D. 200、325

🔍 **解析**　债权投资的入账价值＝325＋5＝330万元
库存商品的入账价值＝200／（200＋400）×（930－280－200×13%－400×6%）＋2＝202万元
甲公司（债权人）的账务处理：
借：债权投资 330（325＋5）
　　库存商品 202（200＋2）
　　无形资产 400
　　应交税费——应交增值税（进项税额） 50（200×13%＋400×6%）
　　坏账准备 50
　　贷：应收账款 1000
　　　　银行存款 7（5＋2）
　　　　投资收益 25

【答案】C

(5) 甲公司与乙公司的债务重组中，影响甲公司损益的金额为（　　）万元。

A. 25　　　B. 27　　　C. 70　　　D. 77

🔍 **解析**　甲公司（债权人）的账务处理：
借：债权投资 330（325＋5）
　　库存商品 202（200＋2）
　　无形资产 400
　　应交税费——应交增值税（进项税额） 50（200×13%＋400×6%）
　　坏账准备 50
　　贷：应收账款 1000
　　　　银行存款 7（5＋2）
　　　　投资收益 25

【答案】A

(6) 甲公司与乙公司的债务重组中，乙公司确认的投资收益为（　　）万元。

A. 222　　　B. 272　　　C. 0　　　D. 240.12

🔍 **解析**　乙公司抵债资产中有非金融资产，应确认其他收益，确认投资收益的金额为0。
借：应付账款 1000

	累计摊销	60	
	无形资产减值准备	12	
贷：	库存商品	140	
	无形资产	300	
	交易性金融资产	310	
	应交税费——应交增值税（销项税额）	50	
	其他收益	272	

■ **拓展** 影响其他收益的金额＝1000－［140＋200×13%＋（300－60－12）＋400×6%＋310］＝272万元

【答案】C

第十四章 所有者权益

■ **考情分析**

本章介绍了所有者权益各项目的核算，除了金融负债和权益工具的区分理解起来难度比较大以外，其他内容比较简单，考试题型一般为单选题和多选题，属于非重点章节。

1. 判断一项金融工具是划分为权益工具还是金融负债，应考虑的基本原则是(　　)。
   A. 未来实施分配的意向
   B. 发行方对一段时期内的损益的预期
   C. 发行方未分配利润等可供分配的权益的金额
   D. 是否存在无条件地避免交付现金或其他金融资产的合同义务

🔍 **解析**　金融负债和权益工具区分的基本原则：(1) 是否存在无条件地避免交付现金或其他金融资产的合同义务；(2) 是否通过交付固定数量的自身权益工具结算。

📌 **提示**　金融负债和权益工具的区分

条件	类型
1. 不能无条件避免以交付现金或其他金融资产来履行合同义务，包括不能无条件避免的赎回和强制付息	金融负债（如普通公司债券、强制付息的优先股和永续债等）
2. 能够无条件地避免交付现金或其他金融资产（无到期日且无回售权、无限期递延、自主决定是否支付股息）	权益工具（如普通股、符合条件的永续债等）
3. 用自身权益工具结算　（1）非衍生工具（如：优先股）　固定数量	权益工具
非固定数量	金融负债
（2）衍生工具（如：认股权证）　固定换固定	权益工具
其他	金融负债

【答案】D

2. 下列关于金融负债的表述正确的是(　　)。
   A. 在满足特定条件时，企业可以对金融负债进行重分类
   B. 将来须用或可用企业自身权益工具进行结算的非衍生工具合同，且企业根据该合同将交付可变数量的自身权益工具的负债为金融负债
   C. 预计负债、递延所得税负债均属于金融负债
   D. 将来以固定数量的自身权益工具交换固定金额的现金的合同应确认为金融负债

解析 企业对所有金融负债均不得进行重分类，选项 A 错误；预计负债、递延所得税负债不符合金融负债的确认条件，不属于金融负债，选项 C 错误；将来以固定数量的自身权益工具交换固定金额的现金的合同应确认为权益工具，选项 D 错误。

【答案】 B

3. 长江股份有限公司于 2017 年 1 月 1 日以每股 25 元的价格发行 1000 万股普通股股票，2018 年 3 月 31 日，公司以每股 20 元的价格回购了其中的 300 万股并注销。假设 2017 年 1 月 1 日至 2018 年 3 月 31 日期间，公司没有发生任何其他权益性交易，则该回购并注销股份的事项对公司 2018 年末所有者权益的影响是(　　)。

A. 导致 2018 年末未分配利润增加
B. 导致 2018 年末资本公积——股本溢价减少
C. 导致 2018 年末其他综合收益增加
D. 导致 2018 年末盈余公积减少

解析 注销库存股时，应按照面值和注销股数计算的股票面值总额，借记"股本"科目，按注销库存股的账面余额，贷记"库存股"科目，按其差额，冲减股票发行时原计入资本公积的溢价部分，借记"资本公积——股本溢价"，不足部分依次冲减"盈余公积"和"利润分配——未分配利润"，本题中资本公积金额足够冲减，故不影响盈余公积，选项 B 正确。

会计分录如下：

借：银行存款　　　　　　　　　　　　　　　　　　25000
　　贷：股本　　　　　　　　　　　　　　　　　　　1000
　　　　资本公积——股本溢价　　　　　　　　　　24000
借：库存股　　　　　　　　　　　　　　　　　　　6000
　　贷：银行存款　　　　　　　　　　　　　　　　　6000
借：股本　　　　　　　　　　　　　　　　　　　　　300
　　资本公积——股本溢价　　　　　　　　　　　　5700
　　贷：库存股　　　　　　　　　　　　　　　　　　6000

【答案】 B

4. 发行方按合同条款的约定赎回所发行的分类为金融负债的金融工具，赎回日该工具的账面价值与赎回价格的差额应计入的会计科目是(　　)。

A. 财务费用　　　　　　　　　　B. 其他综合收益
C. 资本公积　　　　　　　　　　D. 公允价值变动损益

解析 发行方按合同条款约定赎回所发行的分类为金融负债的金融工具，按该工具赎回日的账面价值，借记"应付债券"等科目，按赎回价格，贷记"银行存款"等科目，按其差额，借记或贷记"财务费用"科目。

【答案】 A

5. 下列会计事项在进行账务处理时不通过"资本公积"科目核算的有( )。
A. 为奖励本公司职工而收购的本公司股份
B. 企业无法收回的应收账款
C. 企业从政府无偿取得非货币性资产形成的利得
D. 其他债权投资公允价值发生的变动
E. 采用权益法核算的长期股权投资,投资企业按持股比例确认的被投资单位除净损益、利润分配和其他综合收益外所有者权益变动应享有的份额

解析 收回本公司股份通过"库存股"核算:
借：库存股
　　贷：银行存款
选项 A 正确；
无法收回的应收账款通过"坏账准备"核算:
借：坏账准备
　　贷：应收账款
选项 B 正确；
从政府无偿取得货币性资产或非货币性资产形成的利得通过"其他收益"核算:
借：无形资产等
　　贷：其他收益
选项 C 正确；
其他债权投资公允价值发生的变动通过"其他综合收益"核算:
借：其他债权投资——公允价值变动
　　贷：其他综合收益
或相反,选项 D 正确。
【答案】ABCD

6. 下列各项中,通过"其他综合收益"科目核算的是( )。
A. 公司收到控股股东的现金捐赠
B. 以摊余成本计量的金融资产重分类为以公允价值计量且其变动计入其他综合收益的金融资产,重分类日金融资产公允价值与账面价值的差额
C. 债权人与债务人在债务重组前后均受同一方控制,且债务重组实质是债务人接受权益性投入
D. 注销库存股

解析 选项 ACD,通过"资本公积"科目核算。
【答案】B

7. 下列各项中,将来不会影响利润总额变化的是( )。
A. 外币财务报表折算差额　　　　B. 权益法下可转为损益的其他综合收益
C. 其他债权投资信用减值准备　　D. 其他权益工具投资公允价值变动

解析 选项ABC，将来均可以转入损益，影响利润总额；选项D，其他权益工具投资公允价值变动计入其他综合收益，该其他综合收益将来不能转入损益，而是转入留存收益，不影响利润总额。

【答案】D

8. 下列经济业务中，可能影响企业当期留存收益的是( )。
   A. 税后利润弥补上一年度亏损　　　　B. 盈余公积弥补亏损
   C. 注销库存股的账面余额　　　　　　D. 提取法定盈余公积

解析 选项C，注销库存股时，应按股票面值和注销股数计算的股票面值总额，借记"股本"科目，按注销库存股的账面余额，贷记"库存股"科目，按其差额，冲减股票发行时原计入资本公积的溢价部分，借记"资本公积——股本溢价"科目，回购价格超过上述冲减"股本""资本公积——股本溢价"科目的部分，应依次借记"盈余公积""利润分配——未分配利润"等科目，可能影响留存收益；选项A，属于未分配利润内部变动，不影响留存收益；选项BD，盈余公积和未分配利润一增一减，不影响留存收益总额。

【答案】C

9. 下列各项中，能够引起所有者权益总额发生增减变动的是( )。
   A. 发行五年期公司债券　　　　　　　B. 发放股票股利
   C. 可转换公司债券转股　　　　　　　D. 盈余公积补亏

解析 可转换公司债券转股的分录是：
借：应付债券
　　其他权益工具
　贷：股本
　　　资本公积——股本溢价
故，所有者权益总额增加。

【答案】C

10. 下列关于利润分配及未分配利润的会计处理中，错误的是( )。
    A. 以当年实现的利润弥补以前年度结转的未弥补亏损，不需要进行专门的会计处理
    B. 年末要将"利润分配"科目所属的其他明细科目的余额转入"利润分配——未分配利润"明细科目
    C. 年末要将"本年利润"科目的余额转入到"利润分配——未分配利润"明细科目
    D. 盈余公积弥补亏损时应贷记"利润分配——未分配利润"明细科目

解析 盈余公积弥补亏损时，应当借记"盈余公积"科目，贷记"利润分配——盈余公积补亏"科目。

【答案】D

11. 下列关于资本公积和盈余公积的表述中，正确的有( )。
    A. "资本公积——资本（股本）溢价"可以直接用来转增资本（股本）
    B. 资本公积可以用来弥补亏损
    C. 盈余公积可以用来派送新股
    D. 盈余公积转增资本（股本）时，转增后留存的盈余公积不得少于转增前注册资本的 25%
    E. 公司计提的法定盈余公积累计额达到注册资本的 50% 以上时，可以不再提取

    解析 选项 B，资本公积不得用来弥补亏损。
    【答案】ACDE

12. 股份有限公司按规定注销库存股时，对于被注销库存股的账面价值超过股票面值总额的差额，应依次冲减的项目是( )。
    A. 盈余公积、资本公积、未分配利润
    B. 资本公积、盈余公积、未分配利润
    C. 盈余公积、未分配利润、资本公积
    D. 资本公积、未分配利润、盈余公积

    解析 在注销库存股时，应按股票面值和注销股数计算的股票面值总额，借记"股本"科目，按注销库存股的账面余额，贷记"库存股"科目，按其差额冲减"资本公积——股本溢价"科目，股本溢价不足冲减的，应依次冲减"盈余公积""利润分配——未分配利润"科目。
    【答案】B

13. 权益工具重分类为金融负债，不涉及的会计科目是( )。
    A. 应付债券　　B. 资本公积　　C. 其他权益工具　　D. 其他综合收益

    解析 权益工具重分类为金融负债的账务处理如下：
    借：其他权益工具
    　　贷：应付债券
    　　　　资本公积【倒挤差额，或借】
    【答案】D

14. 下列各项中，属于以后期间满足条件时不能重分类进损益的其他综合收益的是( )。
    A. 因自用房产转换为以公允价值计量的投资性房地产确认的其他综合收益
    B. 因重新计量设定受益计划净负债或净资产形成的其他综合收益
    C. 因债权投资重分类为其他债权投资并以公允价值进行后续计量形成的其他综合收益
    D. 因外币财务报表折算差额形成的其他综合收益

    解析 选项 B，因重新计量设定受益计划净负债或净资产形成的其他综合收益在以后期间不得转入损益。
    【答案】B

15. 甲公司 2018 年年初的所有者权益总额为 1500 万元，不存在以前年度未弥补的亏损。2018 年度发生亏损 180 万元，2019 年度发生亏损 120 万元，2020 年度实现税前利润为 0，2021 年度实现税前利润 500 万元，根据公司章程规定，法定盈余公积和任意盈余公积的提取比例均为 10%，公司董事会提出 2021 年度分配利润 60 万元的议案，但尚未提交股东会审议，假设甲公司 2018 至 2021 年不存在其他纳税调整和导致所有者权益变动的事项，适用企业所得税税率为 25%。则甲公司 2021 年年末所有者权益总额为（　　）万元。

　　A. 1590　　　　　　B. 1650　　　　　　C. 1890　　　　　　D. 1950

解析　甲公司 2021 年末所有者权益总额 = 1500 + 500 − 180 − 120 −（500 − 180 − 120）× 25% = 1650 万元。

【答案】B

16. 下列各项中，属于其他权益工具核算范围的有（　　）。

　　A. 重新计量设定受益计划净负债或净资产所产生的变动
　　B. 企业溢价发行股票取得的投资者认缴款大于所占股份的金额
　　C. 企业发行的可转换公司债券的权益成分
　　D. 企业发行的作为权益核算的优先股
　　E. 以权益结算的股份支付在等待期内所确认的成本费用

解析　选项 A，计入其他综合收益；选项 B，计入资本公积——股本溢价；选项 E，计入资本公积——其他资本公积。

【答案】CD

17. 下列会计事项中，可能引起资本公积金额变动的有（　　）。

　　A. 注销库存股　　　　　　　　　　　B. 处置采用权益法核算的长期股权投资
　　C. 将债权投资重分类为其他债权投资　　D. 用盈余公积分配现金股利
　　E. 以权益结算的股份支付换取职工服务

解析　选项 C，债权投资重分类为其他债权投资时，公允价值与账面价值的差额应计入其他综合收益，不会引起资本公积金额的变动；选项 D，借记"盈余公积"科目，贷记"应付股利"科目，不会引起资本公积金额的变动。

【答案】ABE

18. 下列事项中，应计入其他综合收益的有（　　）。

　　A. 因长期股权投资采用成本法核算确认的被投资单位的其他综合收益
　　B. 现金流量套期工具利得或损失中属于有效套期部分
　　C. 因持有外币其他权益工具投资确认的汇兑差额
　　D. 外币财务报表折算差额
　　E. 因债权投资重分类为其他债权投资确认的贷方差额

解析　选项 A，长期股权投资采用成本法后续计量时，被投资单位确认的其他综合收益，投资方无须进行账务处理，不涉及确认其他综合收益。

【答案】BCDE

19. 下列各项业务中，能使企业资产和所有者权益总额同时增加的有(　　)。
A. 接受非控股股东直接捐赠房产一栋，经济实质表明属于非控股股东对企业的资本性投入
B. 将公允价值大于账面价值的自用房地产转换为采用公允价值模式计量的投资性房地产
C. 确认持有的交易性金融资产期末公允价值低于账面价值的差额
D. 盘盈一项固定资产
E. 期末计提长期借款的利息

解析 选项A
借：固定资产
　　贷：资本公积
选项B：
借：投资性房地产【公允价值】
　　贷：固定资产【账面价值】
　　　　其他综合收益
选项C
借：公允价值变动损益
　　贷：交易性金融资产
选项D
借：固定资产
　　贷：以前年度损益调整
借：以前年度损益调整
　　贷：盈余公积
　　　　利润分配——未分配利润
选项E
借：财务费用/在建工程等
　　贷：应付利息等

【答案】ABD

第十五章 收入、费用、利润和产品成本

■ 考情分析

本章介绍了收入、费用、利润（含政府补助）三个会计要素的核算以及产品成本的计算与核算问题，其中收入部分是历年来考试的重点，各种题型均可能会出现，属于非常重要的章节。

1. 2018年10月1日，甲公司向乙公司销售A产品10万件，每件不含税价格1000元，每件成本860元，当日A产品已发出，且实际控制权已经转移给乙公司；当日收到乙公司支付的货款。协议约定，购货方于次年1月31日之前有权退货。甲公司根据经验，估计退货率为10%。2018年12月31日，甲公司对退货率进行了重新评估，认为只有8%的A产品会被退回。假定不考虑增值税的影响，甲公司2018年12月31日应调整营业收入的金额是（　　）万元。

A. 1000　　　　B. 200　　　　C. 800　　　　D. 2000

解析 应调整的营业收入额 = 1000×10×（10% - 8%）= 200万元

10月1日，销售时：

借：银行存款　　　　　　　　　　　　　　　（1000×10）10000
　　贷：主营业务收入　　　　　　　　　　[1000×10×（1 - 10%）] 9000
　　　　预计负债——应付退货款　　　　　（1000×10×10%）1000
借：主营业务成本　　　　　　　　　　　　[860×10×（1 - 10%）] 7740
　　应收退货成本　　　　　　　　　　　　（860×10×10%）860
　　贷：库存商品　　　　　　　　　　　　　　　　　　　　8600

12月31日，重新估计退货率：

借：预计负债——应付退货款　　　　[（1000×10×（10% - 8%）] 200
　　贷：主营业务收入　　　　　　　　　　　　　　　　　　200
借：主营业务成本　　　　　　　　　　　　　　　　　　　172
　　贷：应收退货成本　　　　　　　　[（860×10×（10% - 8%）] 172

【答案】B

2. 某健身房执行的会员政策为：月度会员300元，季度会员750元，年度会员3000元，会员补差即可升级。某客户2018年1月1日缴纳300元加入月度会员；2月1日补差450元，升级为季度会员。则第一季度该健身房各月应确认的收入额分别为（　　）元。

A. 300，450，0　　B. 250，250，250　　C. 300，225，225　　D. 300，200，250

解析 1月确认的收入：300元；2月确认的收入 = 750/3 × 2 − 300 = 200元；3月确认的收入 = 750 − 300 − 200 = 250元。

【答案】 D

3. 2019年1月1日，甲公司采用分期收款方式向乙公司销售一套大型设备，合同约定的销售价格为1000万元，分4次于每年12月31日等额收取。该大型设备成本为800万元。假定该销售商品符合收入确认条件，同期银行贷款年利率为6%。不考虑其他因素，则甲公司2019年1月1日应确认的销售商品收入金额为(　　)万元。已知 $(P/A, 6\%, 4) = 3.4651$。
   A. 800　　　　　　B. 866.28　　　　　　C. 1000　　　　　　D. 1170

解析 应确认的销售商品收入金额 = 1000/4 × 3.4651 = 866.28万元

借：长期应收款　　　　　　　　　　　　　　　　　　　1000
　　贷：主营业务收入　　　　　　　　　　　　　　　　　866.28
　　　　未实现融资收益　　　　　　　　　　　　　　　　133.72
借：主营业务成本　　　　　　　　　　　　　　　　　　800
　　贷：库存商品　　　　　　　　　　　　　　　　　　　　800

【答案】 B

4. 下列关于合同中存在重大融资成分的说法中，错误的是(　　)。
   A. 合同中存在重大融资成分的，企业应当按照假定客户在取得商品控制权时即以现金支付的应付金额确定交易价格
   B. 交易价格与合同对价之间的差额，应当在合同期间内采用实际利率法摊销
   C. 企业采用分期收款方式销售商品时，应收的合同或协议价款与其公允价值之间的差额确认为未实现的融资收益
   D. 合同开始日，企业预计客户取得商品控制权与客户支付价款间隔即使不超过一年，也应考虑合同中存在的重大融资成分

解析 合同开始日，企业预计客户取得商品控制权与客户支付价款间隔不超过一年的，可以不考虑合同中存在的重大融资成分。

【答案】 D

5. 下列关于应付客户对价的表述中，错误的是(　　)。
   A. 企业应付客户对价的，应当将该应付对价冲减交易价格，并在确认相关收入与支付客户对价二者孰早的时点冲减当期收入
   B. 企业应付客户对价是为了向客户取得其他可明确区分商品的，应当采用与本企业其他采购相一致的方式确认所购买的商品
   C. 企业应付客户对价超过向客户取得可明确区分商品公允价值的，超过金额应当冲减交易价格
   D. 向客户取得的可明确区分商品公允价值不能合理估计的，企业应当将应付客户对价全额冲减交易价格

解析 企业应付客户对价的,应当将该应付对价冲减交易价格,并在确认相关收入与支付客户对价二者孰晚的时点冲减当期收入。

【答案】 A

6. 甲公司生产和销售冰箱,2018年3月,甲公司向零售乙公司销售100台冰箱,每台价格为3000元。甲公司向乙公司提供价格保护,同意在未来6个月内,如果同款冰箱售价下降,则按照合同价格与最低售价之间的差额向乙公司支付差价。甲公司根据以往执行类似合同的经验,预计未来6个月内每台冰箱售价为2200元的概率是10%,售价为2500元的概率是30%,售价为2800元的概率是40%,售价不变的概率是20%。不考虑增值税的影响,则甲公司估计每台的交易价格为(   )元。

    A. 3000   B. 2800   C. 2690   D. 2625

解析 甲公司每台冰箱的交易价格 = 3000×20% + 2800×40% + 2500×30% + 2200×10% = 2690元

【答案】 C

7. 下列关于将交易价格分摊至单项履约成本的表述中,错误的是(   )。
    A. 合同中包含两项或多项履约义务的,企业应当在合同开始日,按照各单项履约义务所承诺商品的单独售价的相对比例,将交易价格分摊至各单项履约义务
    B. 合同开始日之后单独售价的变动的,应重新分摊交易价格
    C. 企业在类似环境下向类似客户单独销售商品的价格,应作为确定该商品单独售价的最佳证据
    D. 在估计单独售价时,企业应当最大限度地采用可观察的输入值,并对类似的情况采用一致的估计方法

解析 企业不得因合同开始日之后单独售价的变动而重新分摊交易价格。

【答案】 B

8. 当合同中包含两项或多项履约义务时,企业应当在合同开始日,按照一定的方法,将交易价格分摊各单项履约义务。这里的方法是指(   )。
    A. 各单项履约义务所承诺商品的单独售价的相对比例
    B. 平均摊销
    C. 各单项履约义务所承诺商品的成本的相对比例
    D. 各单项履约义务所承诺商品的毛利的相对比例

解析 当合同中包含两项或多项履约义务时,企业应当在合同开始日,按照各单项履约义务所承诺商品的单独售价的相对比例,将交易价格分摊各单项履约义务。

【答案】 A

9. 甲公司与乙公司签订合同,在乙公司的一宗土地使用权上按乙公司的设计要求建造一栋办公楼。双方合同约定,在建造过程中乙公司有权修改办公楼的设计,并与甲公司重新

协商设计变更后的合同价款；乙公司每月末按当月工程进度向甲公司支付工程款。如果乙公司终止该合同，已完成建造部分的办公楼归乙公司所有。根据上述资料，甲公司确认收入的时间点是(   )。

    A. 办公楼建造完成时   B. 签订合同时

    C. 提供服务的期间内   D. 终止合同时

解析 甲公司为乙公司建造办公楼，该办公楼位于乙公司的土地使用权上，终止合同时，已建造的办公楼归乙公司所有。这些均表明乙公司在该办公楼建造的过程中就能够控制该在建工程。因此，甲公司提供的该建造服务属于在某一时段内履行的履约义务，甲公司应当在提供该服务的期间内确认收入。

【答案】 C

10. 甲公司为一家生产并销售电梯的公司，2018年2月5日，甲公司与乙公司签订合同，约定销售给乙公司5部电梯，并负责电梯的安装与检验工作，如果电梯不能正常运行，则甲公司需要返修，然后再进行安装和检验，直至电梯能正常运行。不考虑其他因素，下列表述中正确的是(   )。

    A. 销售电梯构成单项履约义务

    B. 安装与检验服务构成单项履约义务

    C. 销售活动和安装与检验服务可明确区分

    D. 销售电梯和安装与检验服务构成单项履约义务

解析 销售电梯活动和安装与检验服务高度关联，因此在合同层面是不可明确区分的，二者构成单项履约义务。

【答案】 D

11. A公司销售甲、乙和丙三种产品，甲产品经常单独出售，其可直接观察的单独售价为80万元；乙产品和丙产品的单独售价均不可直接观察，A公司采用市场调整法估计乙产品的单独售价为40万元，采用成本加成法估计丙产品的单独售价为30万元。2021年，A公司与客户签订一项销售合同，向其销售甲、乙、丙三种产品，合同总价款为120万元。A公司经常以80万元的价格单独销售甲产品，并且经常将乙产品和丙产品组合在一起以40万元的价格销售。假定这三种产品构成3个单项履约义务，上述价格均不包含增值税。假定不考虑其他因素，则丙产品的交易价格为(   )万元。

    A. 30   B. 17.14   C. 22.86   D. 24

解析 在该合同中，分摊至甲产品的交易价格为80万元，分摊至乙产品和丙产品的交易价格合计为40万元，A公司应当进一步按照乙产品和丙产品的单独售价的相对比例将该价格在二者之间进行分摊。因此，各产品分摊的交易价格分别为：

甲产品的交易价格＝80万元

乙产品的交易价格＝40×40/（40＋30）＝22.86万元

丙产品的交易价格＝40×30/（40＋30）＝17.14万元

【答案】 B

12. 在确定交易价格时，企业应当考虑的因素有（　　）。

A. 可变对价
B. 代第三方收取的款项
C. 合同中存在的重大融资成分
D. 非现金对价
E. 应付客户对价

解析　在确定交易价格时，企业应当考虑可变对价、合同中存在的重大融资成分、非现金对价、应付客户对价等因素的影响。

【答案】 ACDE

13. 下列各项中，属于与收入确认有关的步骤的有（　　）。

A. 识别与客户订立的合同
B. 识别合同中的单项履约义务
C. 确定交易价格
D. 将交易价格分摊至各单项履约义务
E. 履行各单项履约义务时确认收入

解析　选项 ABE，主要与收入确认有关；选项 CD，主要与收入的计量有关。

【答案】 ABE

14. 泰山健身房执行的会员政策为：月度会员 150 元，季度会员 400 元，年度会员 1500 元，会员补差即可升级。张三 2020 年 1 月 1 日缴纳 150 元加入月度会员；2 月 1 日补差 250 元，升级为季度会员；4 月 1 日又补差 1100 元，升级为年度会员。假设不考虑税费，收入金额的计量按月平均计算，则下列有关该健身房收入确认的表述中，正确的有（　　）。

A. 2020 年 5 月确认收入 125 元
B. 2020 年 3 月确认收入 133.33 元
C. 2020 年全年收入确认最高是 4 月份
D. 2020 年 2 月确认收入 116.67 元
E. 2020 年全年收入确认最低是 1 月份

解析　客户会员资格升级前后，健身房提供的商品不可区分，故健身房应将会员升级变更部分作为原合同的组成部分进行会计处理。假设收入金额的计量是按月平均计算，则健身房每月确认的收入如下：

1 月份确认收入 150 元；2 月确认收入额 = 400/3 × 2 − 150 = 116.67 元

3 月份确认收入额 = 400 − 150 − 116.67 = 133.33 元

4 月确认收入额 = 1500/12 × 4 − 400 = 100 元

5 月至 12 月，每月的收入额 = 1500/12 = 125 元

【答案】 ABD

15. A 公司 2017 年 1 月 5 日与 B 公司签订合同，为 B 公司的办公楼安装 6 套太阳能发电系统，合同总价格为 180 万元。截至 2017 年 12 月 31 日，A 公司已完成 2 套，剩余部分预计在 2018 年 4 月 1 日之前完成。该合同仅包含一项履约义务，且该履约义务满足在某一时段内履行的条件。A 公司按照已完成的工作流确定履约进度为 60%。假定不考虑相关税费，

A 公司 2017 年应确认的收入为（　　）万元。

A. 60　　　　　　B. 108　　　　　　C. 180　　　　　　D. 0

解析　2017 年应确认的收入 = 180×60% = 108 万元

【答案】B

16. A 公司于 2017 年 1 月 1 日签署了一份关于向 B 公司销售一台大型加工机械设备的买卖约定，该设备的销售总价为 4800 万元，采用分期收款方式分 6 期平均收取，合同签署日收取 800 万元，剩余款项分 5 期在每年 12 月 31 日平均收取。A 公司于 2017 年 1 月 1 日发出该设备，并经 B 公司检验合格，设备成本为 2400 万元。假定不考虑增值税等相关税费；折现率为 10%。已知（P/A，10%，5）= 3.7908，（P/A，10%，6）= 4.3552。

根据上述资料，回答下列问题。

（1）2017 年 1 月 1 日，A 公司应确认的收入金额为（　　）万元。

A. 3032.65　　　B. 3832.64　　　C. 4800.00　　　D. 3484.16

解析　A 公司应确认的收入金额 = 800 + 800×（P/A，10%，5）= 800 + 3032.64（相当于融资成分的本金）= 3832.64 万元

【答案】B

（2）2017 年 1 月 1 日，A 公司应确认的未实现融资收益金额为（　　）万元。

A. 0　　　　　　B. 1315.84　　　C. 1767.36　　　D. 967.36

解析　应确认的未实现融资收益金额 = 4800 − 3832.64 = 967.36 万元

　　借：银行存款　　　　　　　　　　　　　　　　　　　800
　　　　长期应收款　　　　　　　　　　　　　　　　　　4000
　　　贷：主营业务收入　　　　　　　　　　　　　　　　3832.64
　　　　　未实现融资收益　　　　　　　　　　　　　　　967.36

【答案】D

（3）A 公司 2017 年度应摊销未实现融资收益的金额为（　　）万元。

A. 223.26　　　B. 303.26　　　C. 400.00　　　D. 268.42

解析　应摊销未实现融资收益的金额 =（4000 − 967.36）×10% = 303.26 万元，或 = 3032.64（相当于融资成分的本金）×10% = 303.26 万元。

　　借：未实现融资收益　　　　　　　　　　　　　　　　303.26
　　　贷：财务费用　　　　　　　　　　　　　　　　　　303.26
　　借：银行存款　　　　　　　　　　　　　　　　　　　800
　　　贷：长期应收款　　　　　　　　　　　　　　　　　800

【答案】B

（4）A 公司 2017 年 12 月 31 日长期应收款的账面价值为（　　）万元。

A. 1655.90　　　B. 2535.90　　　C. 3600.00　　　D. 2152.58

解析　2017 年 12 月 31 日长期应收款的账面价值 =（4000 − 800）−（967.36 − 303.26）= 2535.9 万元，或 = 3032.64（期初摊余成本）+ 303.26（实际利息）− 800（现

金流入）=2535.9万元。

【答案】B

17. 2017年1月1日，A公司向B公司销售一批商品共3万件，每件售价100元，每件成本80元。销售合同约定2017年3月31日前出现质量问题的商品可以退回。A公司销售当日预计该批商品退货率为12%。2017年1月31日，A公司根据最新情况重新预计商品退货率为10%，假定不考虑增值税等税费。1月份未发生退货。则A公司2017年1月应确认收入（　　）万元。

  A. 264   B. 270   C. 6   D. 300

【解析】 1月份应确认的收入=3×100×（1-10%）=270万元
借：应收账款   (3×100) 300
  贷：主营业务收入   [3×100×（1-12%）] 264
    预计负债——应付退货款   (3×100×12%) 36
借：主营业务成本   [3×80×（1-12%）] 211.2
  应收退货成本   (3×80×12%) 28.8
  贷：库存商品   (3×80) 240
1月31日，再对退货率进行重新估计：
借：预计负债——应付退货款   [3×100×（12%-10%）] 6
  贷：主营业务收入   6
借：主营业务成本   4.8
  贷：应收退货成本   [3×80×（12%-10%）] 4.8

【答案】B

18. 企业采用售后回购方式销售商品时，回购价格高于原销售价格之间的差额，在回购期内按期分摊时应计入的会计科目是（　　）。

  A. 主营业务成本   B. 财务费用   C. 销售费用   D. 主营业务收入

【解析】 回购价格高于原销售价格的，作为融资交易处理，二者的差额属于融资费用，在回购期内按期分摊确认为财务费用。

【答案】B

19. 甲公司2017年6月1日采用售后回购方式向乙公司销售一批商品，销售价格为100万元，回购价格为115万元，回购日期为2017年10月31日，货款已实际收付。假定不考虑增值税等相关税费，则2017年8月31日甲公司因此项售后回购业务确认的"其他应付款"科目余额为（　　）万元。

  A. 100   B. 109   C. 115   D. 106

【解析】 确认"其他应付款"科目的余额=100+（115-100）/5×3=109万元
会计分录如下：
初始销售时：

借：银行存款　　　　　　　　　　　　　　　　　　　　　　　100
　　贷：其他应付款　　　　　　　　　　　　　　　　　　　　　　　100
在 2017 年 6~8 月平均实现的财务费用：
借：财务费用　　　　　　　　　　　　　　　　　　　　　　　　3
　　贷：其他应付款　　　　　　　　　　　　　　　　　　　　　　　　3

▣ 提示　售后回购与售后租回对比总结

售后回购	销售方有回购权利	回购价≥原售价：融资
		回购价＜原售价：租赁
	客户有回售权利	客户有行权的重大经济动因：融资或租赁
		客户没有行权的重大经济动因：附有销售退回条款的销售
售后租回	不属于销售	抵押融资
	属于销售	按比例确认资产处置损益、使用权资产；售价高于公允价值作为额外融资，售价小于公允价值作为预付租金

【答案】B

20. B 公司与兴邦公司均为增值税一般纳税人，B 公司为建筑施工企业，适用增值税税率为 9%。2019 年 1 月 1 日双方签订一项大型设备的建造工程合同，具体合同内容及工程进度有关资料如下：

（1）该工程的造价为 4800 万元，工程期限为一年半，B 公司负责工程的施工及全面管理。兴邦公司按照第三方工程监理公司确认的工程完工量，每半年与 B 公司结算一次。该工程预计 2020 年 6 月 30 日竣工，预计可能发生的总成本为 3000 万元。

（2）2019 年 6 月 30 日，该工程累计实际发生成本 900 万元，B 公司与兴邦公司结算合同价款 1600 万元，B 公司实际收到价款 1400 万元。

（3）2019 年 12 月 31 日，该工程累计实际发生成本 2100 万元，B 公司与兴邦公司结算合同价款 1200 万元，B 公司实际收到价款 1500 万元。

（4）2020 年 6 月 30 日，该工程累计实际发生成本 3200 万元，兴邦公司与 B 公司结算了合同竣工价款 2000 万元，并支付工程剩余价款 1900 万元。

（5）假定上述合同结算价款均不含增值税额，B 公司与兴邦公司结算时即发生增值税纳税义务，兴邦公司在实际支付工程价款的同时支付其对应的增值税款。

（6）假定该建造工程整体构成单项履约义务，并属于一段时间履行的履约义务，B 公司采用成本法确定履约进度。

不考虑其他相关税费等因素影响。根据上述资料，回答下列问题。

（1）下列各项中，属于收入确认条件的有(　　)。
A. 合同各方已批准该合同并承诺将履行各自义务

B. 该合同明确了合同各方与所转让商品或提供劳务相关的权利和义务
C. 该合同具有商业实质
D. 企业因向客户转让商品而有权取得的对价可能收回
E. 该合同有明确的与所转让商品相关的支付条款

解析 当企业与客户之间的合同同时满足下列条件时，企业应当在客户取得相关商品控制权时确认收入：(1)合同各方已批准该合同并承诺将履行各自义务。(2)该合同明确了合同各方与所转让商品或提供劳务相关的权利和义务；(3)该合同有明确的与所转让商品相关的支付条款；(4)该合同具有商业实质；(5)企业因向客户转让商品而有权取得的对价很可能收回。选项D应为"很可能"。

【答案】 ABCE

(2) 2019年6月30日，B公司应确认该工程的履约进度为(　　)。
A. 25%　　　　B. 30%　　　　C. 33%　　　　D. 40%

解析 2019年6月30日，该工程的履约进度=900/3 000×100%=30%。

【答案】 B

(3) 2019年6月30日，B公司"合同结算"科目的余额为(　　)万元。
A. 200　　　　B. 180　　　　C. 160　　　　D. 0

解析 2019年6月30日，B公司确认收入金额=4800×30%=1440万元，合同结算价款为1600万元，因此，B公司"合同结算"科目余额=1600-1440=160万元。

借：合同履约成本　　　　　　　　　　　　　　　　　　　　900
　　贷：原材料等　　　　　　　　　　　　　　　　　　　　　　900
借：合同结算——收入结转　　　　　　　　　　　　　　　1440
　　贷：主营业务收入　　　　　　　　　　　　　　　　　　　1440
借：主营业务成本　　　　　　　　　　　　　　　　　　　　900
　　贷：合同履约成本　　　　　　　　　　　　　　　　　　　900
借：应收账款　　　　　　　　　　　　　　　　　　　　　　1744
　　贷：合同结算——价款结算　　　　　　　　　　　　　　1600
　　　　应交税费——应交增值税（销项税额）　（1600×9%）144
借：银行存款　　　　　　　　　　　　（1400×1.09）1526
　　贷：应收账款　　　　　　　　　　　　　　　　　　　　1526

【答案】 C

(4) 2019年12月31日，B公司应确认主营业务收入为(　　)万元。
A. 1440　　　　B. 1600　　　　C. 1744　　　　D. 1920

解析 2019年12月31日，该工程的履约进度=2100/3000×100%=70%，B公司应确认收入金额=4800×70%-1440=1920万元。

借：合同履约成本　　　　　　　　　　　　　（2100-900）1200
　　贷：原材料等　　　　　　　　　　　　　　　　　　　　1200
借：合同结算——收入结转　　　　　　　　　　　　　　　1920

　　　　贷：主营业务收入　　　　　　　　　　　　　　　　　　　1920
　　借：主营业务成本　　　　　　　　　　　　　　　　　　　　　1200
　　　　贷：合同履约成本　　　　　　　　　　　　　　　　　　　1200
　　借：应收账款　　　　　　　　　　　　　　　　　　　　　　　1308
　　　　贷：合同结算——价款结算　　　　　　　　　　　　　　　1200
　　　　　　应交税费——应交增值税（销项税额）　　（1200×9%）108
　　借：银行存款　　　　　　　　　　　　　　（1500×1.09）1635
　　　　贷：应收账款　　　　　　　　　　　　　　　　　　　　　1635
【答案】D

（5）2020 年 6 月 30 日，B 公司应确认主营业务成本为（　　）万元。
　　A. 1300　　　　　　B. 1200　　　　　　C. 1100　　　　　　D. 1000

🔍 解析　2020 年 6 月 30 日，B 公司应确认主营业务成本额 = 3200 − 2100 = 1100 万元。
　　借：合同履约成本　　　　　　　　　　　　　（3200 − 2100）1100
　　　　贷：原材料等　　　　　　　　　　　　　　　　　　　　　1100
　　借：合同结算——收入结转　　　　　　　　　　　　　　　　　1440
　　　　贷：主营业务收入　　　　　　　　　　（4800 − 4800×70%）1440
　　借：主营业务成本　　　　　　　　　　　　　　　　　　　　　1100
　　　　贷：合同履约成本　　　　　　　　　　　　　　　　　　　1100
　　借：应收账款　　　　　　　　　　　　　　　　　　　　　　　2180
　　　　贷：合同结算——价款结算　　　　　　　　　　　　　　　2000
　　　　　　应交税费——应交增值税（销项税额）　　（2000×9%）180
　　借：银行存款　　　　　　　　　　　　　　（1900×1.09）2071
　　　　贷：应收账款　　　　　　　　　　　　　　　　　　　　　2071
【答案】C

（6）该工程全部完工后，上述业务对 B 公司利润总额的影响金额为（　　）万元。
　　A. 1600　　　　　　B. 1800　　　　　　C. 1200　　　　　　D. 1400

🔍 解析　对 B 公司利润总额的影响金额 = 4800 − 3200 = 1600 万元。
【答案】A

21. 下列各项费用和损失，不应计入管理费用的是（　　）。
　　A. 售后服务部门的职工薪酬
　　B. 行政管理部门发生的不满足资本化条件的固定资产修理费用
　　C. 企业筹建期间发生的开办费
　　D. 因管理不善导致的存货盘亏损失

🔍 解析　选项 A，应计入销售费用。
【答案】A

22. 下列各项中,属于企业期间费用的有(　　)。
   A. 筹办期间发生的开办费
   B. 固定资产盘亏发生的净损失
   C. 无法区分研究和开发阶段的研发支出
   D. 为销售本企业商品而专设的售后服务网点发生的职工薪酬
   E. 行政管理部门发生的不满足资本化条件的固定资产大修理费用

解析 期间费用包括:管理费用、销售费用和财务费用。选项ACE,应计入管理费用;选项D,应计入销售费用;选项B计入营业外支出。
【答案】 ACDE

23. 下列各项中,在"销售费用"科目核算的有(　　)。
   A. 因销售商品发生的业务招待费
   B. 销售产品延期交货致使购货方提起诉讼,法院判决应付的赔偿款
   C. 随同产品出售不单独计价的包装物成本
   D. 因销售商品发生的保险费
   E. 专设销售机构发生的不满足固定资产确认条件的固定资产大修理费

解析 选项A,应计入管理费用;选项B,应计入营业外支出。
【答案】 CDE

24. B公司2017年12月1日购入甲股票,并指定为以公允价值计量且其变动计入当期损益的金融资产,购入价格为85000元,另支付交易费用为100元。甲股票2017年12月31日的公允价值为92000元。B公司2018年12月1日将上述甲股票全部出售,出售价格为104500元。假设不考虑其他税费,B公司上述投资活动对其2018年度利润总额的影响为(　　)。
   A. 增加12500元　　B. 增加16500元　　C. 增加18500元　　D. 减少2000元

解析 2018年处置对利润总额的影响=104500-92000=12500元
【答案】 A

25. 甲公司2016年发生下列交易或事项:(1)出租无形资产取得租金收入200万元;(2)出售固定资产产生净收益50万元;(3)处置交易性金融资产取得收益50万元;(4)管理用机器设备发生日常维护支出30万元;(5)持有的其他权益工具投资公允价值暂时性下降80万元。假定上述交易或事项均不考虑相关税费,则甲公司2016年度因上述交易或事项影响营业利润的金额是(　　)万元。
   A. 170　　　　　　B. 140　　　　　　C. 220　　　　　　D. 270

解析 影响营业利润的金额=200+50+50-30=270万元
【答案】 D

26. 下列关于政府补助的表述中,错误的是(　　)。
   A. 政府作为所有者投入企业的资本不属于政府补助

B. 有确凿证据表明政府是无偿补助的实际拨付者，其他企业只是代收代付作用，该补助应属于政府补助
C. 与收益有关的政府补助，应当直接计入其他收益
D. 与资产有关的政府补助，应当冲减相关资产的账面价值或确认为递延收益

解析 与收益相关的政府补助，应当分情况按照以下规定进行会计处理：（1）用于补偿企业以后期间的相关成本费用或损失的，确认为递延收益，并在确认相关成本费用或损失的期间，计入当期损益或冲减相关成本；（2）用于补偿企业已发生的相关成本费用或损失的，直接计入当期损益或冲减相关成本。

【答案】C

27. 某企业生产的甲产品需要经过两道工序，第一道工序工时定额 12 小时，第二道工序工时定额 8 小时。月末，甲产品在第一道工序的在产品数量是 50 件、在第二道工序的在产品数量是 80 件，月末在产品完工程度为 50%。则月末甲产品的在产品约当产量是（　　）件。

A. 65　　　　　B. 79　　　　　C. 84　　　　　D. 105

解析 第一道工序的完工率 =（12×50%）/（12+8）=30%；第二道工序的完工率 =（12+8×50%）/（12+8）=80%，因此月末在产品的约当产量 = 50×30% + 80×80% = 79 件。

【答案】B

28. 某企业基本生产车间生产甲产品。本月完工 300 件，月末在产品 50 件，甲产品月初在产品的成本和本期生产费用总额为 147300 元，其中直接材料 71400 元，直接人工 26400 元，制造费用 49500 元。原材料在开工时一次投入，月末在产品完工程度为 60%。按约当产量比例法计算完工产品和在产品成本，则甲产品本月完工产品的总成本为（　　）元。

A. 130200　　　B. 133909　　　C. 130909　　　D. 130299

解析 在产品约当产量 = 50×60% = 30 件
本月完工产品总成本 = 71400/（300+50）×300 +（26400+49500）/（300+30）× 300 = 130200 元

【答案】A

29. 甲公司只生产乙产品，2015 年 12 月初在产品数量为零，12 月份共投入原材料 50000 元，直接人工和制造费用共计 30000 元，乙产品需要经过两道加工工序，工时定额为 20 小时，其中第一道工序 12 小时，第二道工序 8 小时，原材料在产品生产时陆续投入。12 月末乙产品完工 330 件，在产品 150 件，其中第一道工序 100 件，第二道工序 50 件。甲公司完工产品和在产品生产费用采用约当产量法分配，各工序在产品完工百分比均为 50%。则甲公司 2015 年 12 月完工产品的单位成本是（　　）元/件。

A. 220　　　　B. 230　　　　C. 210　　　　D. 200

解析 12 月末，乙在产品的约当产量 = 100×（12×50%/20）+ 50×[（12+8×

50%）/20］=70件，则甲公司2015年12月完工乙产品的单位成本=（50000+30000）/（330+70）=200元/件。

【答案】 D

30. 下列关于各种成本计算方法的表述中，错误的有（　　）。
   A. 品种法主要适用于产品大量大批的单步骤生产，或管理上不要求分步计算产品成本的大量大批多步骤生产
   B. 分批法适用于产品单件小批单步骤生产和管理上不要求分步计算成本的多步骤生产
   C. 分步法适用于产品大量大批多步骤生产，而且管理上要求分步计算产品成本的生产
   D. 平行结转分步法适用于各步骤半成品有独立的经济意义，管理上要求核算半成品成本的产品生产
   E. 逐步结转分步法适用于管理上不要求核算半成品成本的产品生产

解析 逐步结转分步法适用于各步骤半成品有独立的经济意义，管理上要求核算半成品成本的企业；平行结转分步法适用于管理上不要求核算半成品成本的企业。

【答案】 DE

31. A公司甲产品月初在产品定额工时340小时，制造费用1800元，本月发生制造费用4156元。假设本月在产品的单位定额工时的制造费用定额为5.2元，月末在产品定额工时为600小时，月末在产品成本按照定额成本法计算，则本月完工甲产品的制造费用为（　　）元。
   A. 2736　　　B. 2773　　　C. 2808　　　D. 2836

解析 本月在产品的制造费用=5.2×600=3120元
本月完工产品的制造费用=1800+4156-3120=2836元

【答案】 D

32. 甲企业生产W产品，生产费用采用定额比例法在完工产品和在产品之间计算分配。月初在产品直接材料费用3200元，直接人工费用500元，制造费用300元；本月内发生直接材料费用6000元，直接人工费用625元，制造费用600元。本月完工产品350件，每件产品的材料定额消耗量与工时定额分别为5千克和10小时；月末在产品材料定额消耗量为250千克，月末在产品定额工时为1000小时。假定直接材料费用按定额消耗量比例分配，直接人工费用和制造费用均按工时定额比例分配，本月W完工产品的总成本为（　　）元。
   A. 9125　　　B. 10500　　　C. 9625　　　D. 8500

解析 直接材料费用分配率=（3200+6000）/（350×5+250）=4.6，完工产品应负担的直接材料费用=350×5×4.6=8050元；直接人工费用分配率=（500+625）/（350×10+1000）=0.25，完工产品应负担的直接人工费用=350×10×0.25=875元；制造费用分配率=（300+600）/（350×10+1000）=0.2，完工产品应负担的制造费用=350×10×0.2=700元。则完工产品的总成本=8050+875+700=9625元。

【答案】 C

33. 某游泳培训机构与客户签订了 2 年的合同，为客户公司员工提供游泳培训，除支付培训费用 8000 元外，因游泳机构要求每位参加培训人员须佩戴培训机构统一标准的泳镜，所以游泳培训机构还向客户收取了 400 元的入班费，培训机构提供给客户相应数量泳镜，收取的入班费均无需返还，则当年该培训机构应确认的收入金额为(　　)元。

　　A. 4000　　　　　　B. 4400　　　　　　C. 8400　　　　　　D. 4200

解析　入班费为一次性收取的费用，但初始活动向客户转让相关商品或服务，所以应当在提供泳镜时确认收入。该培训机构当年应确认的收入额 = 8000/2 + 400 = 4400 元。

【答案】 B

34. "合同结算"科目核算同一合同下属于在某一时段内履行履约义务涉及与客户结算对价的资产或负债，资产负债表日，"合同结算"科目的期末借方余额，在资产负债表中的列报项目为(　　)。

　　A. 存货　　　　B. 合同资产　　　　C. 合同履约成本　　　　D. 合同取得成本

解析　"合同结算"科目的金额为借方，表明企业已经履行履约义务但尚未与客户结算的金额，由于该部分金额将在未来结算，因此，应在资产负债表中作为合同资产列示。

【答案】 B

35. 甲公司产品需经过两道工序加工完成，原材料在开始生产时一次投入，生产成本在完工产品和在产品之间的分配采用约当产量比例法。2019 年 2 月与产品生产成本有关的资料如下：

（1）月初在产品费用为：直接材料 120 万元，直接人工 60 万元，制造费用 20 万元；本月发生费用为：直接材料 80 万元，直接人工 100 万元，制造费用 40 万元。（2）产品单件工时定额为 100 小时，第一道工序工时定额 40 小时，第二道工序工时定额 60 小时，各工序内均按 50% 的完工程度计算。（3）本月完工产品 560 件，月末在产品 240 件，其中，第一道工序 80 件，第二道工序 160 件。则下列说法中，正确的有(　　)。

　　A. 第二道工序月末在产品完工率为 50%

　　B. 第二道工序月末在产品的约当产量为 112 件

　　C. 月末完工产品直接材料费用为 162.79 万元

　　D. 月末在产品直接人工费用为 29.77 万元

　　E. 本月完工产品成本为 319.07 万元

解析　第二道工序月末在产品完工率 =（40 + 60 × 50%）/100 × 100% = 70%，选项 A 错误；第二道工序月末在产品的约当产量 = 160 × 70% = 112 件，选项 B 正确；月末完工产品直接材料费用 =（120 + 80）/（560 + 240）× 560 = 140 万元，选项 C 错误；第一道工序月末在产品完工率 =（40 × 50%）/100 × 100% = 20%，第一道工序约当产量 = 80 × 20% = 16 件；月末在产品直接人工费用 =（60 + 100）/（完工产品产量 560 + 第一道工序在产品约当产量 16 + 第二道工序在产品约当产量 112）×（16 + 112）= 29.77 万元，选项 D 正确；本月完工产品成本 = 140 +（60 + 20 + 100 + 40）/（560 + 16 + 112）× 560 = 319.07 万元，选项 E 正确。

【答案】 BDE

36. 下列各项中,应计入管理费用的有(   )。
   A. 自然灾害造成的在产品毁损净损失
   B. 保管中发生的产成品超定额损失
   C. 管理部门固定资产报废净损失
   D. 债务重组中转出原材料净损益
   E. 筹建期的开办费

   解析 选项 AC,计入营业外支出;选项 D,通过其他收益核算。
   【答案】BE

37. 下列各项支出中,应在"管理费用"科目核算的有(   )。
   A. 筹建期间发生的开办费
   B. 按规定应缴的矿产资源补偿费
   C. 购买交易性金融资产支付的交易费
   D. 购买车辆时缴纳的车辆购置税
   E. 按规定标准拨付工会的工会经费

   解析 选项 C,购买交易性金融资产支付的交易费应计入投资收益;选项 D,购买车辆时缴纳的车辆购置税应计入外购车辆的成本中;选项 E,工会经费应根据职工提供服务的受益对象,分别计入管理费用、生产成本、销售费用等科目。
   【答案】AB

38. 下列各项中,通过"营业外支出"核算的有(   )。
   A. 处置债权投资的净损失
   B. 出售无形资产发生的净损失
   C. 工程物资建设期毁损净损失
   D. 洪水造成的原材料毁损损失
   E. 因未按时纳税产生的滞纳金

   解析 选项 A,应计入投资收益;选项 B,计入资产处置损益;选项 C,应计入在建工程。
   【答案】DE

39. 甲公司是一家建造企业,2018 年为取得某项工程项目的建造合同,发生了下列支出:(1)聘请外部律师进行项目的调查支出 1 万元;(2)因投标发生的投标费 5 万元;(3)支付给销售人员佣金 20 万元;(4)为履行合同耗用的原材料 80 万元;(5)支付给直接为客户提供所承诺服务的人员的工资 5 万元。甲公司预期这些支出未来均能够收回。根据上述资料,不属于甲公司增量成本的有(   )。

   A. 聘请外部律师发生的调查支出
   B. 投标发生的差旅费和投标费
   C. 向销售人员支付的佣金
   D. 为履行合同耗用的原材料
   E. 支付给直接为客户提供所承诺服务的人员的工资

   解析 增量成本,是指企业不取得合同就不会发生的成本,例如佣金等。选项 AB,甲公司聘请外部律师发生的调查支出、投标发生的投标费,无论是否取得合同都会发生,因此不是增量成本;选项 DE,属于与合同直接相关的支出,属于合同履约成本,不是为取得合同发生的增量成本。
   【答案】ABDE

40. 下列项目属于政府补助的是( )。
   A. 税收返还
   B. 研发费用加计扣除
   C. 增值税出口退税
   D. 家电下乡补贴

   解析 直接减征、免征、增加计税抵扣额、抵免部分税额等不涉及资产直接转移的经济资源，不适用政府补助准则，选项 B 错误；增值税出口退税退还的是企业在前一道购进环节支付的进项税，不属于政府补助，选项 C 错误；家电下乡补贴是企业日常活动提供商品对价的组成部分，政府补贴的是农民用户，不适用政府补助准则进行处理，选项 D 错误。

   【答案】A

41. 下列关于政府补助的会计处理中，错误的是( )。
   A. 与资产相关的政府补助，应当冲减相关资产的账面价值或确认为递延收益
   B. 与收益相关的政府补助，应当直接确认为递延收益
   C. 与企业日常活动无关的政府补助，计入营业外收支
   D. 与企业日常活动相关的政府补助，应计入其他收益或冲减相关成本费用

   解析 选项 B，与收益相关的政府补助，应当分情况按照以下规定进行会计处理：（1）用于补偿企业以后期间的相关成本费用或损失的，确认为递延收益，并在确认相关成本费用或损失的期间，计入当期损益或冲减相关成本；（2）用于补偿企业已发生的相关成本费用或损失的，直接计入当期损益或冲减相关成本。

   【答案】B

42. 下列关于政府补助的说法中，正确的有( )。
   A. 政府补助一定是无偿取得的
   B. 抵免的部分税款不属于政府补助
   C. 政府补助包括货币性资产和非货币性资产
   D. 增值税出口退税属于政府补助
   E. 直接减征形式的税收优惠不作为准则规范的政府补助

   解析 增值税出口退税实际上是政府退回企业事先垫付的进项税，所以不属于政府补助。

   【答案】ABCE

第十六章 所得税

■ 考情分析

本章介绍了企业所得税的会计处理，对于初学者，理解起来有一定难度，考试各种题型均可能会出现，属于非常重要的章节。

1. 甲公司2019年内部研究开发支出共计500万元，其中研究阶段支出200万元，开发阶段支出300万元，且全部符合资本化条件。年末已达到预定用途，确认为无形资产（未摊销）。根据税法规定，企业研究开发未形成无形资产的费用按75%加计扣除，形成无形资产的，按照其成本的175%摊销。不考虑其他因素，则2019年年末甲公司开发形成的该无形资产的计税基础是( )万元。
   A. 675　　　　　　B. 300　　　　　　C. 725　　　　　　D. 525

   解析　无形资产的计税基础＝300×175%＝525万元

   【答案】D

2. 企业当年发生的下列交易或事项中，可产生应纳税暂时性差异的有( )。
   A. 购入使用寿命不确定的无形资产
   B. 应缴的罚款和滞纳金
   C. 本期产生亏损，税法允许在以后5年内弥补
   D. 年初交付管理部门使用的设备，会计上按年限平均法计提折旧，税法上按双倍余额递减法计提折旧
   E. 期末以公允价值计量且其变动计入当期损益的金融负债公允价值小于其计税基础

   解析　选项A，会计上不计提摊销，而税法上是计提摊销，所以导致无形资产的账面价值大于计税基础，形成应纳税暂时性差异。选项B，属于永久性差异。选项C，属于可抵扣暂时性差异。选项D，会计角度计提的折旧金额比税法角度少，所以使得资产的账面价值比计税基础大，形成应纳税暂时性差异。选项E，负债的账面价值小于计税基础，形成应纳税暂时性差异。

   【答案】ADE

3. 下列会计事项中，可产生应纳税暂时性差异的有( )。
   A. 期末交易性金融资产的公允价值大于其计税基础
   B. 期末计提无形资产减值准备
   C. 期末确认其他权益工具投资的公允价值变动损失
   D. 期末交易性金融负债的公允价值小于其计税基础
   E. 期末确认预计产品质量保证损失

解析 选项 BCE，产生可抵扣暂时性差异。
【答案】 AD

4. 2016 年 1 月 1 日，甲公司购入股票作为以公允价值计量且其变动计入其他综合收益的金融资产核算，购买价款为 1000 万元，另支付手续费及相关税费 4 万元，2016 年 12 月 31 日该项股票公允价值为 1100 万元，若甲公司适用的企业所得税税率为 25%，则甲公司下列表述中正确的是(　　)。
  A. 金融资产计税基础为 996 万元
  B. 应确认递延所得税资产 24 万元
  C. 应确认递延所得税负债 24 万元
  D. 金融资产入账价值为 1000 万元

解析 金融资产的入账价值 = 1000 + 4 = 1004 万元，选项 D 错误。年末，账面价值为 1100 万元，计税基础不变，为 1004 万元，形成应纳税暂时性差异额 = 1100 - 1004 = 96 万元，确认递延所得税负债 96 × 25% = 24 万元。
【答案】 C

5. A 公司 2015 年 4 月 1 日自证券市场购入北方公司发行的股票 100 万股，支付价款 1600 万元（包含已宣告但尚未发放的现金股利 15 万元），另支付交易费用 6 万元，A 公司将其指定为以公允价值计量且其变动计入其他综合收益的金融资产核算。2015 年 12 月 31 日，该股票的公允价值为 1650 万元。

2016 年 12 月 31 日，该股票的公允价值为 1400 万元，假定北方公司股票下跌是暂时性的，A 公司适用企业所得税税率为 25%，预计未来有足够的应纳税所得额用于抵扣可抵扣暂时性差异。则 A 公司因该金融资产累计应确认的其他综合收益是(　　)万元。
  A. -191.00　　B. -206.00　　C. -154.50　　D. -143.25

解析 截至 2016 年 12 月 31 日累计应确认的其他综合收益 = [1400 - (1600 - 15 + 6)] × (1 - 25%) = -143.25 万元。
【答案】 D

6. 甲公司适用的企业所得税税率为 25%，2014 年 12 月 20 日购入一项不需要安装的固定资产，成本为 500 万元，该项固定资产的使用年限为 10 年，采用年限平均法计提折旧，预计净残值为零。税法规定，该项固定资产采用双倍余额递减法计提折旧，预计折旧年限为 8 年，预计净残值为零。则下列表述中，正确的是(　　)。
  A. 因该项固定资产 2016 年末的递延所得税负债余额为 29.69 万元
  B. 因该项固定资产 2016 年末应确认的递延所得税负债为 18.75 万元
  C. 因该项固定资产 2015 年末的递延所得税负债余额为 10.94 万元
  D. 因该项固定资产 2015 年末应确认的递延所得税资产为 18.75 万元

解析 2015 年末该固定资产的账面价值 = 500 - 500/10 = 450 万元
计税基础 = 500 - 500 × 2/8 = 375 万元
产生应纳税暂时性差异 = 450 - 375 = 75 万元
确认递延所得税负债 = 75 × 25% = 18.75 万元，选项 CD 错误。

2016年末该固定资产的账面价值 = 500 - 500/10 × 2 = 400 万元

计税基础 = 500 - 500 × 2/8 - （500 - 500 × 2/8）× 2/8 = 281.25 万元

应纳税暂时性差异余额 = 400 - 281.25 = 118.75 万元

递延所得税负债余额 = 118.75 × 25% = 29.69 万元，选项 A 正确。

2016 年产生的递延所得税负债 = 29.69 - 18.75 = 10.94 万元，选项 B 错误。

【答案】 A

7. 关于内部研究开发形成的无形资产加计摊销额的会计处理，下列表述正确的是( )。
   A. 属于暂时性差异，不确认递延所得税资产
   B. 属于非暂时性差异，应确认递延所得税负债
   C. 属于非暂时性差异，不确认递延所得税资产
   D. 属于暂时性差异，应确认递延所得税资产

解析　内部研究开发形成无形资产的，按照无形资产成本的 175%（或 200%）计算每期摊销额。导致税法比会计上摊销得多，也就是账面价值小于计税基础，所以加计摊销额造成的差异属于暂时性差异，但是因为这个暂时性差异既不影响会计利润，也不影响应纳税所得额，所以不确认递延所得税资产。

【答案】 A

8. 下列关于递延所得税资产的表述中，正确的有( )。
   A. 递延所得税资产产生于可抵扣暂时性差异
   B. 当期递延所得税资产的确认应当考虑当期是否能够产生足够的应纳税所得额
   C. 按照税法规定可以结转以后年度的可弥补亏损应视为可抵扣暂时性差异，不确认递延所得税资产
   D. 企业合并中形成的可抵扣暂时性差异，应确认相应的递延所得税资产，并调整合并中应予确认的商誉
   E. 递延所得税资产的计量应以预期收回该资产期间的适用企业所得税税率确定

解析　选项 B，当期递延所得税资产的确认应当考虑将来是否能够产生足够的应纳税所得额；选项 C，可以结转到以后年度的可弥补亏损应视为可抵扣暂时性差异，并确认递延所得税资产；选项 D，企业合并中形成的可抵扣暂时性差异，满足递延所得税资产确认条件时，应确认为递延所得税资产，并调整合并中应确认的商誉金额。

【答案】 AE

9. 下列关于所得税会计处理的表述中，正确的有( )。
   A. 所得税费用包括当期所得税费用和递延所得税费用
   B. 当期应纳所得税额应以当期企业适用的企业所得税税率进行计算
   C. 递延所得税费用等于期末的递延所得税资产减去期末的递延所得税负债
   D. 当企业所得税税率变动时，"递延所得税资产"的账面余额应及时进行相应调整
   E. 当期所得税费用等于当期应纳企业所得税额

解析 选项 C，递延所得税费用等于当期确认的递延所得税负债减去当期确认的递延所得税资产，同时不考虑直接计入所有者权益等特殊项目的递延所得税资产或递延所得税负债。

【答案】ABDE

10. 2021 年 6 月 10 日，甲公司购入一台不需要安装的固定资产，支付价款 420 万元。该固定资产预计使用年限为 6 年，无残值，采用年数总和法计提折旧。按照税法规定该固定资产采用平均年限法按 4 年计提折旧。甲公司适用的企业所得税税率为 25%，则 2021 年 12 月 31 日，甲公司应确认递延所得税资产为（　　）万元。

    A. 3.75   B. 4.375   C. 6   D. 1.875

解析 2021 年年末，该固定资产的账面价值 = 420 − 420 × 6/21 × 6/12 = 360 万元，计税基础 = 420 − 420/4 × 6/12 = 367.5 万元，资产的账面价值小于计税基础，形成可抵扣暂时性差异，应确认递延所得税资产 =（367.5 − 360）× 25% = 1.875 万元。

【答案】D

11. 某企业采用资产负债表债务法核算所得税，上期适用的所得税税率为 15%，"递延所得税资产"科目的借方余额为 540 万元，本期适用的所得税税率为 33%，本期计提无形资产减值准备 3720 万元，上期已经计提的存货跌价准备于本期转回 720 万元。假定不考虑其他因素的影响，本期"递延所得税资产"科目的发生额为（　　）。

    A. 贷方 1530 万元   B. 借方 1638 万元   C. 借方 2178 万元   D. 贷方 4500 万元

解析 本期计入递延所得税资产科目的金额 =（3720 − 720）× 33% = 990 万元，以前各期发生的可抵扣暂时性差异 = 540/15% = 3600 万元，本期由于所得税税率变动调增递延所得税资产的金额 = 3600 ×（33% − 15%）= 648 万元，故本期"递延所得税资产"科目借方发生额 = 990 + 648 = 1638 万元。或：递延所得税资产发生额 = 期末数（540/15% + 3720 − 720）× 33% − 期初数 540 = 1638 万元。

【答案】B

12. 甲公司 2014 年年末应收账款账面余额为 800 万元，已提坏账准备 100 万元，假定税法规定，已提坏账准备在实际发生损失前不得税前扣除。则 2014 年年末产生的暂时性差异为（　　）。

    A. 应纳税暂时性差异 800 万元   B. 可抵扣暂时性差异 700 万元
    C. 应纳税暂时性差异 900 万元   D. 可抵扣暂时性差异 100 万元

解析 资产的账面价值 700 万元 < 计税基础 800 万元，产生可抵扣暂时性差异 100 万元。

【答案】D

13. 某企业 2012 年因债务担保确认了预计负债 600 万元，但担保发生在关联方之间，担保方并未就该项担保收取与相应责任相关的费用。假定税法规定与该预计负债有关的费用不允许税前扣除。那么2012年年末该项预计负债的计税基础为( )万元。

A. 600　　　　　　B. 0　　　　　　C. 300　　　　　　D. 无法确定

解析　因债务担保而确认的预计负债,不管损失是否实际发生,都不允许税前扣除,所以计税基础＝账面价值600－可从未来经济利益中税前扣除的金额0＝600万元。

【答案】A

14. 甲公司2017年年末"递延所得税资产"科目的借方余额为66万元(均为固定资产后续计量对所得税的影响),适用的所得税税率为33%。2018年年初适用所得税税率改为25%。甲公司预计会持续盈利,未来期间能够获得足够的应纳税所得额用来抵扣可抵扣暂时性差异。2018年年末固定资产的账面价值为6000万元,计税基础为6600万元,2018年确认因销售商品提供售后服务的预计负债100万元,年末预计负债的账面价值为100万元,计税基础为0。则甲公司2018年年末"递延所得税资产"科目期末余额为( )万元。

A. 150　　　　　　B. 175　　　　　　C. 198　　　　　　D. 231

解析　本题计算递延所得税资产的期末余额,直接比较期末的账面价值与计税基础,计算的差异额就是累计差异额,无须考虑期初。2018年年末"递延所得税资产"科目的期末余额＝[(6600－6000)＋100]×25%＝175万元。

【答案】B

15. 采用资产负债表债务法核算所得税的情况下,一般会减少当期利润表中"所得税费用"项目的因素有( )。

A. 本期应交的所得税

B. 本期发生的暂时性差异所产生的递延所得税负债

C. 本期转回的暂时性差异所产生的递延所得税资产

D. 本期发生的暂时性差异所产生的递延所得税资产

E. 本期转回的暂时性差异所产生的递延所得税负债

解析　选项ABC,会增加所得税费用的金额。

【答案】DE

16. 下列事项中,产生暂时性差异的有( )。

A. 甲公司对库存的一批存货计提20万元的跌价准备

B. 乙公司对持有的一项长期股权投资确认其他权益变动30万元

C. 丙公司对一项以公允价值计量的投资性房地产确认公允价值变动100万元

D. 丁公司因一项对关联方的债务担保确认预计负债20万元

E. 戊公司计提产品质量保证费用25万元

解析　选项D,税法规定,债务担保支出不允许税前扣除,这里产生的是非暂时性差异。

【答案】ABCE

17. A公司2021年12月31日购入一台固定资产，价值为10万元，会计和税法规定都按直线法计提折旧，会计上的使用年限为5年，税法上按10年计提折旧，净残值为0，则2024年12月31日该项固定资产的可抵扣暂时性差异额为(　　)万元。

A. 7　　　　　B. 4　　　　　C. 6　　　　　D. 3

解析　2024年12月31日固定资产的账面价值＝10－10/5×3＝4万元，计税基础＝10－10/10×3＝7万元，可抵扣暂时性差异额＝7－4＝3万元。

【答案】 D

18. S企业于2019年1月1日取得一项投资性房地产，取得时的入账金额为120万元，采用公允价值模式进行后续计量。2019年12月31日该投资性房地产的公允价值为165万元，按税法规定，其在2019年的折旧额为20万元，年末由于该项投资性房地产业务产生的应纳税暂时性差异为(　　)万元。

A. 120　　　　B. 41.25　　　　C. 45　　　　D. 65

解析　2019年年末投资性房地产的账面价值为165万元，而计税基础＝120－20＝100万元，账面价值大于计税基础，产生应纳税暂时性差异65万元。

【答案】 D

19. C企业因销售产品承诺提供3年的保修服务，2014年年初"预计负债——产品保修费用"科目余额600万元，2014年度利润表中确认了500万元的销售费用，同时确认为预计负债，2014年实际发生产品保修支出400万元。按照税法规定，与产品售后服务相关的费用在实际发生时允许税前扣除。不考虑其他因素，则2014年12月31日的可抵扣暂时性差异余额为(　　)万元。

A. 600　　　　B. 500　　　　C. 400　　　　D. 700

解析　2014年末预计负债的账面价值＝600＋500－400＝700万元，按照税法规定，与产品售后服务相关的费用在实际发生时允许税前扣除，计税基础＝账面价值700－未来期间可以税前扣除的金额700＝0，因此2014年末可抵扣暂时性差异余额为700万元。

提示　所得税费用的计算

所得税费用＝当期所得税＋递延所得税

（一）当期所得税

即应交所得税，应以适用的税收法规为基础计算确定。

应交所得税＝应纳税所得额×所得税税率

应纳税所得额＝税前会计利润＋纳税调整增加额－纳税调整减少额

上述纳税调整既包括永久性差异的调整、也包括影响损益的暂时性差异的调整，暂时性差异对应纳税所得额的调整如下：

应纳税所得额＝税前会计利润＋本期发生的影响损益的可抵扣暂时性差异－本期转回的影响损益的可抵扣暂时性差异－本期发生的影响损益的应纳税暂时性差异＋本期转回的影响损益的应纳税暂时性差异

（二）递延所得税

递延所得税 =（期末递延所得税负债 – 期初递延所得税负债）–（期末递延所得税资产 – 期初递延所得税资产）

所得税费用的速算技巧：所得税费用 =（会计利润 ± 永久性差异）×25%

此方法成立的条件：不存在预期的税率变动，没有不确认递延所得税的特殊暂时性差异。

【答案】D

20. 某公司自 2017 年 1 月 1 日开始采用企业会计准则。2017 年利润总额为 2000 万元，适用的所得税税率为 33%。2017 年发生的交易事项中，会计与税收规定之间存在差异的包括：（1）当期计提存货跌价准备 700 万元（以前未提过跌价准备）；（2）年末持有的交易性金融资产当期公允价值上升 1500 万元。税法规定，资产在持有期间公允价值变动不计入应纳税所得额，出售时一并计算应税所得；（3）当年确认国债利息收入 300 万元。假定该公司 2017 年 1 月 1 日不存在暂时性差异，预计未来期间能够产生足够的应纳税所得额利用可抵扣暂时性差异。该公司 2017 年度所得税费用为(   )万元。

　　A. 33　　　　　　　B. 97　　　　　　　C. 497　　　　　　　D. 561

解析　2017 年应交所得税 =（2000 + 700 – 1500 – 300）×33% = 297 万元；"递延所得税资产"借记额 = 700 ×33% = 231 万元；"递延所得税负债"贷记额 = 1500 ×33% = 495 万元。因此"所得税费用" = 297 – 231 + 495 = 561 万元。

速算技巧：所得税费用 =（2000 – 300）×33% = 561 万元。

【答案】D

21. 甲公司采用资产负债表债务法进行所得税核算，所得税税率为 25%。甲公司 2012 年实现利润总额 500 万元，当年因发生违法经营被罚款 5 万元，业务招待费超支 10 万元，国债利息收入 30 万元，甲公司年初"预计负债——应付产品质量担保费"余额为 30 万元，当年提取了产品质量担保费 15 万元，实际发生了 6 万元的产品质量担保费。则甲公司 2012 年净利润为(   )万元。

　　A. 160.05　　　　　B. 378.75　　　　　C. 330.00　　　　　D. 235.80

解析　应交所得税额 =（500 + 5 + 10 – 30 + 15 – 6）×25% = 123.5 万元

递延所得税资产借方发生额 =（15 – 6）×25% = 2.25 万元

因此所得税费用 = 123.5 – 2.25 = 121.25 万元

净利润 = 500 – 121.25 = 378.75 万元

或：净利润 = 500 –（500 + 5 + 10 – 30）×25% = 378.75 万元

【答案】B

22. 甲公司 2021 年 12 月 31 日因以公允价值计量且其变动计入当期损益的金融资产和以公允价值计量且其变动计入其他综合收益的金融资产的公允价值变动，分别确认了 20 万元的递延所得税资产和 40 万元的递延所得税负债，甲公司当期应交所得税额为 250 万元。

假设不考虑其他因素,甲公司 2021 年度利润表"所得税费用"项目应列报的金额为(　　)万元。

  A. 310   B. 230   C. 190   D. 270

解析 以公允价值计量且其变动计入其他综合收益的金融资产的公允价值变动,确认的递延所得税负债的对方科目为其他综合收益,不计入所得税费用。

所得税费用 = 250 + 0 − 20 = 230 万元

借:递延所得税资产	20
贷:所得税费用	20
借:其他综合收益	40
贷:递延所得税负债	40
借:所得税费用	250
贷:应交税费——应交所得税	250

【答案】 B

23. 黄山公司 2018 年适用的企业所得税税率为 15%,所得税会计采用资产负债表债务法核算。2018 年递延所得税资产、递延所得税负债期初余额均为零,2018 年度利润表中利润总额为 2000 万元,预计未来期间能产生足够的应纳税所得额用以抵减当期确认的可抵扣暂时性差异。由于享受税收优惠政策的期限到期,黄山公司自 2019 年开始以及以后年度企业所得税税率将适用 25%。

黄山公司 2018 年度发生的部分交易或事项如下:

(1) 对 2017 年 12 月 20 日投入使用的一台设备采用双倍余额递减法计提折旧,该设备原值 1000 万元,预计使用年限为 5 年,预计净残值为零。按照税法规定,该设备应采用年限平均法计提折旧。

(2) 拥有 A 公司有表决权股份的 30%,采用权益法核算。2018 年度 A 公司实现净利润 2000 万元,期末"其他综合收益"增加 1000 万元。假设投资当日 A 公司各项资产和负债的公允价值等于账面价值,且该长期股权投资不属于拟长期持有,双方采用的会计政策、会计期间相同。

(3) 持有的一项账面价值为 1500 万元的无形资产年末经测试,预计资产可收回金额为 1000 万元。

(4) 全年发生符合税法规定的研发费用支出 800 万元,全部计入当期损益,享受研发费用加计扣除 75% 的优惠政策并已将相关资产留存备查。

(5) 税务机关在 9 月份纳税检查时发现黄山公司 2017 年度部分支出不符合税前扣除标准,要求黄山公司补缴 2017 年度企业所得税 20 万元(假设不考虑滞纳金及罚款)。黄山公司于次月补缴了相应税款,并作为前期差错处理。

假设黄山公司 2018 年度不存在其他会计和税法差异的交易或事项。

根据上述资料,回答下列问题。

(1) 下列会计处理中,正确的有(　　)。

 A. 对事项 2,应确认投资收益 900 万元

B. 对事项1，2018年应计提折旧400万元

C. 对事项5，应确认当期所得税费用20万元

D. 对事项3，应确认资产减值损失500万元

解析 事项1，应计提折旧额=1000×2/5=400万元，选项B正确；

事项2，应确认投资收益额=2000×30%=600万元，选项A错误；

事项3，应计提减值额=1500-1000=500万元，选项D正确；

事项5，应调整2017年的所得税费用，选项C错误。

【答案】BD

(2) 黄山公司2018年应确认的递延所得税资产为(　　)万元。

A. 175　　　　　　B. 105　　　　　　C. 225　　　　　　D. 135

解析 应确认递延所得税资产的金额=50（事项1）+125（事项3）=175万元

事项1：固定资产的账面价值=1000-1000×2/5=600万元，计税基础=1000-1000/5=800万元，形成可抵扣暂时性差异200万元，确认递延所得税资产额=200×25%=50万元。

事项3：无形资产账面价值是1000万元，计税基础是1500万元，形成可抵扣暂时性差异500万元，确认递延所得税资产额=500×25%=125万元。

【答案】A

(3) 黄山公司2018年度应确认的递延所得税负债为(　　)万元。

A. 105　　　　　　B. 225　　　　　　C. 175　　　　　　D. 135

解析 应确认的递延所得税负债=（2000+1000）×30%×25%=225万元

事项2的分录是：

借：长期股权投资——损益调整　　　　　　　　　　　　　　600

　　　贷：投资收益　　　　　　　　　　　　　　　　　　　　　00

借：长期股权投资——其他综合收益　　　　　　　　　　　　300

　　　贷：其他综合收益　　　　　　　　　　　　　　　　　　　300

借：所得税费用　　　　　　　　　　　　　　　（600×25%）150

　　其他综合收益　　　　　　　　　　　　　　（300×25%）75

　　　贷：递延所得税负债　　　　　　　　　　　（900×25%）225

【答案】B

(4) 黄山公司2018年度"应交税费——应交所得税"贷方发生额为(　　)万元。

A. 245　　　　　　B. 225　　　　　　C. 230　　　　　　D. 210

解析 2018年度应交所得税的金额=[2000+200（事项1税会折旧差额）-600（事项2投资收益）+500（事项3减值损失）-800×75%（事项4研发费用加计扣除）]×15%=225万元

事项5前期差错更正分录是：

借：以前年度损益调整——所得税费用　　　　　　　　　　　20

　　　贷：应交税费——应交所得税　　　　　　　　　　　　　　20

借：盈余公积　　　　　　　　　　　　　　　　　　　　　　　　　2
　　利润分配——未分配利润　　　　　　　　　　　　　　　　　　18
　　贷：以前年度损益调整　　　　　　　　　　　　　　　　　　　　　20
实际补缴时：
借：应交税费——应交所得税　　　　　　　　　　　　　　　　　　20
　　贷：银行存款　　　　　　　　　　　　　　　　　　　　　　　　　20
因此，2018 年度"应交税费——应交所得税"贷方发生额 = 225 + 20 = 245 万元。
【答案】A

（5）黄山公司 2018 年度应确认的所得税费用为（　　）万元。
　　A. 185　　　　　　B. 250　　　　　　C. 240　　　　　　D. 200

解析　2018 年度应确认的所得税费用 = 225 + 600 × 25% - 175 = 200 万元。
【答案】D

（6）与原已批准报出的 2017 年度财务报告相比，黄山公司 2018 年 12 月 31 日所有者权益净增加额为（　　）万元。
　　A. 2050　　　　　　B. 2020　　　　　　C. 1995　　　　　　D. 2005

解析　所有者权益净增加额 = 净利润（2000 - 200）+ 其他综合收益的税后净额 1000 × 30% ×（1 - 25%）- 差错更正调减期初留存收益 20 = 2005 万元。
【答案】D

24. A 公司适用的企业所得税税率为 25%，采用资产负债表债务法核算。2017 年年初递延所得税资产、递延所得税负债期初余额均为零。2017 年度 A 公司实现利润总额 1500 万元，预期未来期间能产生足够的应纳税所得额用以抵减当期确认的可抵扣暂时性差异。2017 年度发生与暂时性差异相关的交易或事项如下：

（1）7 月 1 日，A 公司以银行存款 300 万元购入某上市公司股票，A 公司将其指定为以公允价值计量且其变动计入当期损益的金融资产。12 月 31 日，该项金融资产的公允价值为 460 万元。

（2）2017 年末，A 公司因产品销售计提产品质量保证费用 150 万元。

（3）12 月 31 日，A 公司将一项账面原值为 3000 万元的自用办公楼转为投资性房地产对外出租。该办公楼预计可使用年限为 20 年，预计净残值为零，采用年限平均法计提折旧，转为对外出租前已使用 6 年，且未计提减值准备。转为投资性房地产后，预计能够持续可靠获得公允价值。采用公允价值模式进行后续计量，且 12 月 31 日的公允价值为 2250 万元。

（4）2017 年末，A 公司所持有的一项账面价值为 900 万元的固定资产经减值测试确定其预计未来现金流量现值为 600 万元，公允价值为 750 万元，预计发生的处置费用为 60 万元。

根据税法规定，资产在持有期间公允价值的变动不计入当期应纳税所得额。产品质量保证费用、资产减值损失在实际发生时准予在所得税前扣除。A 公司自用办公楼采用的折旧政策与税法规定相同。假定 A 公司 2017 年度不存在其他会计与税法的差异。

要求：根据上述资料，回答下列问题。

（1）针对事项3，A公司的会计处理中正确的有（　　）。

A. 借记"投资性房地产——成本"2100万元

B. 贷记"其他综合收益"150万元

C. 贷记"公允价值变动损益"150万元

D. 借记"投资性房地产——成本"2250万元

解析 分录如下：

借：投资性房地产——成本　　　　　　　　　　　　　　2250
　　累计折旧　　　　　　　　　　　　　（3000/20×6）900
　　贷：固定资产　　　　　　　　　　　　　　　　　　3000
　　　　其他综合收益　　　　　　　　　　　　　　　　 150

【答案】BD

（2）A公司2017年度应交所得税为（　　）万元。

A. 425　　　　　　B. 465　　　　　　C. 615　　　　　　D. 390

解析 应交所得税=［利润总额1500－事项1公允价值变动（460－300）+事项2预计质保费150+事项4固定减值210］×25%=425万元

事项3投资性房地产转换升值计入其他综合收益，资产账面价值大于计税基础，产生应纳税暂时性差异，确认的所得税影响计入其他综合收益。

【答案】A

（3）A公司2017年度应确认递延所得税资产为（　　）万元。

A. 115.0　　　　　B. 90.0　　　　　　C. 127.0　　　　　D. 37.5

解析 事项1：交易性金融资产账面价值460，计税基础300，产生应纳税暂时性差异160万元，确认递延所得税负债=160×25%=40万元；

事项2：预提产品质量保证费用，账面价值150，计税基础0，产生可抵扣暂时性差异150万元，确认递延所得税资产=150×25%=37.5万元；

事项3：投资性房地产账面价值2250万元，计税基础=3000－900=2100万元，应纳税暂时性差异150万元，递延所得税负债150×25%=37.5万元，计入其他综合收益；

事项4：固定资产减值，账面价值690（750－60），计税基础900，可抵扣暂时性差异210万元，递延所得税资产210×25%=52.5万元。

递延所得税资产=②37.5+④52.5=90万元。

【答案】B

（4）A公司2017年度应确认递延所得税负债为（　　）万元。

A. 40.0　　　　　　B. 77.5　　　　　　C. 115.0　　　　　D. 37.5

解析 递延所得税负债=（事项1交变升160+事项3投变升150）×25%=77.5万元

【答案】B

（5）A公司2017年度应确认所得税费用为（　　）万元。

A. 375.0　　　　　B. 425.0　　　　　C. 412.5　　　　　D. 337.5

解析 所得税费用 = 当期所得税 425 + 递延所得税负债 40（77.5 - 计入其他综合收益 37.5）- 递延所得税资产 90 = 375 万元。

或：所得税费用 = 利润总额 1500 × 25% = 375 万元。简化计算方法：若所得税税率预期无变化，根据（利润总额 ± 永久性差异）× 税率 = 所得税费用。

【答案】 A

（6）A 公司 2017 年度资产负债表中所有者权益总额净增加（　　）万元。

A. 1225.0　　　　　B. 1237.5　　　　　C. 1275.0　　　　　D. 1187.5

解析 所有者权益净增加额 = 净利润（1500 - 375）+ 其他综合收益税后净额 150 ×（1 - 25%）= 1237.5 万元。

【答案】 B

第十七章 会计调整

■ **考情分析**

本章介绍了会计政策、会计估计变更、前期差错更正以及资产负债表日后事项的会计处理，追溯调整法等内容，理解起来有一定难度，考试题型主要是单选题和多选题，属于非重点章节。

1. 2021年12月31日，甲公司对外出租的一栋办公楼（作为投资性房地产核算）的账面原值为7000万元，已提折旧为200万元，未计提减值准备，且计税基础与账面价值相同。2022年1月1日，甲公司将该办公楼由成本模式计量改为公允价值模式计量，当日公允价值为8800万元，适用企业所得税税率为25%。对此项变更，甲公司应调整留存收益的金额为(　　)万元。

   A. 500　　　　　　B. 1350　　　　　　C. 1500　　　　　　D. 2000

   解析　甲公司应调整留存收益的金额＝[8800－(7000－200)]×(1－25%)＝1500万元
   会计分录如下：
   借：投资性房地产——成本　　　　　　　　　　　　　　8800
   　　投资性房地产累计折旧　　　　　　　　　　　　　　200
   　　贷：投资性房地产　　　　　　　　　　　　　　　　　　7000
   　　　　递延所得税负债　　　　　　　　　　　　　　　　　500
   　　　　留存收益　　　　　　　　　　　　　　　　　　　　1500

   【答案】C

2. 下列事项中，属于会计政策变更的是(　　)。

   A. 根据新修订的《企业会计准则第21号——租赁》会计准则，企业对初次发生的租赁业务采用新的会计政策
   B. 固定资产折旧计提方法由年限平均法变更为双倍余额递减法
   C. 因前期的会计政策使用错误，而采用正确的会计政策
   D. 投资性房地产后续计量由成本模式变更为公允价值模式

   解析　选项A，对初次发生的业务采用新准则不属于会计政策变更；选项B，属于会计估计变更；选项C，属于差错更正。

   【答案】D

3. 下列关于会计政策变更的表述中正确的是(　　)。

   A. 确定累积影响数时，不需要考虑损益变化导致的递延所得税费用的变化

B. 法律、行政法规或者国家统一会计制度等要求变更会计政策的，必须采用追溯调整法

C. 采用追溯调整法计算出会计政策变更的累积影响数后，应当调整列报前期最早期初留存收益，以及会计报表其他相关项目的期初数和上年数

D. 企业采用的会计计量基础不属于会计政策

🔍 **解析** 选项 A，确定累积影响数时，需要考虑递延所得税费用的变化。选项 B，法律、行政法规或者国家统一的会计准则等要求变更的情况下，企业应当分为以下情况进行处理：(1) 法律、行政法规或者国家统一的会计准则要求改变会计政策的同时，也规定了会计政策变更的会计处理办法，企业应当按照国家相关会计规定执行；(2) 法律、行政法规或者国家统一的会计准则要求改变会计政策的同时，没有规定会计政策变更会计处理方法的，企业应当采用追溯调整法进行会计处理。选项 D，会计政策，是指企业在会计确认、计量和报告中所采用的原则、基础和会计处理方法。

【答案】C

4. 下列关于会计政策变更的表述中，正确的是(　　)。

A. 会计政策变更只需调整变更当年的资产负债表和利润表

B. 会计政策变更违背了会计政策前后各期保持一致的原则

C. 会计政策变更可任意选择追溯调整法和未来适用法进行处理

D. 变更后的会计政策对以前各期追溯计算的列报前期最早期初留存收益应有金额与现有金额之间的差额作为会计政策变更的累积影响数

🔍 **解析** 选项 A，会计政策变更除了调整变更当年的资产负债表和利润表之外，还需要调整所有者权益变动表；选项 B，会计政策变更是国家的法律法规要求变更，或者会计政策变更能提供更可靠、更相关的会计信息，并不违背会计政策前后各期保持一致的原则；选项 C，会计政策变更能切实可行地确定该项会计政策变更的累积影响数时，应当采用追溯调整法；在当期期初确定会计政策变更对以前各期累积影响数不切实可行的，应当采用未来适用法处理。

【答案】D

5. 下列会计事项中，属于会计政策变更的有(　　)。

A. 追加投资导致长期股权投资由权益法变更为成本法

B. 固定资产折旧方法由工作量法变更为年数总和法

C. 对不重要的交易或事项采用新的会计政策

D. 存货由先进先出法变更为月末一次加权平均法

E. 按新实施的《企业会计准则第 14 号——收入》确认产品销售收入

🔍 **解析** 选项 A，属于正常事项；选项 B，属于会计估计变更；选项 C，对初次发生或不重要的交易或事项采用新的会计政策，不属于会计政策变更。

【答案】DE

6. 下列各项中,属于会计政策变更的是( )。
   A. 应收账款坏账准备的计提比例由5%提高到10%
   B. 以前没有建造合同业务,初次承接的建造合同采用完工百分比法
   C. 执行新会计准则时,所得税核算方法由应付税款法变更为资产负债表债务法
   D. 固定资产折旧方法由年限平均法变更为年数总和法

   解析 选项AD,属于会计估计变更;选项B,属于对初次发生的交易采用新的会计政策。

   【答案】C

7. A公司2013年12月20日购入一项不需安装的固定资产,入账价值为540000万元。A公司采用年数总和法计提折旧,预计使用年限为8年,净残值为零。从2017年1月1日开始,公司决定将折旧方法变更为年限平均法,预计使用年限和净残值保持不变,则A公司2017年该项固定资产应计提的折旧额为( )万元。
   A. 45000   B. 67500   C. 108000   D. 28125

   解析 截至2016年年末,该项固定资产累计折旧额=540000×(8/36+7/36+6/36)=315000万元,账面价值=540000-315000=225000万元。2017年折旧额=225000/(8-3)=45000万元。

   【答案】A

8. 甲公司2011年12月1日购入不需要安装即可使用的管理用设备一台,原价为150万元,预计使用年限为10年,预计净残值为10万元,采用年限平均法计提折旧。2016年1月1日由于技术进步因素,甲公司将原先估计的使用年限变更为8年,预计净残值变更为6万元。则甲公司上述会计估计变更将减少2016年度利润总额为( )万元。
   A. 5   B. 6   C. 7   D. 8

   解析 会计估计变更之前,该设备每年的折旧额=(150-10)/10=14万元。至2016年初,该设备的账面价值=150-14×4=94万元,会计估计变更之后,每年的折旧额=(94-6)/(8-4)=22万元,则该会计估计变更将减少2016年度利润总额=22-14=8万元。

   【答案】D

9. 甲公司2020年6月发现,某管理部门用设备在2019年12月31日的账面价值为1500万元。当日该设备的公允价值减去处置费用后的净额为1350万元,预计未来现金流量现值为1200万元,甲公司计提了资产减值准备300万元,假定甲公司企业所得税税率为25%,采用资产负债表债务法进行所得税核算,按照净利润的10%计提盈余公积,甲公司进行前期差错更正时,应调整2020年12月31日资产负债表"盈余公积"项目年初金额( )万元。
   A. 11.25   B. 22.50   C. 33.75   D. 0

   解析 固定资产公允价值减去处置费用后的净额=1350万元,预计未来现金流量的现值为1200万元,可收回金额按两者之间孰高者计量,即可收回金额为1350万元。因此固定

资产应计提减值准备 =1500 – 1350 = 150 万元。应调整 2020 年"盈余公积"报表项目年初金额 = 150 × （1 – 25%） × 10% = 11.25 万元。

差错更正的分录如下：
借：固定资产减值准备　　　　　　　　　　　　　150
　　贷：以前年度损益调整　　　　　　　　　　　　　　150
借：以前年度损益调整　　　　　　　　　　37.5（150×25%）
　　贷：递延所得税资产　　　　　　　　　　　　　　　37.5
借：以前年度损益调整　　　　　　　　　　　　　112.5
　　贷：盈余公积　　　　　　　　　　　　　　　　　 11.25
　　　　利润分配——未分配利润　　　　　　　　　　101.25

【答案】A

10. 甲公司 2016 年实现净利润 500 万元，当年发生的下列交易或事项中，影响其年初未分配利润的是（　　）。

A. 为 2015 年售出的设备提供售后服务发生支出 59 万元
B. 发现 2015 年少提折旧费用 1000 元
C. 因客户资信状况明显恶化将应收账款坏账准备计提比例由 5% 提高到 20%
D. 发现 2015 年少计财务费用 300 万元

解析　选项 A，属于 2016 年当期业务，不影响年初未分配利润；选项 B，属于不重大的前期差错，直接调整 2016 年度利润，不影响年初未分配利润；选项 C，属于会计估计变更，采用未来适用法，不影响年初未分配利润；选项 D，属于重要的前期差错，调整 2016 年初未分配利润。

【答案】D

11. 甲公司 2015 年 12 月 31 日发现 2014 年度多计管理费用 100 万元，并进行了企业所得税申报，甲公司适用企业所得税税率 25%，并按净利润的 10% 提取法定盈余公积。假定甲公司 2014 年度企业所得税申报的应纳税所得额大于零，则下列甲公司对这项重要前期差错进行更正的会计处理中正确的是（　　）。

A. 调减 2015 年度当期管理费用 100 万元
B. 调增 2015 年当期未分配利润 75 万元
C. 调减 2015 年年初未分配利润 67.5 万元
D. 调增 2015 年年初未分配利润 67.5 万元

解析　2014 年多计管理费用，会少计算利润，因此差错更正的时候要调增 2015 年年初未分配利润，其金额 = 100 × （1 – 25%） × （1 – 10%） = 67.5 万元。

【答案】D

12. 下列资产负债表日后事项中，属于调整事项的是（　　）。
A. 发现财务报表舞弊　　　　　　　　　B. 发生诉讼案件

C. 资本公积转增股本　　　　　　　　D. 发生企业合并或处置子公司

解析　资产负债表日后发现了财务报表舞弊或差错属于资产负债表日后调整事项，因此选项 A 正确。选项 BCD，属于资产负债表日后非调整事项。

【答案】　A

13. 下列资产负债表日后事项中属于非调整事项的有(　　)。
   A. 发生巨额亏损
   B. 收回退回的报告年度销售商品
   C. 法院已结案诉讼项目赔偿与报告年度确认的预计负债有较大差异
   D. 因遭受水灾导致报告年度购入的存货发生重大损失
   E. 报告年度暂估入账的固定资产已办理完竣工决算手续，暂估价格与决算价格有较大差异

解析　选项 BCE，属于日后调整事项。

【答案】　AD

14. 下列资产负债表日后事项中，属于调整事项的有(　　)。
   A. 外汇汇率发生重大变化　　　　　　B. 因自然灾害导致资产发生重大损失
   C. 发现财务报表存在重要差错　　　　D. 发现财务报表舞弊
   E. 资产负债表日前开始协商，资产负债表日后达成的债务重组

解析　选项 ABE，属于资产负债表日后非调整事项。

【答案】　CD

15. 下列有关资产负债表日后调整事项账务处理的表述中，正确的有(　　)。
   A. 涉及损益类的，通过"以前年度损益调整"科目核算
   B. 涉及利润分配调整的，直接在"利润分配——未分配利润"科目核算
   C. 涉及损益类的，直接调整相关会计科目及报表相关项目
   D. 无论是否涉及损益和利润分配，都直接调整相关会计科目及报表相关项目
   E. 不涉及损益和利润分配的，直接调整相关会计科目及报表相关项目

解析　选项 CD，资产负债表日后调整事项涉及损益类的，应通过"以前年度损益调整"科目核算，不能直接调整相关会计科目及报表相关项目。

【答案】　ABE

16. 甲公司 2015 年度财务报告拟于 2016 年 4 月 10 日对外公告。2016 年 2 月 29 日，甲公司于 2015 年 12 月 10 日销售给乙公司的一批商品因质量问题被退货，所退商品已验收入库。该批商品售价为 100 万元（不含增值税），成本为 80 万元，年末货款尚未收到，且未计提坏账准备。甲公司所得税采用资产负债表债务法核算，适用所得税税率为 25%，假定不考虑其他影响因素，则该项业务应调整 2015 年净损益的金额是(　　)万元。
   A. 15.0　　　　　B. 13.5　　　　　C. -15.0　　　　　D. -13.5

解析　该事项属于日后调整事项，其调整分录是：

借：以前年度损益调整——营业收入　　　　　　　　　100
　　贷：应收账款　　　　　　　　　　　　　　　　　　　　　100
借：库存商品　　　　　　　　　　　　　　　　　　　80
　　贷：以前年度损益调整——营业成本　　　　　　　　　　　80
借：应交税费——应交所得税　　　　　　　5〔（100-80）×25%〕
　　贷：以前年度损益调整——所得税费用　　　　　　　　　　5

因此，应调减2015年净损益的金额=100-80-5=15万元，或=（100-80）×（1-25%）=15万元。

【答案】C

17. 下列经济事项中，可能需要通过"以前年度损益调整"科目进行会计处理的有（　　）。
　　A. 不涉及损益的资产负债表日后事项
　　B. 涉及损益的资产负债表日后调整事项
　　C. 涉及损益的会计估计变更
　　D. 不涉及损益的前期重要差错调整
　　E. 涉及损益的前期重要差错更正

🔍 **解析**　资产负债表日后调整事项、前期重要差错更正，需要追溯处理，若涉及损益类的科目用"以前年度损益调整"科目核算，因此选项BE正确。选项AD，不涉及损益类科目；选项C，不追溯处理。

【答案】BE

18. 因技术进步，2019年9月30日起，甲公司对其一条生产线进行停工改造，当前，该生产线的原价为2500万元，预计使用年限为10年，预计净残值为0，已使用3.5年。至2020年3月31日该生产线改造完成，在改造过程中共发生以下支出：领用成本为200万元的自产产品一批，其市场价格为300万元；领用成本为120万元的原材料，市场价格为150万元；支付工人工资500万元。甲公司预计该生产线的生产能力将大大提高，甲公司将该生产线的折旧方法由直线法改为年数总和法，预计剩余使用年限为6年，预计净残值为45万元。甲公司适用的增值税税率为13%。不考虑其他因素，甲公司2020年应计提的折旧金额为（　　）万元。
　　A. 611.25　　　B. 750　　　C. 600　　　D. 514.29

🔍 **解析**　生产线在改造期间不计提折旧。更新改造完成后，该生产线的账面价值=2500-2500/10×3.5+200+120+500=2445万元；2020年，甲公司应计提的折旧=（2445-45）×6/（1+2+3+4+5+6）/12×9=514.29万元。

【答案】D

19. 甲公司2017年12月投入使用设备1台，原值为500万元，预计可使用5年，净残值为0，采用年限平均法计提折旧。2018年年末，对该设备进行减值测试，估计其可收回金额为350万元,尚可使用年限为4年,首次计提固定资产减值准备,并确定2019年起折旧方法改为年数总和法(净残值为0)。2019年年末,对该设备再次进行减值测试,估计其可收回金额为250万元,尚可使用年限、净残值及折旧方法不变,则2020年对该设备应计提的年折旧额为( )万元。

A. 7.2　　　　　B. 105　　　　　C. 120　　　　　D. 125

解析　(1)2018年末,固定资产账面价值=500-500÷5=400万元,可收回金额为350万元,应计提减值准备=400-350=50万元;

(2)2019年,应计提的折旧=350×4/10=140万元,固定资产账面价值=350-140=210万元,固定资产可收回金额为250万元,大于固定资产账面价值210万元,由于固定资产减值准备一经计提,不得转回,因此2019年底固定资产账面价值仍为210万元;

(3)2020年应计提的折旧=350×3/10=105万元。

【答案】B

20. A公司于2018年12月10日购入并使用一台机床。该机床入账价值为1020000元,估计使用年限为10年,预计净残值20000元,按直线法计提折旧。2023年年初由于技术进步等原因,将原估计使用年限改为8年,折旧方法改为双倍余额递减法(税法规定采用直线法按10年计提折旧),所得税税率为25%,则该变更对2023年利润总额的影响金额是( )元。

A. -210000　　　B. 210000　　　C. -157500　　　D. 157500

解析　已计提的折旧额=(1020000-20000)÷10×4=400000元,变更当年按照原估计计算的折旧额=(1020000-20000)÷10=100000元,变更后计算的折旧额=(1020000-400000)×2/(8-4)=310000元,故该会计估计变更对利润总额的影响=100000-310000=-210000元。

【答案】A

21. 由于公允价值能够持续可靠取得,2017年初A公司对某栋出租办公楼的后续计量由成本模式改为公允价值模式。该办公楼2017年初账面余额为1500万元,已经计提折旧200万元,未发生减值,变更日的公允价值为2000万元。该办公楼在变更日的计税基础与其原账面价值相同。假定所得税税率是25%,则A公司出租办公楼后续计量模式变更影响期初留存收益的金额为( )万元。

A. 700.00　　　B. 525.00　　　C. 472.50　　　D. 575.00

解析　出租办公楼后续计量模式变更影响期初留存收益金额=[2000-(1500-200)]×(1-25%)=525万元;变更日投资性房地产的账面价值=2000万元,计税基础=1500-200=1300万元,产生应纳税暂时性差异700万元,应确认递延所得税负债175万元。本题的分录处理为

借:投资性房地产——成本　　　　　　　　　　　　　　　　　　1500
　　　　　　　　——公允价值变动　　　　　　　　　　　　　　　500
　　投资性房地产累计折旧　　　　　　　　　　　　　　　　　　　200

贷：投资性房地产　　　　　　　　　　　　　　　　　　　　1500
 　　递延所得税负债　　　　　　[（2000－1300）×25%]　175
 　　盈余公积　　　　　　　　　　　　　　　　　　　　　　52.5
 　　利润分配——未分配利润　　　　　　　　　　　　　　472.5
【答案】B

22. 2019年末，注册会计师审计甲公司财务报表时发现一项固定资产在2018年漏提折旧，导致管理费用少计400万元，被认定为重大差错，税务部门允许调整2019年度的应交所得税。甲公司适用的企业所得税税率为25%，无其他纳税调整事项，甲公司利润表中的2018年度净利润为1020万元，并按15%提取了盈余公积。不考虑其他因素，甲公司更正该差错后2019年资产负债表未分配利润项目年初余额调减金额为(　　)万元。
　　A. 255　　　　B. 270　　　　C. 340　　　　D. 360

【解析】甲公司更正该差错时应将2019年12月31日资产负债表未分配利润项目年初余额调减金额＝400×（1－25%）×（1－15%）＝255万元。相关会计分录为
 借：以前年度损益调整——管理费用　　　　　　　　　　　400
 　贷：累计折旧　　　　　　　　　　　　　　　　　　　　400
 借：应交税费——应交所得税　　　　　　（400×25%）100
 　贷：以前年度损益调整——所得税费用　　　　　　　　　100
 借：盈余公积　　　　　　　　　　　　　　　　　　　　　45
 　　利润分配——未分配利润　　　　　　　　　　　　　　255
 　贷：以前年度损益调整　　　　　　　　　　（400－100）300
【答案】A

23. 甲公司按销售额的1%预提产品质量保证费用。董事会决定该公司从2018年度改按销售额的10%预提产品质量保证费用。假定以上事项均具有重大影响，且每年按销售额的1%预提的产品质量保证费用与实际发生的产品质量保证费用大致相符，则甲公司在2019年年度财务报告中对上述事项正确的会计处理方法是(　　)。
　　A. 作为会计政策变更予以调整
　　B. 作为会计估计变更予以调整
　　C. 作为前期差错更正采用追溯重述法进行调整
　　D. 作为前期差错更正但不需追溯

【解析】该事项属于滥用会计估计变更，应作为前期差错更正，采用追溯重述法予以调整。
【答案】C

24. A公司2018年度财务报告批准对外报出日为2019年4月30日，所得税汇算清缴日为2019年3月15日。该公司在2019年4月30日之前发生的下列事项中，不需要对2018年度财务报表进行调整的是(　　)。

A. 2019 年 1 月 15 日，法院判决保险公司对 2018 年 12 月 3 日发生的火灾赔偿 18 万元

B. 2019 年 2 月 18 日，得到通知，上年度应收 H 公司的货款 30 万元，因该公司破产而无法收回，上年末已得知该公司发生财务困难，并对该应收账款计提坏账准备 3 万元

C. 2019 年 3 月 18 日，收到税务机关退回的上年度出口货物增值税 14 万元

D. 2019 年 4 月 20 日，收到了被退回的于 2018 年 12 月 15 日销售的设备 1 台

解析 选项 C，属于本年度发生的事项，与资产负债表日后事项无关，不应调整 2018 年度报表。

【答案】 C

25. 丁公司在资产负债表日至财务报告批准对外报出日之间发生下列事项，属于资产负债表日后事项的有(　　)。

A. 收到上年度的商品销售额
B. 发生火灾导致重大固定资产毁损
C. 董事会作出现金股利分配决议
D. 持有的交易性金融资产大幅升值
E. 收到税务机关退回的上年应减免的企业所得税款

解析 选项 A，属于本年度收到应收账款，不属于日后事项；选项 BCD 属于日后非调整事项；选项 E，属于本年度收到上年度的减免税款，不属于日后事项。

【答案】 BCD

第十八章 财务报告

▶ 考情分析

本章介绍了财务报表的列报与披露,考试题型为单选题和多选题,难度不大,属于非重点章节。

1. 编制资产负债表时,下列根据相关总账科目期末余额直接填列的项目是( )。
   A. 合同资产　　　　B. 合同负债　　　　C. 递延收益　　　　D. 持有待售资产

   解析　选项 AB,"合同资产"和"合同负债"项目,应分别根据"合同资产""合同负债"科目的相关明细科目期末余额分析填列,同一合同下的合同资产和合同负债应当以净额列示,其中净额为借方余额的,应当根据其流动性在"合同资产"或"其他非流动资产"项目中填列,已计提减值准备的,还应减去"合同资产减值准备"科目中相应的期末余额后的金额填列;其中净额为贷方余额的,应当根据其流动性在"合同负债"或"其他非流动负债"项目中填列。选项 D,"持有待售资产"项目,应根据相关科目的期末余额扣减相应的减值准备填列。

   【答案】C

2. 期末同一合同下的合同资产净额大于合同负债净额的差额,如超过一年或一个正常营业周期结转的,在资产负债表中列报为( )项目。
   A. 其他流动资产　　B. 合同资产　　　　C. 其他非流动资产　　D. 合同负债

   解析　同一合同下的合同资产和合同负债应当以净额列示,其中净额为借方余额的,应当根据其流动性在"合同资产"或"其他非流动资产"项目中填列,已计提减值准备的,还应减去"合同资产减值准备"科目中相应的期末余额后的金额填列,其中净额为贷方余额的,应当根据其流动性在"合同负债"或"其他非流动负债"项目中填列。期限在一年或一个正常营业周期以上的,在资产负债表中列示为"其他非流动资产"或"其他非流动负债"。

   【答案】C

3. 下列各项不属于资产负债表中所有者权益项目的有( )。
   A. 其他综合收益　　B. 其他收益　　　　C. 其他权益工具
   D. 未分配利润　　　E. 本年利润

   解析　资产负债表中所有者权益项目包括:实收资本(股本)、资本公积、盈余公积、未分配利润、其他综合收益、其他权益工具等。

   【答案】BE

4. 下列各项中，应在企业资产负债表"存货"项目列示的有( )。
   A. 已验收入库但尚未取得发票的原材料　　B. 已取得发票尚未验收入库的原材料
   C. 为外单位加工修理的代修品　　　　　　D. 周转使用材料
   E. 工程储备的材料

   解析　选项 E，工程储备的材料在"工程物资"项目列示。
   【答案】 ABCD

5. 企业发生的下列交易或事项中，不影响发生当期营业利润的是( )。
   A. 因存货减值而确认的递延所得税资产　　B. 销售商品过程中发生的包装费
   C. 购进商品过程中发生的现金折扣　　　　D. 销售商品过程中发生的业务宣传费

   解析　选项 A，计入所得税费用，不影响营业利润。
   【答案】 A

6. 下列各项中，影响企业当期营业利润的有( )。
   A. 与企业日常活动无关的政府补助　　　　B. 在建工程计提减值准备
   C. 固定资产报废净损失　　　　　　　　　D. 出售原材料取得收入
   E. 资产处置收益

   解析　选项 A，计入营业外收入，不影响营业利润；选项 B，计入资产减值损失，影响营业利润；选项 C，计入营业外支出，不影响营业利润；选项 D，计入其他业务收入，影响营业利润；选项 E，计入资产处置损益，影响营业利润。
   【答案】 BDE

7. 下列业务发生后将引起现金及现金等价物总额变动的是( )。
   A. 赊购固定资产　　　　　　　　　　　　B. 用银行存款购买 1 个月到期的债券
   C. 用库存商品抵偿债务　　　　　　　　　D. 用银行存款清偿债务

   解析　选项 AC，并无现金流量变动；选项 B，是现金和现金等价物的转换，不会引起现金及现金等价物总额变动。
   【答案】 D

8. 下列交易或事项中，属于投资活动产生的现金流量的有( )。
   A. 支付应由无形资产负担的职工薪酬　　　B. 全额支付用于生产的机器设备价款
   C. 固定资产报废取得的现金　　　　　　　D. 收到返还的增值税款
   E. 经营租赁收到的租金

   解析　选项 DE，属于经营活动产生的现金流量。
   【答案】 ABC

9. 下列交易或事项中，不应在现金流量表中"支付的其他与筹资活动有关的现金"项目反映的有( )。

A. 购买股票时支付的证券交易印花税和手续费
B. 分期付款方式购建固定资产以后各期支付的现金
C. 为购建固定资产支付的耕地占用税
D. 为发行股票直接支付的审计费用
E. 以现金偿还债务的本金

解析 选项 A，计入"投资支付的现金"项目；选项 C，计入"购建固定资产、无形资产和其他长期资产支付的现金"项目；选项 E，计入"偿还债务支付的现金"项目。

【答案】 ACE

10. 下列项目中，应作为现金流量表补充资料中"将净利润调节为经营活动现金流量"调增项目的是（　　）。
    A. 当期递延所得税资产减少
    B. 当期确认的交易性金融资产公允价值变动收益
    C. 当期经营性应收项目的增加
    D. 当期发生的存货增加

解析 递延所得税资产减少，则会增加所得税费用，减少净利润，但无现金流量，因此要调增。

【答案】 A

11. B 公司当期净利润 800 万元，财务费用 50 万元，存货减少 5 万元，应收账款增加 75 万元，应收票据减少 20 万元，应付职工薪酬减少 25 万元，合同负债增加 30 万元，计提固定资产减值准备 40 万元，无形资产摊销额 10 万元，处置长期股权投资取得投资收益 100 万元。假设没有其他影响经营活动现金流量的项目，B 公司当期经营活动产生的现金流量净额是（　　）万元。
    A. 645   B. 715   C. 755   D. 845

解析 当期经营活动产生的现金流量净额 = 800 + 50 + 5 − 75 + 20 − 25 + 30 + 40 + 10 − 100 = 755 万元。

【答案】 C

12. 下列各项应在"所有者权益变动表"中单独列示的有（　　）。
    A. 盈余公积弥补亏损　B. 提取盈余公积　　C. 综合收益总额　　D. 利润总额
    E. 稀释每股收益

解析 在所有者权益变动表中，企业至少应当单独列示反映下列信息的项目：(1) 综合收益总额；(2) 会计政策变更和前期差错更正的累积影响金额；(3) 所有者投入资本和向所有者分配利润等；(4) 提取的盈余公积；(5) 实收资本、其他权益工具、资本公积、盈余公积、未分配利润等的期初和期末余额及其调节情况。

【答案】 ABC

13. 在所有者权益变动表中，企业至少应当单独列示反映的项目有(　　)。
   A. 会计政策变更的累积影响金额
   B. 直接计入当期损益的利得和损失项目及其总额
   C. 提取的盈余公积
   D. 实收资本或股本
   E. 利润总额

   解析　在所有者权益变动表上，企业至少应当单独列示反映下列信息的项目：（1）综合收益总额；（2）会计政策变更和前期差错更正的累积影响金额；（3）所有者投入资本和向所有者分配利润等；（4）提取的盈余公积；（5）实收资本、其他权益工具、资本公积、盈余公积、未分配利润等的期初和期末余额及其调节情形。
   【答案】ACD

14. 企业与关联方发生关联交易的，在财务报表附注中披露的交易要素至少应包括(　　)。
   A. 未结算项目的金额、条款和条件，以及有关提供或取得担保的信息
   B. 已结算应收项目的坏账准备金额
   C. 交易的累积影响数
   D. 交易的金额
   E. 定价政策

   解析　交易要素至少应当包括以下四项内容：（1）交易的金额；（2）未结算项目的金额、条款和条件，以及有关提供或取得担保的信息；（3）未结算应收项目的坏账准备金额；（4）定价政策。
   【答案】ADE

15. 下列关于现金流量表的两种编制方法的表述中，正确的是(　　)。
   A. 直接法是以利润表中的营业收入为起算点，调整不涉及经营活动有关项目的增减变化，然后计算出经营活动产生的现金流量
   B. 直接法编制的现金流量表便于将净利润与经营活动产生的现金流量净额进行比较
   C. 间接法是以净利润为起算点，调整不涉及现金的收入、费用、营业外支出等项目，剔除投资活动、筹资活动对现金流量的影响，然后计算出经营活动产生的现金流量
   D. 间接法编制的现金流量表便于分析企业经营活动产生的现金流量来源和用途

   解析　选项A，直接法下，一般是以利润表中的营业收入为起算点，调节与经营活动有关的项目的增减变动，然后计算出经营活动产生的现金流量；选项B，间接法编制的现金流量表，便于将净利润与经营活动产生的现金流量净额进行比较；选项D，直接法编制的现金流量表，便于分析企业经营活动产生的现金流量的来源和用途。
   【答案】C

16. 下列事项所产生的现金流量中，属于"经营活动产生的现金流量"的是(   )。
    A. 支付应由在建工程负担的职工薪酬
    B. 因违反《中华人民共和国价格法》而支付的罚款
    C. 处置所属子公司所收到的现金净额
    D. 分配股利支付的现金

    解析 选项 AC 均属于投资活动产生的现金流量；选项 D 属于筹资活动产生的现金流量。

    【答案】B

17. 破产管理人依法追回相关破产资产的，按破产资产清算净值进行会计处理后形成的净收益，应计入的会计科目是(   )。
    A. 清算净损益　　B. 资产处置净损益　　C. 债务清偿净损益　　D. 其他收益

    解析 破产管理人依法追回相关破产资产的，按照追回资产的破产资产清算净值，借记相关资产科目，贷记"其他收益"科目。

    【答案】D

18. 下列交易或事项会引起筹资活动现金流量发生变化的有(   )。
    A. 出售其他债权投资收到现金　　　　B. 以投资性房地产对外投资
    C. 向投资者分配现金股利　　　　　　D. 从银行取得短期借款资金
    E. 处置固定资产收到现金

    解析 选项 AE，都会引起投资活动现金流量发生变化；选项 B，不涉及现金流量，不会影响筹资活动的现金流量。

    【答案】CD

19. 在财务报表附注中，需披露的关联方交易要素至少应包括(   )。
    A. 未结算项目的金额、条款和条件　　B. 关联方交易的定价政策
    C. 未结算应收项目的公允价值　　　　D. 关联方交易的金额
    E. 未结算应收项目的坏账准备

    解析 企业与关联方发生关联方交易的，交易要素至少应当包括以下四项内容：(1) 交易的金额；(2) 未结算项目的金额、条款和条件，以及有关提供或取得担保的信息；(3) 未结算应收项目的坏账准备金额；(4) 定价政策。

    【答案】ABDE

第十九章 企业破产清算会计

■ **考情分析**

本章介绍了企业破产清算的会计处理和企业破产清算财务报表的列报,考试题型为单选题和多选题,属于非重点章节。

1. 破产企业在破产清算期间收到的租金,应计入( )科目。
   A. 其他收益　　　　B. 共益债务支出　　　C. 资产处置净损益　　D. 破产费用

   解析 破产企业收到的利息、股利、租金等孳息,借记"现金""银行存款"等科目,贷记"其他收益"科目。

   【答案】A

2. 企业破产清算期间,应收款项类债权的收回金额与其账面价值的差额,应计入的会计科目是( )。
   A. 资产处置净损益　　B. 其他费用　　　　C. 清算净损益　　　　D. 破产费用

   解析 破产企业收回应收款项类债权,按照收回的款项,借记"现金""银行存款"等科目,按照应收款项类债权的账面价值,贷记相关资产科目,按其差额,借记或贷记"资产处置净损益"科目。

   【答案】A

3. 下列各项中,属于企业破产清算计量属性的有( )。
   A. 可变现净值　　　　　　　　　　　B. 破产债务清偿价值
   C. 破产资产清算净值　　　　　　　　D. 公允价值
   E. 重置成本

   解析 破产企业在破产清算期间的资产应当以破产资产清算净值计量;在破产清算期间的负债应当以破产债务清偿价值计量。

   【答案】BC

4. 破产企业按照法律、行政法规规定支付职工补偿金时,可能涉及的会计科目是( )。
   A. 破产费用　　　　　　　　　　　　B. 其他费用
   C. 清算净值　　　　　　　　　　　　D. 债务清偿净损益

   解析 破产企业按照经批准的职工安置方案,支付的所欠职工的工资和医疗、伤残补助、抚恤费用,应当划入职工个人账户的基本养老保险、基本医疗保险费用和其他社会保险费用，以及法律、行政法规规定应当支付给职工的补偿金，按照相关账面价值借记"应付职工薪酬"等科目，按照实际支付的金额，贷记"现金""银行存款"等科目，按其差额，借记或贷记"债务清偿净损益"科目。

【答案】D